Da… ndl

Wir wünschen eine anregende Lektüre!

Edition Digital Lifestyle

MANDL & SCHWARZ

iTunes, iPhone & iPod

Impressum

iTunes '09, iPhone & iPod – für Windows und Mac
Musik, Filme & mehr – unterwegs und im Heim-Netzwerk

ISBN 978-3-939685-16-6
1. Auflage 2009

MANDL & SCHWARZ

Mandl & Schwarz-Verlag
Edition Digital Lifestyle

Theodor-Storm-Straße 13
D-25813 Husum / Nordsee

Fax 04841 – 770 99 96
itunes09@mandl-schwarz.de

Bibliografische Information der
Deutschen Nationalbibliothek
Die Deutsche Nationalbibliothek verzeichnet diese Publikation in der Deutschen Nationalbibliografie; detaillierte bibliografische Daten sind im Internet über http://dnb.d-nb.de abrufbar.

*»für Peter Haenle –
Du warst uns ein Geschenk.«*

Der Verlag übernimmt keine Haftung für Folgen, die auf unvollständige oder fehlerhaften Angaben in diesem Buch zurückzuführen sind. Das Ihnen vorliegende Buch wurde in unzähligen Tages- und Nachtstunden mit großer Sorgfalt und viel »Herzblut« erstellt. Dennoch finden sich ab und an Fehler, für die wir uns entschuldigen möchten. Wir sind Ihnen dankbar für Anregungen und Hinweise!

Zu Ihrer ersten Orientierung

Inhaltsverzeichnis

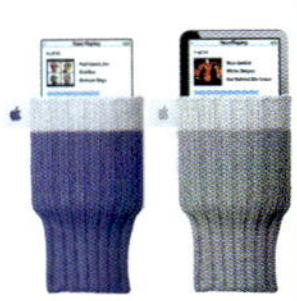

Willkommen!

Liebe Leserinnen und Leser,

vielen Dank, dass Sie sich für das Buch »iTunes '09, iPhone & iPod – für Windows und Mac« aus dem Hause *Mandl & Schwarz* entschieden haben.

iTunes hat sein Aussehen verändert und ist in der Version 9 richtig schick geworden. Andererseits müssen Benutzer von Vorversionen doch das ein oder andere Mal suchen, wo denn nun diese oder jene Funktion versteckt ist. Dieses Buch richtet sich daher sowohl an Einsteiger in den Digital Lifestyle als auch an Fortgeschrittene. Mit einer gehörigen Portion Hintergrundwissen vermittelt dieses Werk zahlreiche Raffinessen und deckt dabei neben etlichen Stärken auch Schwächen auf. Dort, wo *iTunes* passen muss, springen Software und Plugins von Drittherstellern in die Bresche. In diesem Buch demonstrieren wir Ihnen, welche Lösungen es auch jenseits von *iTunes* gibt.

Ob als Musik-Liebhaber, Filme-Freak oder Hörbuch-Enthusiast: Alle kommen auf ihre Kosten, denn der *iTunes Store* ist vollgepackt mit Highlights aus aller Herren Länder und bedient mittlerweile alle Genres. Wir zeigen Ihnen, wie Sie Ihre Favoriten finden und wie Sie diese am besten wiedergeben – ob auf Ihrem Mac, einem Windows-Rechner, Ihrem iPod oder iPhone oder über Apple TV.

Nun haben Sie sicherlich etliche Stapel an Musik-CDs im Regal. Spätestens mit diesem Buch lernen Sie, wie Sie Ihr heimisches Audio-Archiv nahtlos importieren und hervorragend verwalten können. »Und wenn Sie schon einmal dabei sind«, verraten wir Ihnen auch gleich, welchen Vorteil das Anlegen von Wiedergabelisten hat, wie Sie diese geschickt mit weiterführenden Informationen zu Ihren Lieblings-CDs versehen und so auch später Ihre verborgenen Schätzen leicht wiederfinden.

Neben der Musik steht auch eine Reise in die weitere bunte Erlebnis-Welt des *iTunes Store* auf dem Programm: So stellen wir Ihnen alle attraktiven Features in Wort und Bild dar. Auch von *Podcasts*, der mobilen Form von Radiosendungen, von *iTunes U* für den Edutainment-Bereich, *iTunes DJ*, *Genius*, *TV-Sendungen*, *Leihfilmen* und *iTunes LP/Extras* wird die Rede sein.

Erfahren Sie mehr über die drahtlose Übertragung Ihrer Musik auf die heimische Stereo-Anlage, über die in *iTunes* eingebaute Kindersicherung, von der Synchronisierung zwischen Computer und mobilem iPod/iPhone, dem Konvertieren von Filmen ins iPod-kompatible Format und, und, und.

Neugierig geworden? Dann blättern Sie schnell weiter – wir wünschen Ihnen viel Spaß beim Lesen und viel Freude mit *iTunes* …

Daniel Mandl
Husum/Nordsee, im Oktober 2009

iTunes – der Musik-Allrounder mit Mehrwert

»*iTunes 9* ist das beste Programm zum Genießen Ihrer Musik und Videos« schreibt Apple und wir wollen da nicht widersprechen. Und *iTunes* ist zudem in aller Munde – dies nicht zuletzt deswegen, da das Programm auch für Windows-Anwender zur Verfügung steht. Wir haben es hier in der Tat mit einem Allrounder zu tun, denn neben dem reibungslosen Abgleich mit den iPods und iPhones aller Generationen ermöglicht das Programm weiterhin die gekonnte Verwaltung all Ihrer Musik-Dateien sowie den komfortablen Einkauf von Liedern, Filmen und Hörbüchern aller Art – und das meist bequem vom heimischen Schreibtisch aus. Das ist zwar nicht gerade für Ihren Bewegungsapparat förderlich, spart aber unheimlich viel Zeit und Geld. Dieses Buch gibt Ihnen einen Ein- und Überblick über die zahlreichen Raffinessen und zeigt die enorme Funktionsvielfalt aufzeigen.

iTunes für die Massen

Was für *iTunes* gilt, können wir leider nicht von den *iPods* (in allen Varianten) oder gar dem *iPhone* behaupten: *iTunes* ist nämlich kostenlos und kann jederzeit in der aktuellen Version von Apples Webseiten bzw. über die *Softwareaktualisierung* (Mac) bzw. *Apple Software Update* (Win) bei nachträglichen Aktualisierungen heruntergeladen werden.

Über die Internet-Adresse »www.apple.com/de/itunes/« gibt es einen schnellen Überblick über die vielen iTunes-Funktionen sowie die neueste Version direkt zum Download.

Zur Horizonterweiterung oder gar zum Verführenlassen kann man sich über die verschiedenen Rubriken mit weiteren Informationen versorgen.

Beim Klick auf den Button *iTunes laden* bietet Ihnen Apple dann die Software an – und zwar sowohl für Mac als auch für Windows. Normalerweise wird sofort das richtige Betriebssystem aufgeführt – falls nicht, scrollen Sie einfach ein wenig nach unten und klicken Sie auf den Link *iTunes für Windows laden* bzw. *iTunes für Mac laden.* Sie erfahren dabei auch gleich die Systemvoraussetzungen.

Wichtig: Damit auch alles zu Ihrer Zufriedenheit funktioniert.

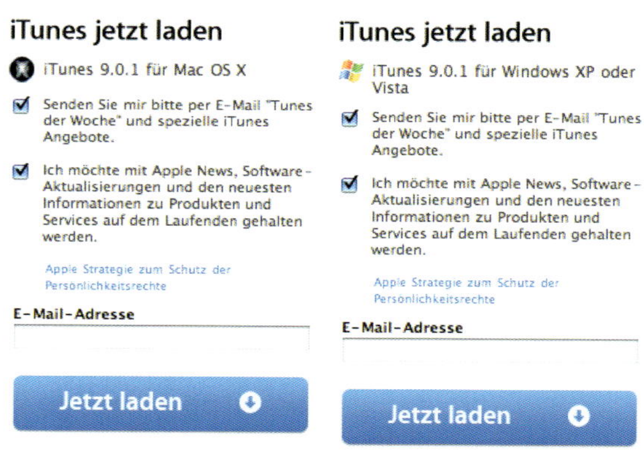

Wenn Sie von Apples Weisheiten gar nicht genug kriegen können, so sollten Sie Ihre E-Mail-Adresse hinterlassen. Auf diese Weise erhalten Sie den wöchentlichen Newsletter *Tunes der Woche* mit den aktuellsten *Store*-Neuzugängen sowie die *Apple News*, die Sie mit Sonderangeboten und weiteren Aktionen auf dem neuesten Stand halten.

Wöchentlich Post von Apple: Newsletter für die Wissbegierigen und alle, deren E-Mail-Postkästen Nachschub brauchen.

Im Fall des Downloads über die Webseite brauchen Sie die Datei *iTunes .mpkg* bzw. *iTunesSetup.exe* nur doppelzuklicken, damit die Installation beginnt. Ein Assistent begleitet Sie dabei Schritt für Schritt. Nach etwaigem Lesestoff wie dem Willkommensgeheiß sowie den *Wichtigen Informationen* (entspricht exakt der Text-Datei »Vor der Installation von iTunes lesen«) stoßen Sie auf den *Softwarelizenzvertrag*, den Sie akzeptieren müssen, denn ansonsten gibt es kein Weiterkommen. Nach einer letzten Identifizierung mit Name und Kennwort (denn schließlich darf nur der Administrator Programme installieren) beginnt die Installation und eine Minute später sind Sie glücklicher Besitzer des aktuellen *iTunes*.

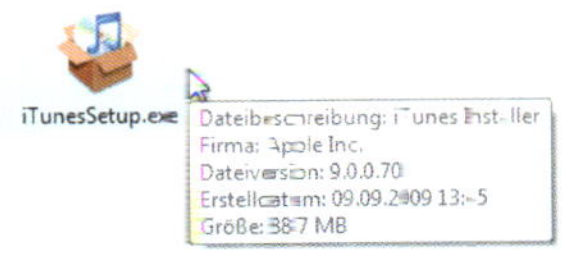

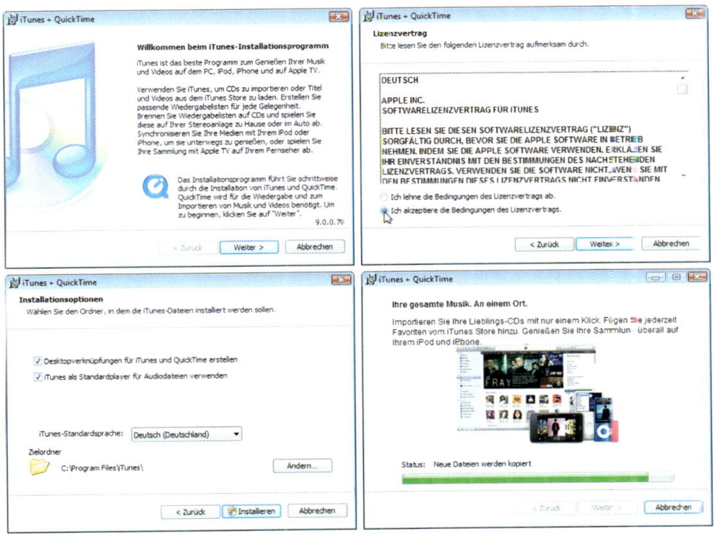

Die Installations-Schritte: Apple kennt die Nöte der Anwender und macht es ihnen daher so einfach wie möglich.

Achten Sie immer darauf, dass *iTunes* im dafür vorgesehenen *Programme*-Ordner installiert wird, da bei etwaigen Updates über die *Softwareaktualisierung* (Mac OS X) bzw. *Apple Software Update* (Windows) die Programm-Versionen in diesem Ordner überprüft werden. Findet sich eine veraltete Version, so wird ein entsprechendes Update dafür angeboten. Liegt das Programm an einem anderen Speicher-Ort, so wird die Anwendung schlicht und ergreifend übersehen.

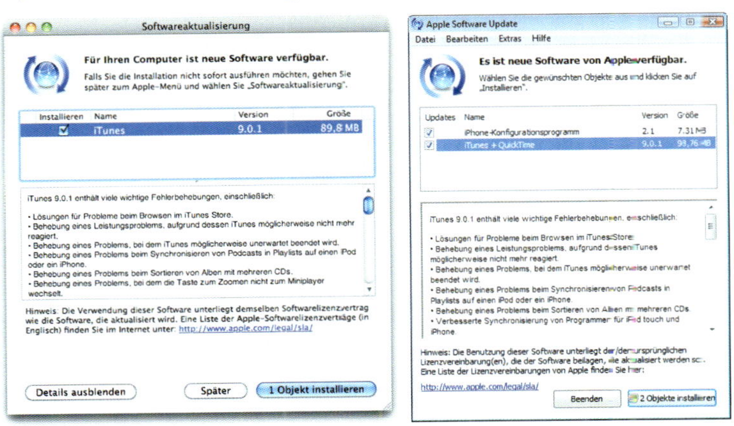

Updates ohne Aufwand: iTunes sucht entweder selbstständig nach Aktualisierungen (sofern Sie dies in den »Einstellungen« so wünschen) oder die Softwareaktualisierung bzw. »Apple Software Update« wird fündig.

Der iTunes-Assistent in Aktion

Beim ersten Start von *iTunes* werden Sie freundlich Willkommen geheißen und der *Assistent* kündigt es bereits an: Ein paar Fragen stehen auf dem Programm, die Sie reinen Gewissens und ehrlich beantworten sollten. Mit den nachfolgenden Einstellungen konfigurieren Sie die Software, so dass das Programm weiß, wie es sich in bestimmten Situationen verhalten soll. Über den Button *Weiter* bewegen Sie sich von Dialogfeld zu Dialogfeld. Mac- und Windows-Version unterscheiden sich ein wenig in der Reihenfolge der Dialoge, sind aber ansonsten identisch.

Stoßen Sie im Internet auf Audio-Daten, so werden diese automatisch von »iTunes« abgespielt – vorausgesetzt, Sie möchten das. Klicken Sie also in »Ja«.

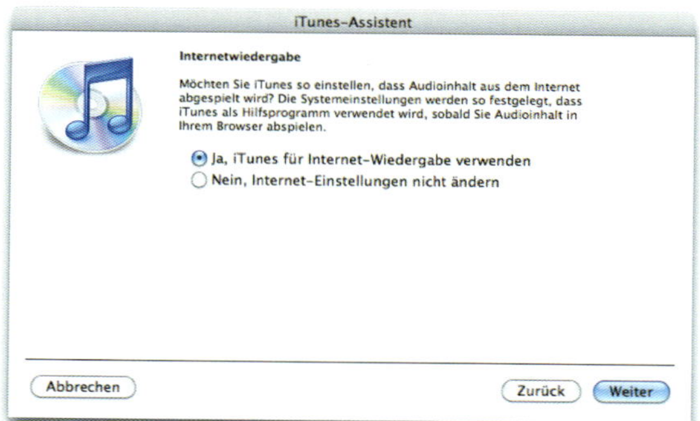

Besitzen Sie schon eine Menge an Audio-Material, so sollten Sie das Suchen und Importieren ruhig »iTunes« überlassen. Die Software durchstöbert Ihre Ordner im privaten Benutzer-Verzeichnis und sammelt alles ein, was es finden kann.

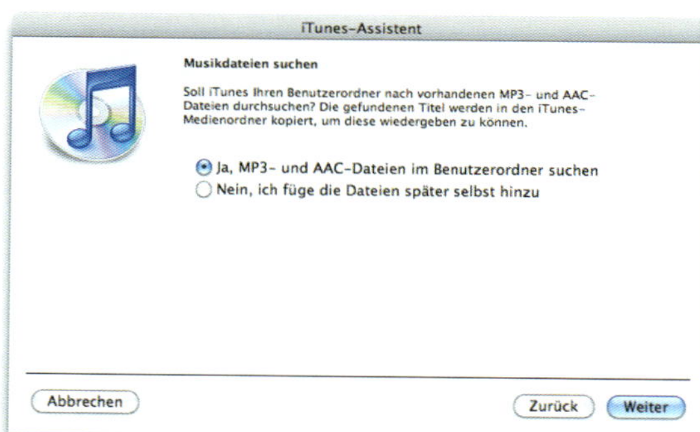

Für Musikstücke, die iTunes auf Ihrer Festplatte findet bzw. die nachträglich per Audio-CD importiert werden, können Cover aus dem iTunes Store geladen werden. Das klappt allerdings nicht bei allen Songs – weiteres dazu gibt's ein wenig später.

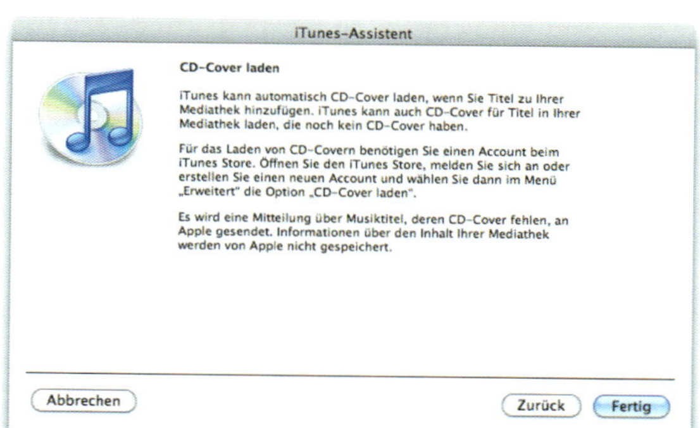

Danach zeigt sich die *iTunes*-Oberfläche in all ihrer Pracht – wenige Sekunden später öffnet sich noch der Dialog *Willkommen bei iTunes*, der mit englisch-sprachigen Einführungen in Form kleiner Videos aufwartet. *iTunes* selbst listet in seiner Mediathek alles auf, was es auf der Festplatte gefunden hat. Je nach Musiksammlung kann das mal mehr, mal weniger sein.

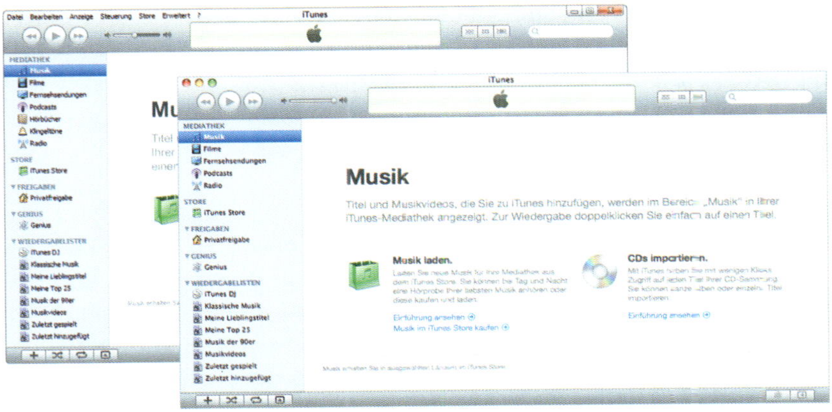

Die iTunes-Oberflächen von Windows und Mac unterscheiden sich nur marginal. Die Mediathek selbst ist im Moment noch ziemlich leer – aber das wird schon noch.

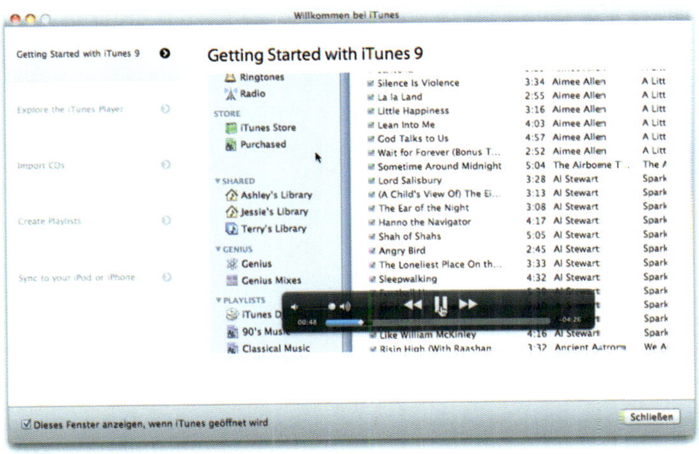

Das Fenster »Willkommen bei iTunes« lässt sich beim Mac über die Menüleiste »Hilfe | Willkommen zu iTunes« aufrufen, unter Windows erledigen Sie das ebenso über das Hilfe-Menü mit dem Fragezeichen-Symbol (»?«).

Die Benutzer-Oberfläche – ein erster Rundgang

Sind Sie Neueinsteiger, möchten wir Sie als Erstes mit der Benutzer-Oberfläche vertraut machen. Schließlich buhlen doch eine ganze Menge Knöpfe und Symbole um Ihre Aufmerksamkeit. Die linke Liste, in der Sie die Haupt-Kategorien *Mediathek*, *Store* und *Wiedergabelisten* sehen, dient der Navigation und Ordnung. Jede Kategorie ist wiederum unterteilt in Unterpunkte wie beispielsweise *Musik*, *Filme*, *Podcasts* und so weiter. Die *Mediathek* als solches listet in ihren Abteilungen sämtliche Dateien auf, die *iTunes* verwaltet, währenddessen Sie mit den *Wiedergabelisten* Ihre ganz persönliche Ordnung bestimmen dürfen. Wie das im Einzelnen funktioniert, werden Sie auf den nachfolgenden Seiten kennenlernen.

Klicken Sie auf eine der Quellen (etwa *Musik*), so werden im großen Feld rechts daneben die einzelnen Medien eingeblendet: über *Radio* finden Sie die vielen zur Verfügung stehenden Radiostationen (hierzu müssen Sie allerdings online sein), über *Filme* Ihre eingeladenen Videos, der *iTunes Store* verführt zum Shoppen und Stöbern und so weiter. Ganz unten liegen ebenfalls eine Menge Knöpfe, die allesamt ihre ganz eigenen Aufgaben erfüllen. Manche werden wir im nächsten Abschnitt ansprechen, andere werden wiederum im zugehörigen Thema zur Sprache kommen.

Die Bedien-Elemente und Ansichten

Die drei Knöpfe links oben bzw. rechts oben ( ) kennen Sie ja schon aus Ihrer Arbeit mit anderen Programmen, Fenstern und Dokumenten. Bewegen Sie den Zeiger darauf, so werden die zugehörigen Funktionen ersichtlich: Unter Mac OS X schließt der rote Knopf ( ) das *iTunes*-Fenster, unter Windows übernimmt dies der Knopf mit dem »X« ( ), beendet jedoch dabei auch gleich das Programm. Der gelbe Knopf ( ) bzw. die *Minimieren*-Schaltfläche ( ) lassen das Programm im *Dock* oder in der *Taskleiste* verschwinden und der grüne ( ) reduziert die Benutzer-Oberfläche zum so genannten *Miniplayer*. Halten Sie unter Mac OS X die ⌥-Taste gedrückt und klicken auf den grünen Button, so wird die *iTunes*-Oberfläche der Größe des Bildschirms entsprechend angepasst. Unter Windows dehnt der *Maximieren*-Button ( ) das Fenster auf die gesamte Bildschirm-Fläche aus. Das Programm als solches beenden Sie über den Befehl *iTunes* | *iTunes beenden* (oder kurz ⌘-Q) bzw. über *Datei* | *Beenden.*

Klein, aber fein: Die wichtigsten Abspiel-Elemente sowie das gerade laufende Stück sind immer im Blick. Den »Miniplayer« erreichen Sie unter Mac OS X über »Darstellung | Zum Miniplayer wechseln« (⌘-⇧-M) bzw. per Klick auf den grünen Zoomen-Knopf ( ), unter Windows erledigen Sie das über die Menüleiste »Anzeige | Zum Miniplayer wechseln« (oder schlicht Strg-M).

Über die *iTunes-Einstellungen* – aufzurufen über *iTunes* | *Einstellungen* (Mac) bzw. *Bearbeiten* | *Einstellungen* (Win) – lässt sich in der Rubrik *Erweitert* die Option *Mini-Player immer im Vordergrund halten* aktivieren. Mit Hilfe dieser Funktion liegt das miniaturisierte *iTunes* immer zuvorderst auf dem Schreibtisch und wird nicht von Fenstern oder geöffneten Dokumenten verdeckt. Noch schneller lassen sich die Einstellungen anzeigen, wenn Sie sich die folgenden Tastenkürzel einprägen: ⌘-, bzw. Strg-, (jeweils Komma).

Auf der linken oberen Seite finden Sie die Abspiel-Buttons, wie sie standardmäßig auf jedem CD- oder MP3-Player zu finden sind (Kassetten-Rekorder oder Tonband-Geräte besitzen diese ebenso, aber mittlerweile dürfte wohl auch das letzte Band verklebt sein). Hier lässt sich die Musik (oder auch ein

Film, ein Podcast oder was auch immer) starten ( ) oder innerhalb der *Mediathek* oder einer *Wiedergabeliste* vorwärts ( ) zum nächsten Titel oder zurück ( ) zum vorhergehenden springen. Bleiben Sie beim Vor- oder Zurücklauf mit gedrückter Maustaste auf den Tasten, so bewegen Sie sich innerhalb des Mediums (Musikstück, Video usw.) nach vorne oder zurück.

Der *Lautstärke-Regler* dürfte klar sein: den Button nach links gezogen wird's leiser, nach rechts lauter.

Genauso gut oder gar besser funktioniert dies aber auch über die Pfeiltasten Ihrer Tastatur: Mit ⌘-↑ /Strg-↑ erhöhen Sie die Lautstärke, mit ⌘-↓/Strg-↓ verringern Sie sie. Und wenn's mal schnell gehen soll, so drehen Sie über ⌘-⌥-↓/Strg-⇧-↓ den Lautsprechern ganz den Saft ab.

Rechts neben dem Regler sitzt die Anzeige für die gerade laufende Musik. So werden *Album-Name*, *Musik-* oder *Podcast-Titel*, *Interpret* usw. eingeblendet. Der kleine schwarze Pfeil auf der linken Seite offenbart auf Mausklick hin eine Art *Equalizer*-Ansicht, über die Sie die Verteilung der Tonhöhen und Tiefen beobachten können. Des Weiteren erfahren Sie in diesem Feld auch, wie viele Minuten und Sekunden der Titel in Anspruch nimmt (*Gesamtlaufzeit*), wie viel Zeit dabei schon verstrichen ist (*Abgelaufene Zeit*) bzw. wie lange es noch dauert, bis das Musik-Stück endet (*Verbleibende Zeit*). Die Zeitangaben steuern Sie, indem Sie mit der Maus auf die rechten Zahlen klicken.

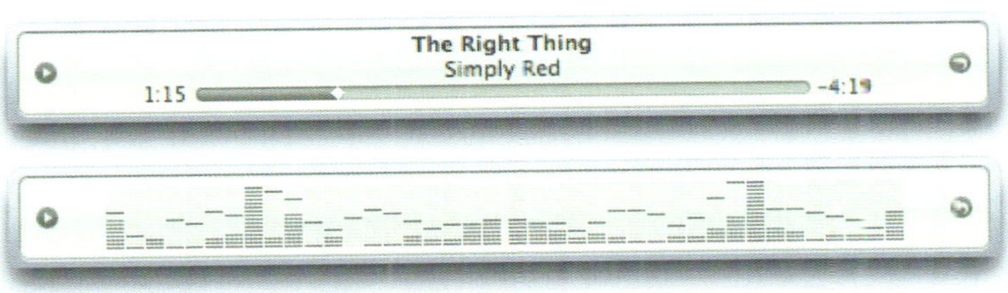

Informationen und Equalizer-Ansicht – man will ja nichts verpassen.

Das Symbol rechts im Anzeigefeld ist besonders dann hilfreich, wenn Sie während des Musik-Abspielens in Ihrer umfangreichen Musik-Sammlung stöbern und den Weg nicht mehr zurückfinden. Ein Klick darauf und Sie landen automatisch wieder bei Ihrem aktuellen Titel. Der Knopf lässt sich im Übrigen auch über die Menüleiste bedienen: *Darstellung/Anzeige* | *Zum aktuellen Titel* bzw. ⌘-L/Strg-L.

iTunes beherrscht selbstverständlich verschiedene Ansichten. Zur Auswahl stehen die *Listen-Ansicht* ( ), dieselbe mit *Covern* (– von Apple als *Gitter* bezeichnet) sowie die *Cover Flow-Übersicht* ( ).

Für jeden Geschmack ist was dabei: einfache Listen-Ansicht, ...

... die Gitter-Darstellung ...

... sowie die Cover Flow-Ansicht.

Die verschiedenen Ansichten lassen sich weiter anpassen, indem Sie etwa in der *Listen-Ansicht* ( ) die Spalten-Titel wie *Titelname*, *Dauer*, *Interpret*, *Album*, *Musikrichtung* und so weiter nach eigenen Bedürfnissen ausrichten.

Über die Menüleiste *Darstellung/Anzeige* und den Befehl *Darstellungsoptionen* bzw. über ⌘-J/Strg-J wird ein Dialog eingeblendet, der Ihnen sämtliche Kriterien einblendet. Haken Sie einfach jene Punkte an, die für Sie in Frage kommen und die Sie für wichtig halten. Nach dem Bestätigen werden Ihre persönlich eingerichteten Kriterien eingebaut und Ihre Medien-Sammlung ist um ein weiteres Ordnungsraster reicher.

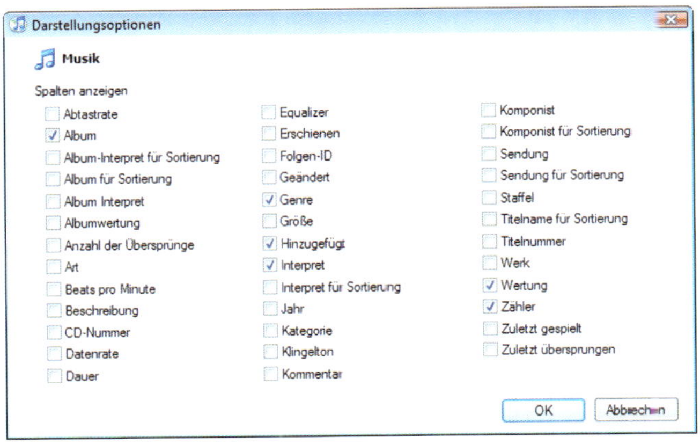

Alles, was das Herz begehrt, finden Sie in den »Darstellungsoptionen«. Doch passen Sie auf, dass Sie nicht zu viele Kriterien auswählen, da das iTunes-Fenster sonst viel Platz in der Breite in Anspruch nimmt.

Wenn Ihnen die Reihenfolge der Spalten nicht zusagt, so brauchen Sie diese nur am Spalten-Titel mit der Maus zu packen und mit gedrückter Maus-Taste an eine andere Stelle zu schieben. Werden weiterhin in einigen Spalten die Informationen nicht vollständig wiedergegeben (Album-Name zu lang oder ähnliches), so bewegen Sie Ihren Mauszeiger genau zwischen die zwei besagten Spalten-Titel – der Mauszeiger verändert nun sein Aussehen (✛). Mit gedrückter Maustaste lässt sich nun die Breite der Spalte verändern. Dasselbe gilt im Übrigen auch für die Quellen-Liste, wenn Sie den Mauszeiger zwischen dieser und der Übersicht ansetzen.

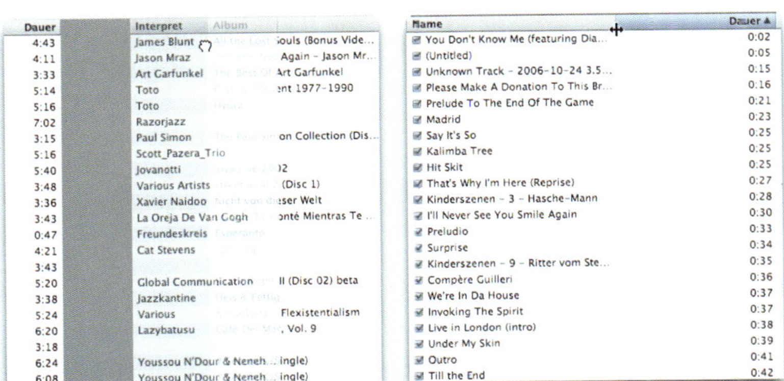

Sowohl das Verschieben einzelner Spalten an eine andere Stelle (links) als auch das Anpassen der Breite gehen leicht von der Hand.

Weiterhin lässt sich auch die Sortierreihenfolge festlegen: Klicken Sie auf einen Spalten-Titel, so können Sie beispielsweise bei *Name* eine Sortierung von A nach Z bzw. bei nochmaligem Klick die umgekehrte Version wählen.

Bei *Dauer* bedeutet dies dann den kürzesten Titel zuerst bzw. umgekehrt, bei *Hinzugefügt* den aktuellsten oder den ältesten Titel oben. Hier plädieren wir einfach auf das selbstständige Ausprobieren, damit Sie für sich die besten Möglichkeiten herausfinden.

Per Klick schalten Sie die Sortierrichtung um.

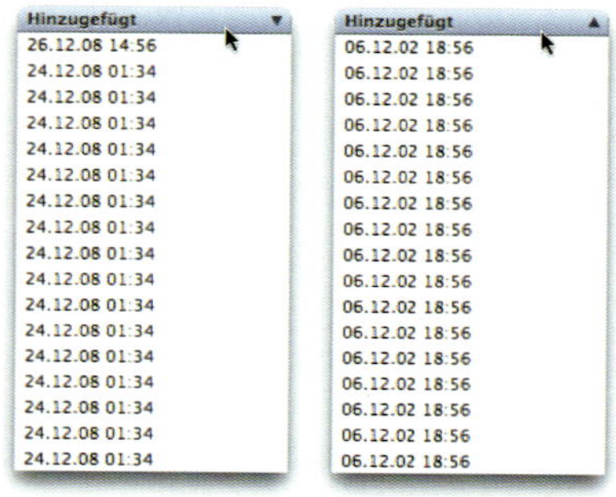

Wenn Sie bei gedrückter *ctrl-Taste* bzw. per Rechtsklick in die Spalten-Titel klicken, so erscheint das Kontext-Menü, das genau jene Befehle enthält, die für die anstehenden Aufgaben von Belang sind. In unserem Fall – die Spalten-Titel betreffend – lässt sich die Breite für eine einzelne oder gleich alle Spalten anpassen bzw. werden auch die in den *Darstellungsoptionen* angebotenen Kriterien aufgeführt – einer schnellen Optimierung steht also nichts mehr im Wege.

Das Kontext-Menü wird bei gedrückter ctrl-Taste und Mausklick oder per Rechtsklick hin aufgerufen. Je nach gestellter Aufgabe führt es nur jene Befehle auf, die in den Zusammenhang passen.

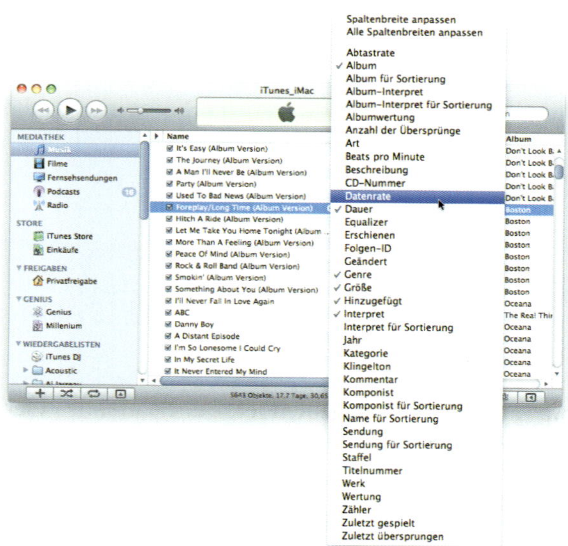

Die *Listen*-Ansicht bietet jedoch noch weitere Features, die sich in den Befehlen der Menüleiste verstecken. Zum einen gibt es dort den *Spaltenbrowser*, der sich im *Darstellungs-* bzw. *Anzeige*-Menü entdecken lässt. Über *Spaltenbrowser anzeigen* (⌘-B/Strg-B) lässt sich dieser nun einblenden und bringt eine neue Spalten-Liste ins Spiel, die wiederum über das *Darstellungs-/An-*

zeige-Menü weiter angepasst und ergänzt werden kann. Dort lassen sich nun verschiedene Kategorien wie *Genres, Interpreten, Alben* usw. wählen sowie die Darstellung derselben für oben oder links bestimmen.

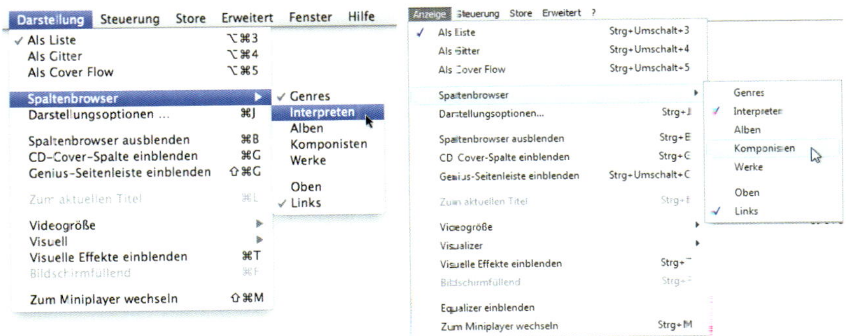

In den Menüs stecken weitere Möglichkeiten zur Anpassung – wenn man sie denn entdeckt.

Oben oder links: Der Spaltenbrowser erleichtert das Suchen bzw. bringt bei umfangreichen Musik-Beständen eine bessere Übersicht.

Die Bedienung ist dabei ganz einfach: Haben Sie beispielsweise ein Glas Rotwein zu viel intus und fühlen sich nun seltsam beschwingt, aber dafür unheimlich kreativ, so suchen Sie sich aus der Liste *Genres* die Kategorie *Inspiration*. Nunmehr werden alle dieser Kategorie zugehörigen Interpreten, Alben oder was auch immer eingeblendet. Der Spaltenbrowser fungiert im Grunde wie ein Filter, der auf Klick hin die passenden Titel herausfischt. Spielt dann die Musik, dann können Sie unter anderem mit *Inspiration* solche Bücher wie dieses schreiben ;-)

Wenn Ihnen die Ansichten insgesamt zu trocken erscheinen, so lassen sich über die Menüleiste *Darstellung/Anzeige | CD-Cover-Spalte einblenden* (⌘-G/Strg-G) die zugehörigen Cover-Ansichten mit anzeigen – die ganze *iTunes*-Oberfläche wird nun einfach ein wenig bunter und aufregender.

Sie erreichen einen noch besseren Wiedererkennungswert, wenn Sie die CD-Cover mit anzeigen lassen.

In der *Gitter*-Darstellung ( ) können Sie die Cover ebenso nach Kriterien wie *Alben*, *Interpreten*, *Genres* sowie *Komponisten* ordnen. Dazu müssen Sie aber ebenso das *Darstellungs-/Anzeige*-Menü aufsuchen und dort auf den Eintrag *Rasterdarstellung* klicken. Mit der Kategorie *Cover* werden so nur diese Voransichten gezeigt, während bei *Interpreten* eine Ordnung nach dem Alphabet angelegt wird. Über *Genres* werden Ihre Alben dann in Musikrichtungen eingeteilt, während *Komponisten* eben diese wieder nach Alphabet aufgliedert. Eine Ordnung nach Alphabet findet jedoch nur statt, wenn Sie dies ausdrücklich wünschen – und zwar über *Rasterdarstellung* | *Interpreten/Komponisten/Alben gruppieren.*

Ob eine Sortierung nach Interpreten oder nach Genre – mit Covern schaut das Ganze schon viel freundlicher aus.

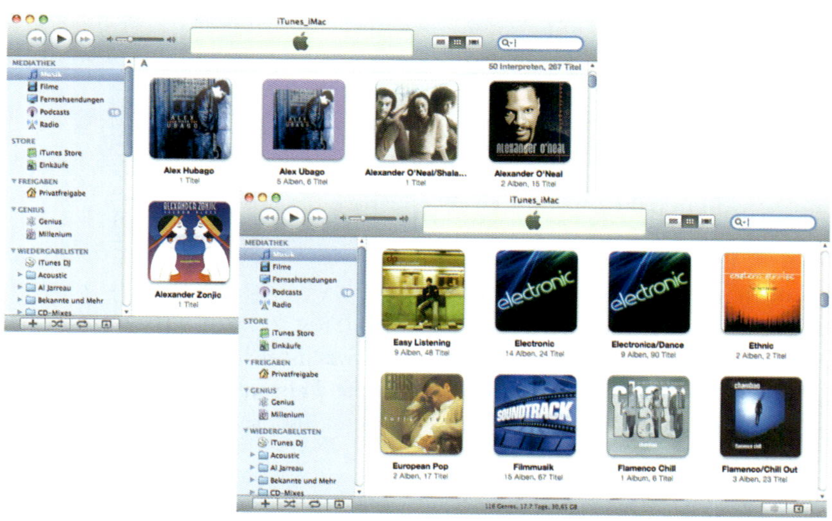

Wenn Sie sich über das Menü *Rasterdarstellung* den Befehl *Kopfbereich einblenden* wählen, so können Sie sich künftig den Weg über die Menüleiste sparen. In diesem Falle werden nämlich die verschiedenen Kategorien als Buttons oberhalb der Vorschau eingeblendet.

Wird der »Kopfbereich« eingeblendet, so können Sie schnell zwischen den einzelnen Kategorien umschalten.

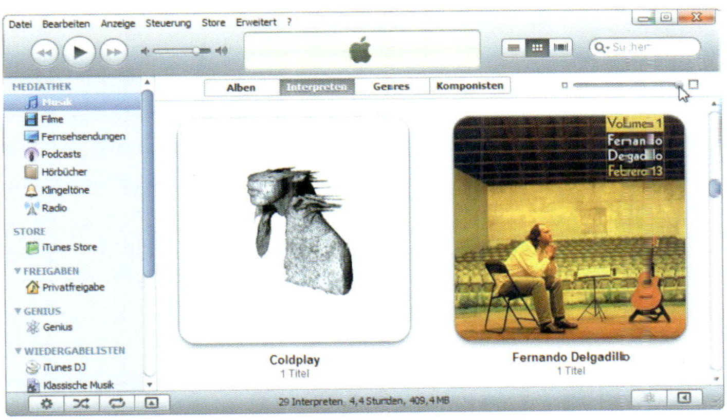

Und dann gibt es da auch noch den Größenregler: Nach rechts bewegt wird die Cover-Ansicht vergrößert, nach links verkleinert (dann passen eben mehr Einträge nebeneinander).

Übrig bleibt die *Cover Flow-Übersicht* ( ), mit der Sie die einzelnen Cover wie in einer Art Diashow vorwärts oder rückwärts blättern. Klasse ist dabei auch die Vollbild-Ansicht, wenn Sie auf das Symbol ( ) klicken. Auch im *Cover Flow*-Modus können Sie das Kontext-Menü bemühen und die darunter liegenden Spalten anpassen oder ergänzen, ein Klick auf einen Spalten-Titel ermöglicht eine gesonderte Sortierreihenfolge.

Weiter geht's mit der *Schnellsuche*, die Ihnen das gezielte Suchen etwa nach *Interpret* oder *Album* ermöglicht. Sie geben dazu einfach ein Stichwort in das *Suchen*-Feld (Suchen) ein und *iTunes* listet Ihnen die zugehörigen Ergebnisse auf. Um die Suche schon im Vorfeld ein wenig einzuschränken – vorausgesetzt, Sie erinnern sich so ungefähr an den Begriff oder das Genre – lässt sich auf Klick auf das kleine Lupen-Symbol ( ) hin ein Popup-Menü ausfahren, das verschiedene Rubriken wie *Komponist*, *Interpret* etc. auflistet.

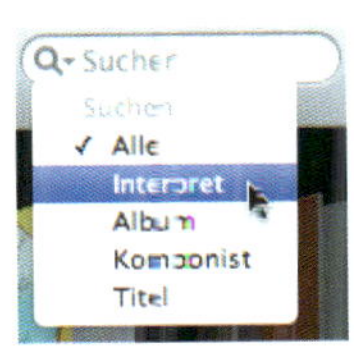

Suchen leicht gemacht: Einfach einen Begriff eingeben und »iTunes« zeigt Ihnen alles, was es dazu anbieten kann.

Werfen wir noch einen Blick auf die unten stehenden Buttons. Auch diese sind schnell benannt und werden im Kontext das ein oder andere Mal noch angesprochen. Von links nach rechts haben die Knöpfe folgende Funktionen:

Der *Plus*-Button ( ) legt eine neue *Wiedergabeliste* an. Damit können Sie Ihre ganz persönlichen Zusammenstellungen – sei es Musik, Filme, Podcast etc. – treffen. Wie das im Einzelnen geht, erfahren Sie auf den nächsten Seiten. Rechts daneben befindet sich der Knopf zum Einschalten für die *Zufallswiedergabe* ( ). Ist eine Wiedergabeliste, die Musik- oder die Hörbücher-Rubrik ausgewählt und Sie drücken auf den Knopf, so werden die einzelnen Stücke nach dem Zufallsprinzip abgespielt. Sie kennen das vielleicht schon von Ihrem CD-Player – dort nennt sich diese Funktion meist *Shuffle*. Den aktivierten Knopf erkennen Sie daran, dass er nun blau ( ) hervorgehoben ist.

Wieder einen Knopf weiter gerutscht gelangen Sie zur *Wiederhol*-Funktion ( ), die einzelne Lieder, eine Wiedergabeliste bzw. Hörbücher wieder und wieder abspielen lässt. Auch hier erkennen Sie wieder den Aktiv-Zustand am blauen Farbton ( ). Klicken Sie jedoch ein weiteres Mal auf den Knopf, so wird die Wiederholung nicht gestoppt, sondern schaltet um auf Einzellied-Wiederholung ( ) – die Funktion bezieht sich also nurmehr auf das gerade laufende Stück.

Danach folgt der Knopf zum *Einblenden der Cover* bzw. der *Videovorschau* ( ). Ist ein Lied ausgewählt, dessen Cover vorhanden ist, so wird dieses im extra vorgesehenen Bereich gezeigt. Das Gleiche gilt auch für Filme: Ist ein Video angeklickt, so erscheint dort ein Vorschaubild – das Abspielen des Filmes kann jedoch auch im *iTunes*-Fenster bzw. in einem separaten Fenster erfolgen, wie Sie noch sehen werden.

Immer im Bilde: Ob Cover oder Film-Ausschnitt – die visuelle Unterstützung ist Ihnen sicher.

Wenn Sie das ein oder andere Mal nicht genau wissen, welcher Knopf für was gut ist, hilft Ihnen meist die so genannte *Quick-Info* weiter. Halten Sie dazu einfach Ihren Mauspfeil über den entsprechenden Knopf und haben Sie eine Sekunde lang Geduld. Daraufhin wird ein kleiner Text-Dialog eingeblendet, der eine Erklärung liefert. Erscheint der Erläuterungstext und drücken Sie dann zusätzlich noch die *Befehlstaste* (⌘), werden weitere Handlungsanweisungen offeriert – Letzteres funktioniert jedoch nur auf dem Mac.

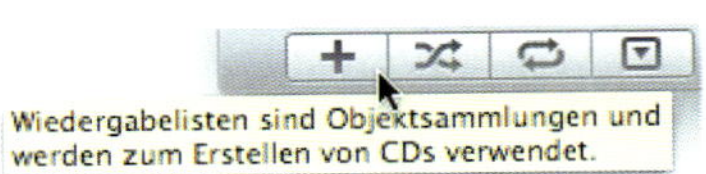

Hätten Sie es noch gewusst? Die Quick-Info gibt rasche Antwort auf knifflige Fragen.

Alle eben genannten Funktionen lassen sich über das Befehlsmenü *Steuerung* aufrufen. Darin finden Sie die Befehle *Zufällige Wiedergabe* (⤮) sowie *Wiederholen* (⟲) samt den etwaigen Optionen innerhalb der Untermenüs.

Rechts unten liegen dann noch die Tasten zum Ein- und Ausschalten der *Genius*-Seitenleiste (◫) sowie der Knopf zum Starten der eigentlichen *Genius*-Funktion. Damit können Sie sich automatisch Wiedergabelisten erstellen lassen, die zum gerade gehörten Song passen. Haben Sie dann noch mehr Appetit auf diese Musikrichtung, so schlägt Ihnen Genius weitere Songs in der Seitenleiste vor, die Sie dann kurzerhand im *iTunes Store* kaufen können. Wie das alles genau funktioniert, erfahren Sie ein wenig später.

Ist eine *Wiedergabeliste* markiert, so wird zusätzlich ein *Brennen*-Knopf (Brennen) rechts unten angezeigt. Damit lässt sich nun einfach und schnell die ausgesuchte Musik-Zusammenstellung auf eine CD oder DVD bannen.

So viel erst einmal zu den Äußerlichkeiten – alles weitere erfahren Sie wie üblich im Kontext.

Die Einstellungen im Hintergrund

Da die *iTunes-Einstellungen* (Menüleiste *iTunes* bzw. *Datei* | *Einstellungen* oder ⌘-/*Strg-Komma*) mittlerweile ziemlich umfangreich sind, zählen wir diese nun nicht Punkt für Punkt auf, sondern erläutern die vielen Optionen lieber im Zusammenhang. Beginnen wir folglich mit der Rubrik *Allgemein*, die beispielsweise für das Aussehen zuständig ist und es Ihnen überlässt, was *iTunes* etwa nach dem Start des Programms anzeigen soll. So lässt sich die Beschriftung sowohl für die *Quellen*-Liste (*Mediathek*, *Store*, *Wiedergabelisten*) als auch für die Übersicht (*Titel*, *Interpreten* usw.) vergrößern.

In welchem Gewande soll sich Ihr »iTunes« zeigen? In den »Einstellungen« lassen sich verschiedene Optionen anwenden.

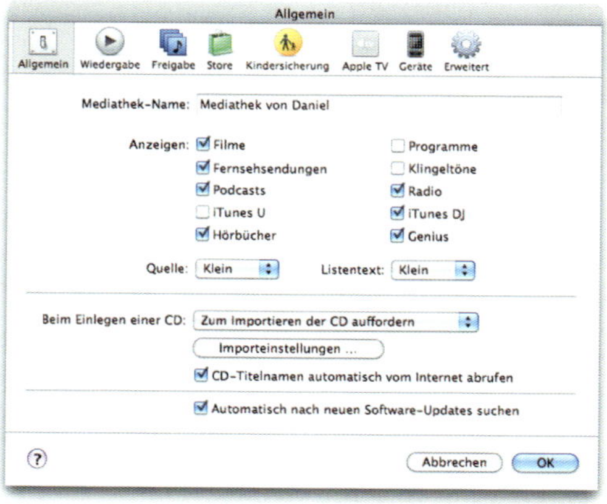

Unter der Option *Anzeigen* finden Sie all jene Medien wieder, die Sie in der Quellen-Liste einblenden möchten. Haben Sie beispielsweise mit *Podcasts* oder *Klingeltönen* nichts am Hut, so entfernen Sie einfach die Haken (per Mausklick) und diese Punkte werden künftig nicht mehr im *iTunes*-Fenster erscheinen.

In der Rubrik *Wiedergabe* finden Sie die Option *Titel überblenden* – das gerade laufende Lied wird zum Ende hin leiser, während der nachfolgende Song schon langsam eingeblendet wird. Mit dem Regler stellen Sie jene Zeit ein, wie viele Sekunden vorher der laufende Titel aus- bzw. der nächste dann eingeblendet wird.

Bitte einmal Überblenden – die Wiedergabe-Optionen in den »Einstellungen«.

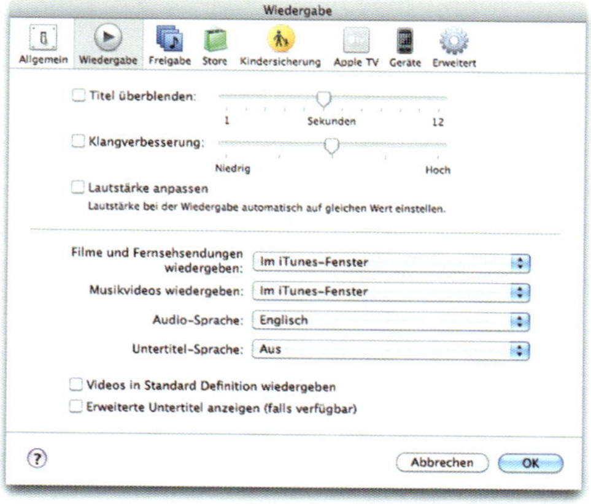

Das, was für die meisten Lieder gut ist, ist für manche Alben wie Live-Mitschnitte oder klassische Musik alles andere als förderlich. Daher gibt es die Möglichkeit der *unterbrechungsfreien Musik*, die Sie – falls nicht schon automatisch über den *iTunes Store* – über die *Informationen* aktivieren können. Hierzu markieren Sie mehrere Titel oder ein Album und wählen *Ablage* bzw. *Datei | Informationen*. Im auftauchenden Dialog begeben Sie sich in die Rubrik *Optionen* und setzen dort bei *Unterbrechungsfreies Album* ein Häkchen (☑). Im Popup-Menü wählen Sie dann noch *Ja* und die Sache wäre geritzt.

Die *Klangverbesserung* soll laut Apple die Soundqualität verbessern, indem sie – Achtung: Zitat – der Musik mehr Klangvolumen und Lebendigkeit verleiht. Das hört sich schon einmal gar nicht schlecht an, wobei hier anzumerken ist, dass dazu allerdings das nötige Lautsprecher-Equipment oder gute Kopfhörer unabdingbar sind. Mit der Option *Lautstärke anpassen* lassen sich Musikstücke (trotz abweichender Qualität und Geräuschpegel) angleichen und immer und überall in etwa derselben Lautstärke abspielen. Die restlichen Einstellungen in dieser Rubrik behandeln das Thema Filme, Musikvideos und Fernsehsendungen, zu denen wir ein wenig später kommen.

Während sich eben genannte Einstellungen auf alle Titel in der *Mediathek* beziehen, lassen sich für einzelne oder ausgesuchte Lieder in den *Informationen* (*Ablage/Datei | Informationen*) gesondert weitere Anpassungen vornehmen.

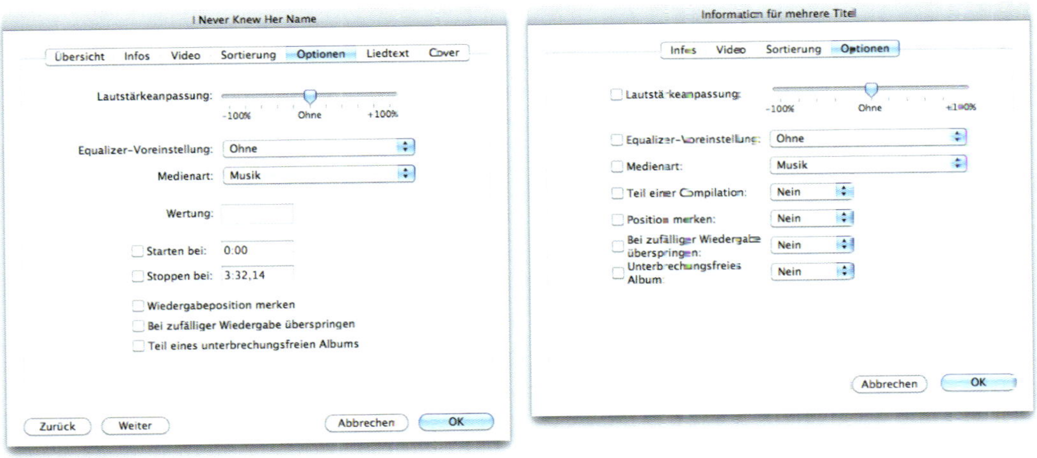

Die Informationen-Fenster für Einzeltitel sowie mehrere Stücke.

In beiden Dialogen haben Sie die Möglichkeit, eine *Lautstärkeanpassung* vorzunehmen sowie eine *Equalizer-Voreinstellung* festzulegen. *Lautstärkeanpassung* in diesem Kontext bedeutet, dass Sie damit jene Titel, die zu leise oder zu laut daherkommen, an die Lautstärke-Umgebung der restlichen Musik-Sammlung angleichen können.

Bei den *Einzeltitel-Informationen* lassen sich bei den Punkten *Starten bei* und *Stoppen bei* individuelle Start- und Endpunkte eingeben. Dazu aktivieren Sie die Einträge (Haken setzen) und tragen dann Anfangs- und Stopp-Zeit ein. Dies ist immer dann ratsam, wenn beispielsweise bei einem Stück ein unangenehmes Knacken bzw. ein für Sie uninteressanter Vorspann wie Text oder Klatschen vorkommt. All das, was vor dem Start-Punkt liegt, wird nun übergangen. Dasselbe passiert mit jenen Teilen, die nach dem Stopp-Zeichen liegen.

Über *Wiedergabeposition merken* wird genau jener Zeitpunkt gespeichert, an dem sich die Abspielmarke im Lied befindet, wenn Sie die *Informationen* aufrufen und diese Option aktivieren. Der Song startet nun immer genau von dieser Position.

Übrig bleibt der Eintrag *Bei zufälliger Wiedergabe überspringen*, der eigentlich selbsterklärend ist. Mit anderen Worten: Wurden Musikstücke damit »ausgezeichnet«, werden diese schlichtweg übergangen, lassen Sie *iTunes* im Zufalls-Modus laufen.

Mit dem »Equalizer« durch Höhen und Tiefen

Auch das Thema *Equalizer* möchten wir noch kurz anschneiden, den Sie über die Menüleiste *Fenster* (Mac) bzw. *Anzeige* (Win) und den Befehl *Equalizer* (⌘-⌥-2)/*Equalizer einblenden* aufrufen können. Damit lassen sich nun für jede Musikrichtung die optimalen Einstellungen vornehmen.

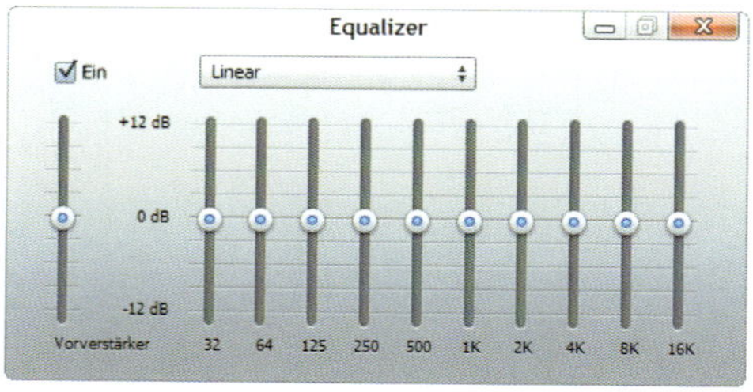

Der Equalizer mit seinem Schaltpult zum Anpassen der Frequenzen.

Über das Popup-Menü lässt sich aus den schon vorgegebenen Stilrichtungen das Passende heraussuchen oder Sie mixen sich selbst einen bevorzugten Klangteppich zusammen. Sobald Sie mit der Maus einen Regler (im Fachjargon auch »Fader« genannt) packen und verschieben – inklusive des *Vorverstärkers*, der die allgemeine Lautstärke anhebt oder senkt –, schaltet das Popup-Menü auf *Manuell* um. Sind Sie zufrieden mit Ihrem Ergebnis, so wählen Sie im Popup-Menü den Eintrag *Neue Voreinstellung* und vergeben im auftauchenden Dialog einen Namen. Mit *OK* sichern Sie Ihre Einstellung.

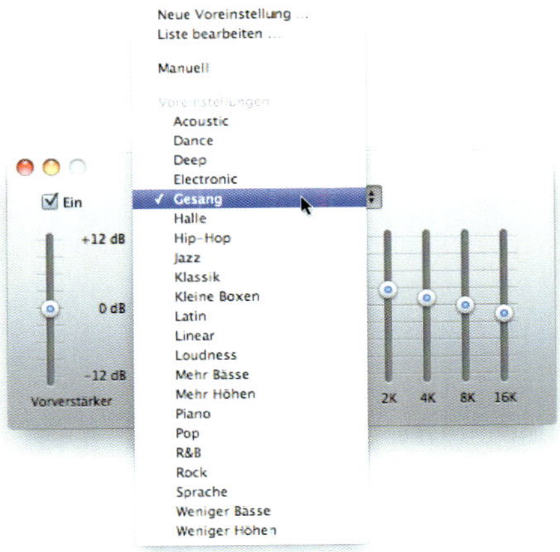

Jeder Musikstil weist eine gesonderte Verteilung für Bässe und Höhen auf.

Während sich die linken fünf Regler (32 bis 500 Hertz) um die niedrigeren Frequenzen (Bässe) kümmern, übernehmen die rechten Fader die Hochtonfrequenzen (1 bis 16 Kilohertz). »Hertz« (nicht zu verwechseln mit dem gleichnamigen Autovermieter) ist dabei die Einheit der Frequenz, wobei ein Hertz einer Schwingung pro Sekunde entspricht. Die Einheit »dB« (Dezibel) beschreibt hingegen die Lautstärke bzw. Intensität. Werden die Regler folglich nach oben bewegt, werden die jeweiligen Frequenzen verstärkt, nach unten hin ziehend abgeschwächt.

Über den Punkt *Liste bearbeiten* lassen sich nun nachträglich die schon vorgegebenen bzw. selbst angelegten Voreinstellungen bearbeiten, indem Sie sie umbenennen oder gar ganz entfernen.

Da jede Manipulation das Klangbild verändert, sollten Sie immer nach dem Motto »Weniger ist mehr« vorgehen. Die Übertreibung verschlimmbessert oftmals das Original, zumal der Sound als solches sowohl von den angeschlossenen Boxen als auch von den Räumlichkeiten abhängt. Im Zweifel müssten Sie also für jede Änderung der äußeren Umstände eine eigene Voreinstellung treffen.

Das Zuweisen von *Equalizer-Einstellungen* kann auf verschiedene Art und Weise erfolgen: Zum einen markieren Sie ein oder mehrere Lieder und rufen dann aus dem *Ablage-/Datei*-Menü den Befehl *Informationen* (⌘-I/Strg-I) auf. Dort besuchen Sie wieder den Reiter *Optionen* und stellen dann das Gewünschte ein.

Die zweite Möglichkeit besteht darin, dass Sie die *Darstellungsoptionen* (⌘-J/Strg-J) aufrufen und dort das Kriterium *Equalizer* aktivieren (alternativ klappt das auch über das Kontext-Menü mit Klick auf die Spalten-Titel). In Ihrem Übersichtsfenster finden Sie nun eine neue Spalte namens *Equalizer*.

Bei jedem Musikstück findet sich nun ebenfalls das *Equalizer*-Popup-Menü (⇕), mit dem Sie schnell und effizient für jeden Titel die geeignete Einstellung vornehmen können.

Schnellzugriff auf den »Equalizer« dank zusätzlicher Spalte.

Die zahlreichen Import-Möglichkeiten

iTunes gibt sich beim Import als auch beim Abspielen von Musik großzügig, denn es kann mit allerhand Formaten umgehen – darunter AAC, MP3, AIFF, WAV oder Apple Lossless.

MP3 (Suffix *.mp3*) ist das Mittel der Wahl, um Musikstücke im Internet zur Verfügung zu stellen bzw. herunterzuladen. Die Qualität von *MP3*-Songs lässt sich aus den Bitraten bzw. Datenraten herauslesen. Je höher diese ist, desto besser ist auch die Ton-Qualität. Als Standard bzw. guter Mittelwert gelten heutzutage 128 kBit/s, wobei Apple mittlerweile im *iTunes Store* dazu übergegangen ist, diese mit 256 kBit/s anzubieten (allerdings als *AAC* unter dem Stichwort *iTunes Plus*). Innerhalb der *MP3*-Datei befinden sich so genannte *ID3 Tags*, die zusätzliche Informationen wie etwa den Titel des Songs, der Name des Interpreten sowie des Albums etc. beinhalten.

AAC (Advanced Audio Coding) ist ein Apple-spezifisches Audio-Format, welches die Firma in seinem *iTunes Store* einsetzt. Bislang wurde zusätzlich mit einem Kopierschutz (*DRM – Digital Rights Management – Digitales Rechtemanagement*) gearbeitet, der dem Anwender genau vorschrieb, wie oft und auf welchen Datenträger er diese Datei kopieren durfte. Auch hier fand mittlerweile ein Umdenken statt und der gesamte iTunes Store wurde auf Kopierschutz-freie Musikstücke umgestellt. Als Weiterentwicklung von *MP3* besitzt *AAC* (MPEG-4) bei kleinerer oder gleicher Datengröße eine bessere Qualität.

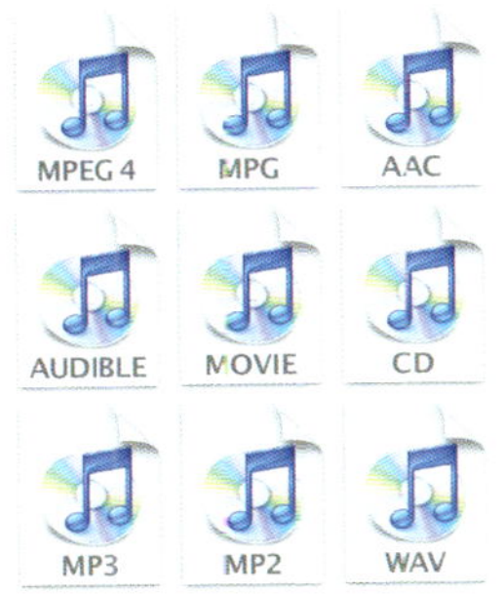

Auswahl an Formaten, die iTunes importieren sowie auch ausgeben kann.

iTunes hat in seinen Grundeinstellungen beim Importieren einer Audio-CD den *AAC-Codierer* gewählt. Somit können Sie zwar auf Ihrem Computer samt *iTunes* sowie Ihrem *iPod/iPhone* diese Musikstücke hören, bei MP3-Playern eines anderen Herstellers kann es jedoch zu Schwierigkeiten kommen. Das gewünschte Format beim Importieren von Musikstücken wählen Sie über die *iTunes-Einstellungen* | Rubrik *Allgemein* und dort über den Button *Importeinstellungen*.

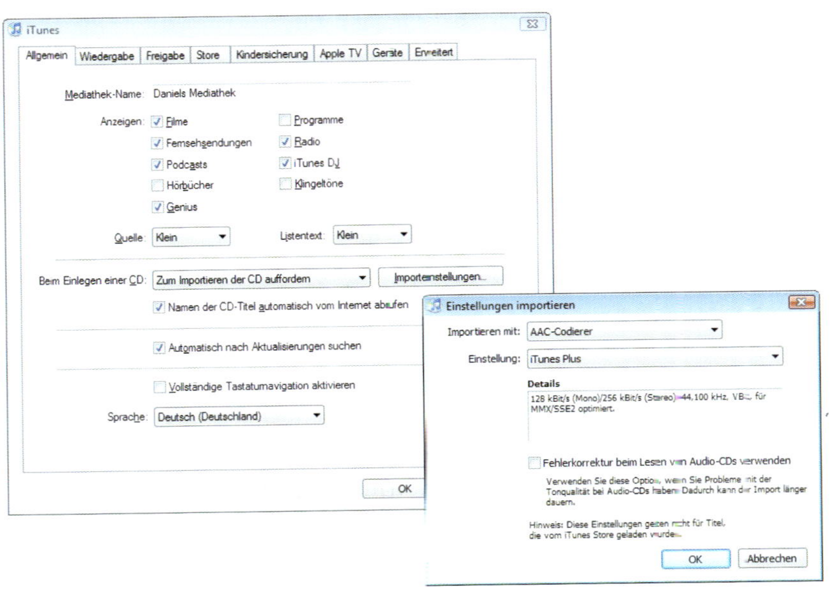

Der Ausgangspunkt für alle Import-Vorgänge.

Bei *Importieren mit* stellen Sie nun jenes Format ein, mit dem *iTunes* Ihre Songs auf die Festplatte ablegen soll. *AAC-Codierer* oder *MP3-Codierer* sind hier ein guter Kompromiss aus Datengröße und Hörqualität. Benutzen Sie einen anderen MP3-Player oder möchten Sie die Musik-Stücke auch mit einem anderen Programm abspielen, sollten Sie *MP3* verwenden.

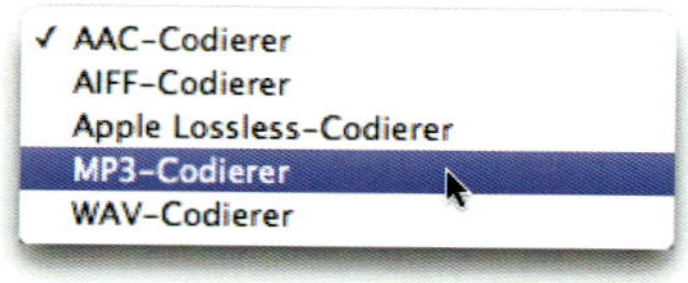

Die zur Verfügung stehenden Codierer bieten für jeden Anlass das passende Format.

Wenn Sie Wert auf höchste Qualität legen, so sollten Sie den *AIFF-Codierer* verwenden – die Daten werden hierbei nicht komprimiert (die Dateigröße steigt dafür aber um ein Vielfaches an). Die Hör-Qualität entspricht der einer Audio-CD, wobei dies auf den Lautsprechern eines MacBook (Pro) oder eines anderen Laptops wohl eher vergebene Liebesmüh wäre. Schließen Sie jedoch des Öfteren Ihren iPod an die Stereo-Anlage an oder besitzen Sie hochwertige Lautsprecher, so sollten Sie dieses Format im Auge behalten. Wichtig zu wissen ist auch die Tatsache, dass beim späteren Brennen einer Audio-CD die auf diese Weise importierten Musik-Stücke ohne Qualitätseinbußen verarbeitet werden.

Der *WAV-Codierer* (*WAV* ist das Audio-Format von Microsoft für Windows) ist eher etwas für jene User, die ihre Songs auch an PC-Anwender weitergeben möchten, denen beispielsweise keine MP3-taugliche Software zur Verfügung steht.

Übrig bleibt noch der *Apple Lossless-Codierer*, der im Vergleich zu Audio-CDs (im *AIFF*-Format) bei gleicher Qualität nur etwas mehr als die Hälfte an Speicherplatz in Anspruch nimmt. Letzteres Format ist ebenso auf dem iPod abspielbar und bedeutet laut Apple einen Zugewinn an Hörqualität.

Bis auf den *Apple Lossless-Codierer* lassen sich unter *Einstellung* unterschiedlich hohe Datenraten wählen, wobei 128 kBit/s für den Allgemeingebrauch (Musikhören am PC oder über Standard-MP3-Player) völlig in Ordnung ist.

Die *Datenrate* bestimmt, wie viele digitale Informationen pro Sekunde verarbeitet werden. Je höher diese ausfällt, desto besser ist die Qualität. Auch für die *Abtastrate* – wenn Sie benutzerdefinierte Einstellungen treffen möchten – gilt: Je höher, desto besser. Eine Audio-CD liegt bei 44,100 kHz, eine höhere Rate ist daher nicht nötig. Apple selbst empfiehlt im Allgemeinen für die *Abtastrate* die Einstellung *Automatisch*, da auf diese Weise die Dateien so übernommen werden, wie sie im Original vorliegen. Die Kanäle sollten Sie lieber unberührt lassen, nicht dass Sie aus Versehen Ihre Lieblingslieder nurmehr in Mono zu hören bekommen.

Audio-CDs importieren

In den schon angesprochenen *Einstellungen* zu *iTunes* (*Einstellungen* | Rubrik *Allgemein* | *Beim Einlegen einer CD*) sollten Sie zuerst bestimmen, wie sich *iTunes* beim Abspielen einer CD verhalten soll. *CD einblenden* stellt einzig den CD-Inhalt dar. Somit können Sie die Musik jederzeit abspielen, zum Importieren müssen Sie jedoch den entsprechenden Knopf (CD importieren) rechts unten drücken. *Wiedergabe starten* hingegen beginnt sofort nach dem Einlesen der Audio-CD mit der Wiedergabe. *Zum Importieren der CD auffordern* blendet nach der Anzeige der CD einen Dialog ein, der zum Importieren einlädt. *CD importieren* fackelt nicht lange herum und beginnt sofort mit dem Importvorgang, während *CD importieren und auswerfen* als Bonusleistung die CD nach dem Import wieder hergibt (freundliches Kerlchen). Letztere Option ist besonders dann angenehm, wenn Sie einen ganzen Stapel an Audio-CDs vor sich liegen haben und diese auf einen Schwung in *iTunes* laden möchten.

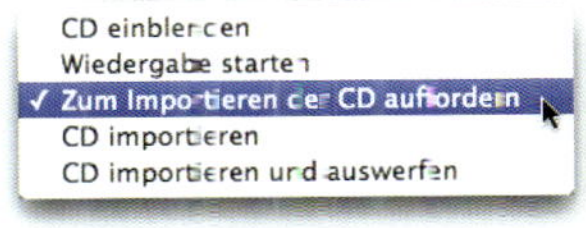

Sie dürfen entscheiden: Wie soll sich »iTunes« verhalten, wenn Sie mit einer Audio-CD drohen?

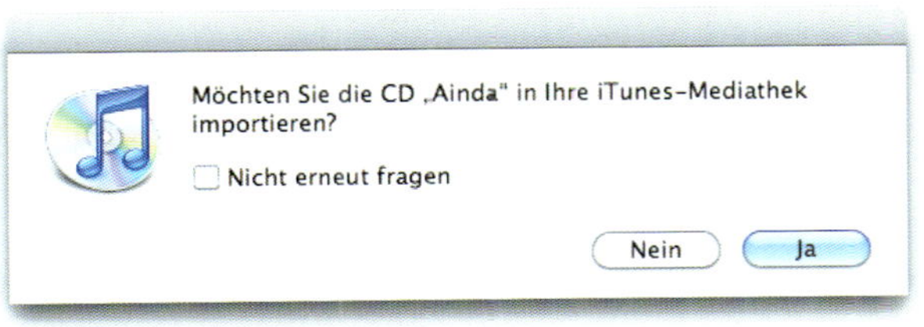

Ist die Option »Zum Importieren der CD auffordern« gewählt, fragt iTunes automatisch beim Einlegen einer Audio-CD nach, ob die Titel importiert werden sollen.

Sollte *iTunes* nicht freiwillig starten, so können Sie dem Programm über die *Systemeinstellungen* (Mac OS X) auf die Sprünge helfen. Unter der Rubrik *Hardware* finden Sie den Punkt *CDs & DVDs*, über den Sie bestimmen, was beim Einlegen einer Musik-CD oder DVD (ob bespielt oder leer) passieren soll. Unter Windows erledigen Sie dies über das *Start-Menü* | *Standardprogramme* | *Einstellungen für automatische Wiedergabe ändern* und bestimmen dort bei *Audio-CD* den Eintrag *Titel importieren mit iTunes*.

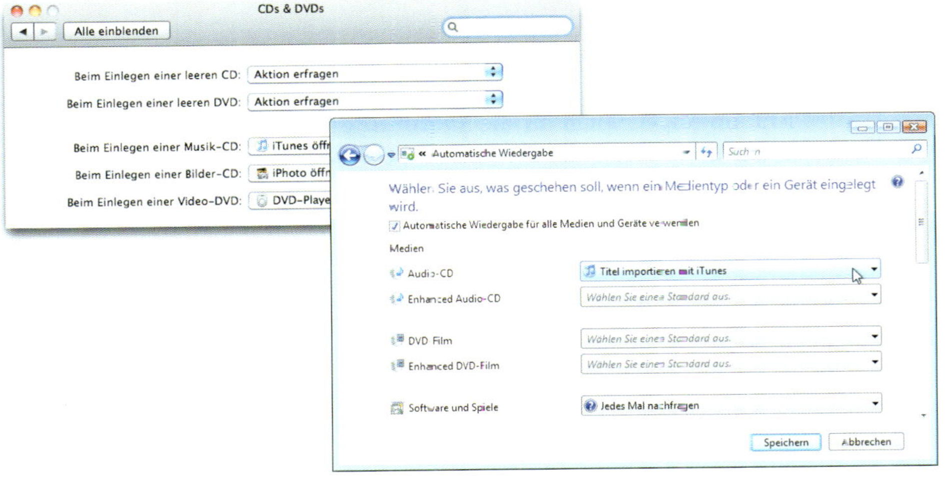

Legen Sie nun einfach eine Audio-CD in Ihr Laufwerk ein. *iTunes* sollte nun – falls noch nicht geöffnet – selbsttätig starten und die CD in der Quellen-Liste anzeigen. Hierbei erscheint eine neue Rubrik *Geräte.*

Die Audio-CD wird eingelesen und der Inhalt wird mit »Titel 01«, »Titel 02« usw. aufgeführt. Das kann »iTunes« aber besser …

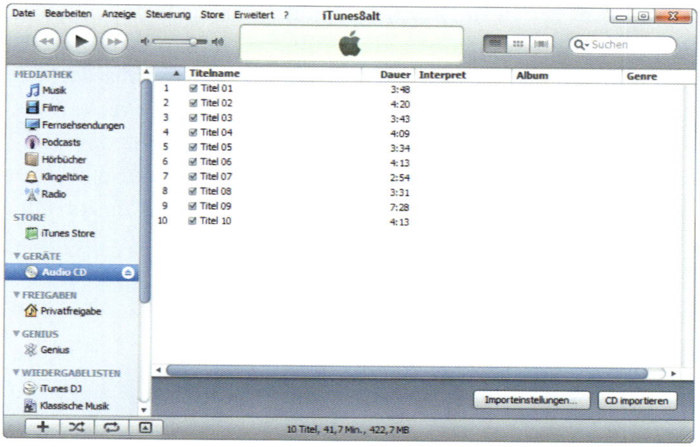

Begeben Sie sich daher ins Internet und wählen Sie über den Menübefehl *Erweitert* die Option *CD-Titelnamen abfragen. iTunes* nimmt daraufhin Kontakt mit der Internet-Datenbank *Gracenote CDDB® Music Recognition Service* (`www.gracenote.com`) auf und sucht nach den zur Audio-CD passenden Titeln bzw. nach den so genannten *ID3-Tags.* Dieser Service ermöglicht es Ihnen, Daten wie Album- und Künstlername, Musik-Titel und andere Musik-relevanten Informationen über das Internet abzurufen.

Bei bestehender Online-Verbindung und dem Einlegen einer Audio-CD sieht das schon ganz anders aus.

Am besten prägen Sie sich ein, vor dem Einlegen einer Audio-CD mit Ihrem Rechner online zu gehen. So funktioniert die Datenbank-Abfrage voll automatisch und Sie müssen sich um nichts kümmern. Einzige Voraussetzung: In den *iTunes-Einstellungen* und dort in der *Allgemein*-Abteilung muss die Option *CD-Titelnamen automatisch vom Internet abrufen* aktiviert sein.

Im Grunde brauchen Sie nun – je nach Einstellung – nur den Dialog »Möchten Sie die CD … in Ihre iTunes-Mediathek importieren?« zu bestätigen, indem Sie Ihr Ja-Wort vergeben – *iTunes* beginnt dann augenblicklich mit dem Import. Möchten Sie stattdessen nur einzelne Songs einladen, so verneinen Sie zuerst den Dialog und entfernen dann bei jenen Liedern den Haken (☑), die außen vor bleiben sollen. Über den rechts unten liegenden Button *CD importieren* (CD importieren) werfen Sie dann ebenso den Import-Vorgang an – Ihre Titel werden im gewünschten Format eingeladen.

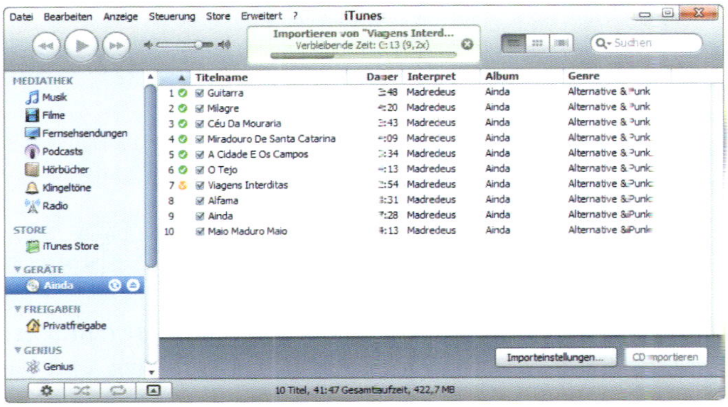

Es tut sich was: Die mit dem grünen Symbol (✔) gekennzeichneten Lieder sind bereits in »iTunes« integriert, das orangenfarbene Zeichen (↻) weist auf den gerade stattfindenden Konvertier- und Import-Vorgang hin.

Denken Sie bitte an das korrekte Format, dass Sie beim Importieren benutzen. Standardmäßig wird der in den *Importeinstellungen* der *iTunes-Einstellungen* gewählte Codierer verwendet. Möchten Sie dies kurzfristig noch ändern, so können Sie dies per Mausklick auf *Importeinstellungen* (links neben dem CD importieren-Button liegend) schon rasch ändern.

Sollten einmal keine Daten in der *Gracenote CDDB*®-Datenbank zu Ihrer Audio-CD vorliegen, so markieren Sie ein oder mehrere Lieder und wählen dann *Ablage/Datei* | *Informationen* bzw. ⌘-I/Strg-I. Im auftauchenden Dialog können Sie nun umfassende Zusatzinformationen bzw. Änderungen vornehmen. Über den Befehl *Erweitert* | *CD-Titelnamen einsenden* lassen sich nun diese Eingaben anderen zur Verfügung stellen.

Die meisten Daten (bis auf den Titel-Namen) lassen sich auch auf mehrere Dateien gleichzeitig anwenden. Markieren Sie dazu bei gedrückter *Umschalt-Taste* (⇧) den ersten und den letzten Song. Diese beiden sowie alle dazwischen liegenden Musik-Stücke sind nun ausgewählt. Alternativ klappt auch das Markieren mit gedrückter *Befehls-* (⌘) oder *Strg-Taste*, womit Sie eine Auswahl sozusagen querbeet treffen können. Rufen Sie danach wieder die *Informationen* über *Ablage/Datei* | *Information* bzw. ⌘-I/Strg-I auf und nach einer kleinen Zwischenmeldung (»Möchten Sie wirklich Informationen für mehrere Titel bearbeiten?«) landen Sie dort, wo Sie hinwollen.

Wenn Sie Änderungen oder Ergänzungen zu den Informationen tätigen möchten, so erledigen Sie dies über die »Informationen«.

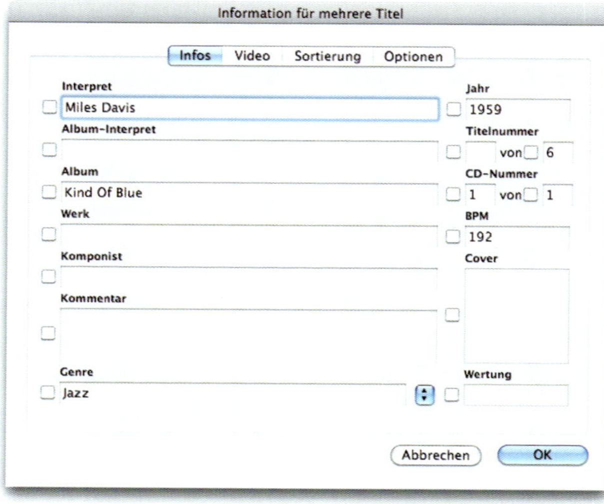

Die Arbeit mit der *Gracenote CDDB®*-Datenbank klappt nur, wenn Sie Audio-CDs direkt mit *iTunes* importieren. Bei allen nachfolgenden Varianten werden die Daten nur in dem Format einkopiert, in dem sie original vorliegen. Versuchen Sie es trotzdem und wählen *CD-Titelnamen abfragen*, so erhalten Sie eine Fehlermeldung.

Es ist alles gesagt: Sie benötigen also die Audio-CDs, um sie erneut von »iTunes« einlesen zu lassen.

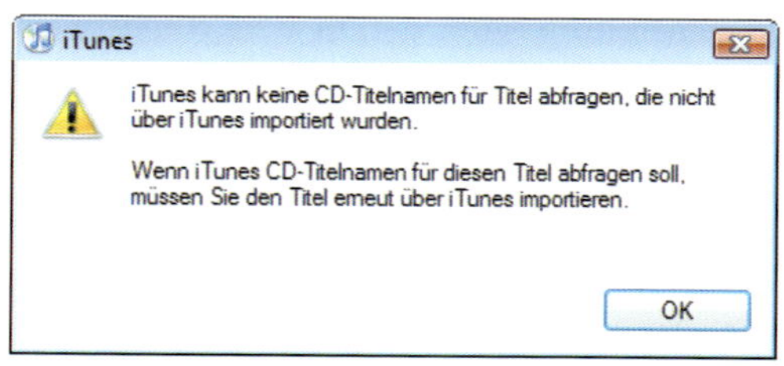

Musik-Dateien von der Festplatte

Vielleicht besitzen Sie ja schon etliche Dutzend Musik- und/oder Video-Dateien auf Ihrem Rechner, die nun endlich einmal verwaltet werden sollen. Hat *iTunes* diese nach der Installation und einer ersten Suche im *Privat*-Ordner nicht aufgespürt – etwa weil diese auf einer externen Festplatte oder einer anderen Partition liegen – so heißt es nun den Befehl *Ablage | Zur Mediathek hinzufügen* (⌘-O) unter Mac OS X bzw. *Datei | Datei zur Mediathek hinzufügen* (Strg-O) oder *Ordner zur Mediathek hinzufügen* unter Windows anzusteuern. Im sich öffnenden Dialog können Sie nun die gewünschte Musik-Datei oder gar einen ganzen Ordner zuweisen. Mehrere Einzel-Dateien wählen Sie wieder mit gedrückter *Befehlstaste* (⌘) aus. Über den *Auswählen*-Button wird nun die getroffene Auswahl in die *Mediathek* kopiert. Dasselbe Vorgehen gilt natürlich auch für andere Medien wie beispielsweise Filme.

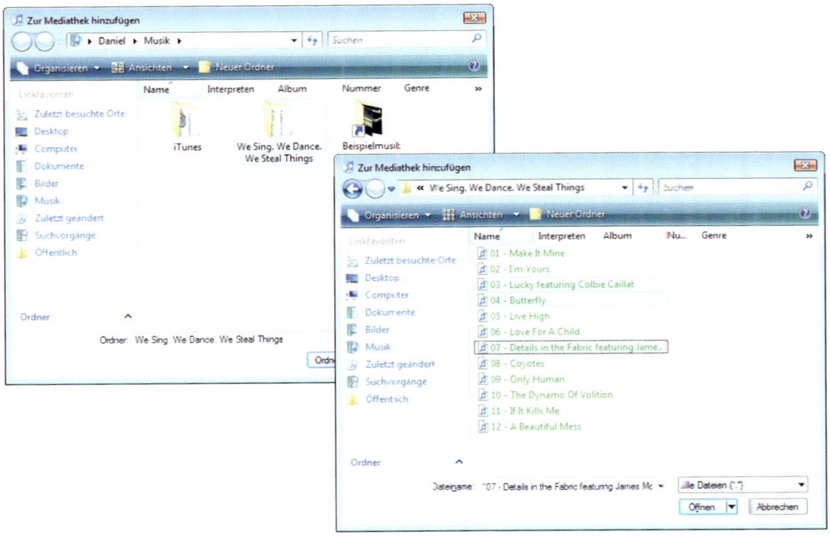

Zuerst wird ausgewählt, dann wird kopiert. Von der Festplatte geht das bedeutend schneller, da die Dateien nicht konvertiert werden müssen.

Über *(Datei/Ordner) zur Mediathek hinzufügen* werden die Dateien so, wie Sie auf der Festplatte vorliegen, in *iTunes* eingeladen. Diese Vorgehensweise ist somit unabhängig von den in den *Import-Einstellungen* getroffenen Format-Definitionen.

Platzt Ihre Musik-Sammlung aus allen Nähten und möchten Sie daher einmal nach doppelten Einträgen fahnden, um wieder ein wenig Ordnung in Ihren Bestand zu bringen, so wählen Sie einfach *Ablage/Datei | Duplikate anzeigen*. Passen Sie aber dennoch gut auf, denn oftmals liegen zwar gleiche Titel vor, diese jedoch in unterschiedlichen Alben.

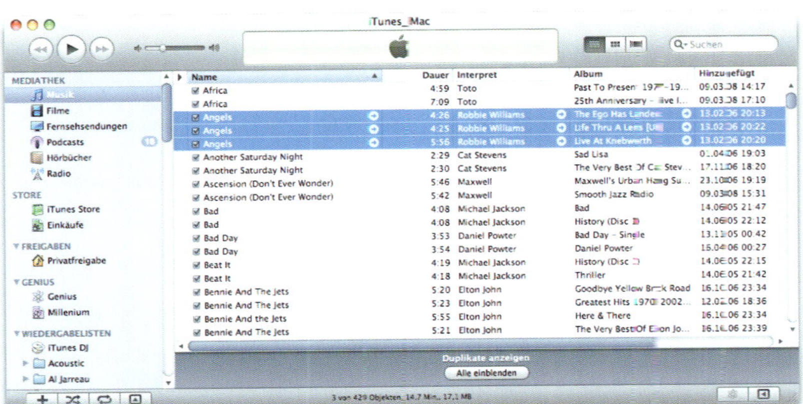

Derselbe Song liegt gleich drei Mal in der Mediathek. Dennoch ist Vorsicht geboten, denn wer genau hinsieht, erkennt, dass es sich dabei um drei verschiedene Alben des gleichen Interpreten handelt.

Als Alternative zum Befehl *Zur Mediathek hinzufügen* funktioniert auch die *Drag & Drop*-Methode (packen, ziehen und loslassen). Hierbei öffnen Sie Ihren Ordner mit den ausgesuchten Dateien, markieren diese und ziehen sie dann mit gedrückter Maustaste in das *iTunes*-Fenster. Zu beachten gibt es hier nur zwei Punkte: Befördern Sie die Daten in das Übersichts-Fenster, so werden diese in die *Mediathek* kopiert. Ziehen Sie sie stattdessen in die *Quellen*-Liste (ganz links) auf den Begriff *Wiedergabelisten*, so wird (neben dem Kopieren in die *Mediathek*) automatisch eine solche angelegt.

Dateien aus dem Internet laden

Im Internet gibt es viele Bands und Künstler, die kostenlos einige ihrer Songs anbieten – sozusagen zum »Anfixen«. Dann bekommen Sie vielleicht Lust auf Mehr und kaufen sich gleich ein ganzes Album. Andere wiederum komponieren mit *GarageBand* von Apple und lassen ihre Songs bewerten. Auch diverse Musik-Magazine besprechen Album-Neuerscheinungen und stellen ab und an einen Probe-Titel ins Netz.

Als Beispiele sollen hier folgende Webseiten aufgezählt werden:

```
www.tunefinder.com
www.macjams.com/music
www.tonspion.de
www.garageband.com
www.artistdirect.com
www.freeplaymusic.com
```

Dank der Selbstpromotion gelingt vielen Künstlern der Durchbruch.

www.macjams.com/music
www.tonspion.de
www.garageband.com
www.artistdirect.com
www.freeplaymusic.com

Ist die Musikrichtung festgelegt, so kann man sich durch die vielen Bands und Musiker klicken. Der Download als solches läuft unterschiedlich ab. Zum einen werden die Songs direkt im Browser heruntergeladen (sichtbar beispielweise im Fenster *Downloads* von *Safari*) und nach dem Lade-Vorgang in *iTunes* abgespielt. Dabei wird automatisch eine Kopie des Songs in den *iTunes*-Ordner gelegt. Manchmal liegt die Musik-Datei auch nur im Ordner *Downloads* (der Standard-Ordner für heruntergeladene Dateien aus dem Internet in Ihrem Benutzer-Verzeichnis) und muss händisch in *iTunes* gezogen werden.

Bei Download-Problemen hat es sich als eine mögliche Lösung ergeben, wenn Sie – anstatt auf den vorgegebenen Download-Button zu klicken – versuchen, über das *Kontext*-Menü (gedrückte ***ctrl-Taste*** und Mausklick bzw. per Rechtsklick auf den Musik-Titel) und daraus über den Befehl ***Verknüpfte Datei laden*** den gewünschten Titel direkt auf den Schreibtisch zu bringen.

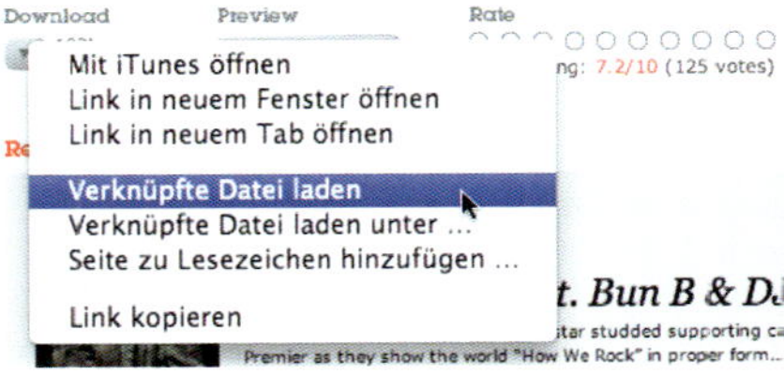

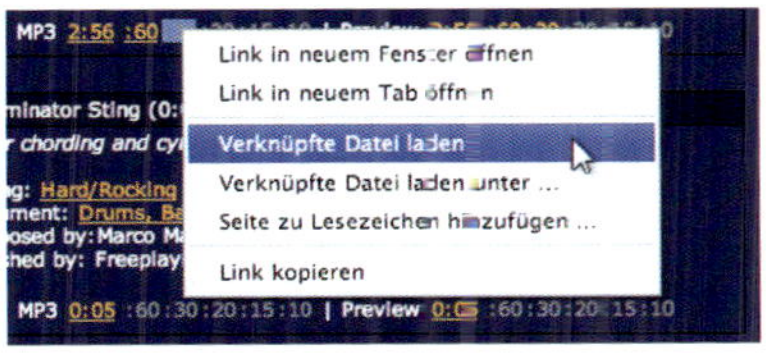

Man möchte es ja nicht für möglich halten: Über das Kontext-Menü wird die verknüpfte Datei direkt angesprochen und zum Laden überredet. Es klappt ...

Vielleicht stoßen Sie auf Ihren Reisen durch das Internet auch auf Musikstücke, die in anderen Formaten vorliegen, beispielsweise in *WMA* (*Windows Media Audio*), dem weit verbreiteten Microsoft-Format und Pendant zu *MP3*. Diese Files lassen sich auch abspielen, allerdings nicht in *iTunes*. Während unter Windows ».wma«-Files automatisch in Apples *AAC*-Format beim Importieren umgewandelt werden, müssen Sie sich unter Mac OS X zuvor die kostenlosen *QuickTime*-Komponenten *Flip4Mac* (`www.telestream.net/flip4mac-wmv/overview.htm`) oder *Perian* (`http://perian.org`) bzw. den eigenständigen *VLC media player* (`www.videolan.org/vlc/download-macosx.html`) besorgen, die zumindest das Abspielen dieser *WMA*- oder auch *WMV*-Dateien (*Windows Media Video*) erlauben. Etwaige Einstellungen zu *Flip4Mac* sowie zu *Perian* erledigen Sie über die *Systemeinstellungen*, während der *VLC media player* als separate Anwendung läuft. Derlei Software finden Sie schnell und unbürokratisch auch auf der Webseite `www.versiontracker.com`, die sich hervorragend für Share- und Freeware aller Art eignet.

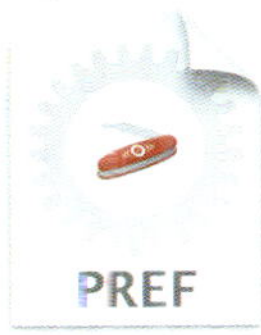

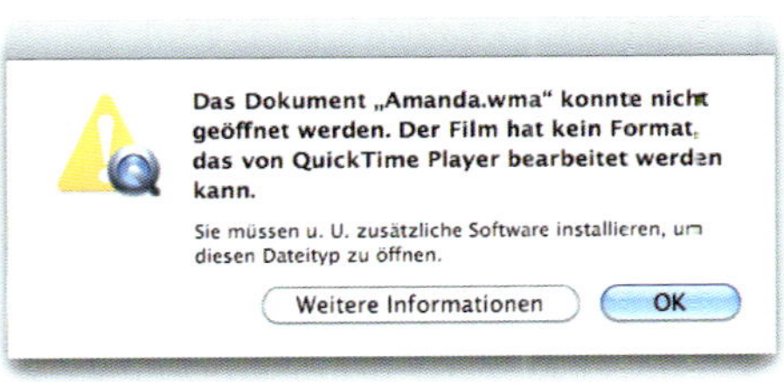

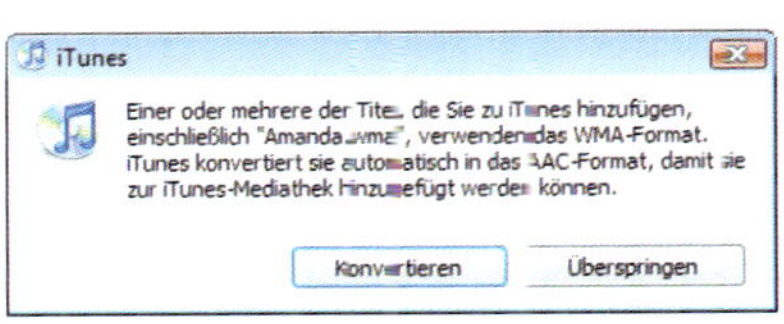

Windows kann das von ganz alleine – der Mac-Anwender braucht hierzu ein wenig Nachhilfe.

Wenn Sie nun dennoch darauf bestehen und *WMA*-Dateien in *iTunes* einladen möchten, so bleibt Ihnen nur das vorherige Konvertieren. Dazu gibt es mehrere Möglichkeiten: Zum einen steht Ihnen hier *QuickTime Pro* (für Mac OS X Leopard) oder eine Shareware wie *Easy-WMA* (`www.easywma.com`) für zehn Dollar zur Verfügung. Als kostenlose Alternative dazu gibt es auf der Webseite `www.nch.com.au/switch` die Software *Switch* für PowerPC und Intel-Macs, die jedoch für *Snow Leopard* zum Druckzeitpunkt des Buches noch nicht kompatibel war. Finden Sie Gefallen daran, gibt es davon auch eine kostenpflichtige *Switch Plus*-Version, die mit weiteren Funktionen aufwartet. Unter Snow Leopard gilt folgende Vorgehensweise: Haben Sie die weiter oben erwähnten *QuickTime*-Komponenten *Flip4Mac* oder *Perian* installiert, so können Sie eine WMA-Datei abspielen. Ist daher Apples eigener *QuickTime Player* gestartet, so wählen Sie *Ablage | Sichern unter* und im erscheinenden Dialog als Format *iPhone*. Und schon wird aus einem *WMA*-File eine *MPEG-4*-Datei mit der Endung ».m4v«, die nun ohne Weiteres in *iTunes* importiert und abgespielt werden kann.

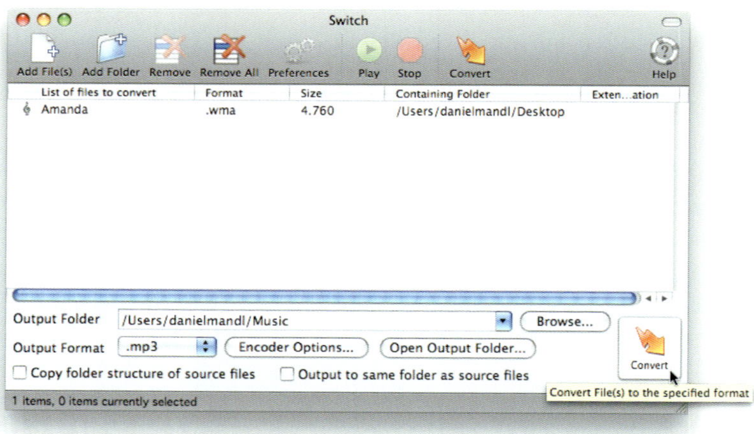

Schnell mal wma-Dateien konvertieren – dank »Switch« geht das ohne Probleme.

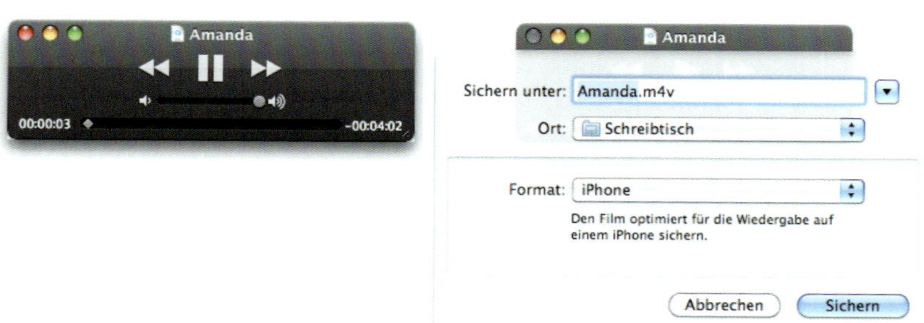

Ist der »QuickTime Player« (gehört zu den Bordmitteln seitens Snow Leopard) gestartet, so wählen Sie »Sichern unter« und dann als Format »iPhone« – und schon beginnt der Export ins lesbare »iTunes«-Format. Von dort kann die Datei theoretisch weiter konvertiert werden.

Zum Schluss zum Thema »Import« noch ein Tipp: Sowohl unter Mac als auch unter Windows finden Sie in Ihrem *iTunes*-Ordner (*Benutzer-Ordner »Musik«/iTunes/iTunes Music* bzw. ab iTunes 9 *iTunes Media*) einen neuen Ordner namens *Automatisch zu iTunes hinzufügen*. Dort lassen sich nun ohne große Umwege über die diversen Import-Dialoge Dateien hineinlegen, die *iTunes* dann selbstständig in die Mediathek einbaut (dies geschieht während der geöffneten *iTunes*-Anwendung sofort). Voraussetzung hierbei ist natürlich die Kompatibilität, sprich *iTunes* muss diese Medien auch lesen können. Ist dem nicht so, so wird ein weiterer Ordner namens *Nicht hinzugefügt* angelegt, in den diese nicht von *iTunes* interpretierbaren Dateien transferiert werden.

Import auf die leichte Art: Werden Daten in den Ordner »Automatisch zu iTunes hinzufügen« hineingelegt, wird iTunes sofort tätig und verteilt diese an die verschiedenen Mediathek-Rubriken.

Gewusst wie: Ihre Medien-Sammlung gekonnt verwalten

Mit Wiedergabelisten den Überblick bewahren

Wiedergabelisten ermöglichen Ihnen, nach eigenem Gusto und Geschmack hin Musikstücke zusammenzustellen – Sie bauen sozusagen Ihre ganz persönlichen Alben. Und wenn Sie es ganz überzeugend wünschen, können Sie auch auf *intelligente Wiedergabelisten* zurückgreifen. Diese füllen sich ganz von allein – Sie müssen nur zuvor die entsprechenden Kriterien bestimmen.

Die »einfach gestrickte« Wiedergabeliste

Neben der Möglichkeit, eine *Wiedergabeliste* mit Hilfe des links unten liegenden *Plus*-Buttons (+) anzulegen, können Sie auch die Menüleiste bemühen: *Ablage/Datei* | *Neue Wiedergabeliste* (⌘-N/Strg-N). In der *Quellen*-Liste erscheint ein neuer Eintrag namens *Neue Wiedergabeliste*, den Sie sogleich mit einer eigenen Namenes-Kreation umbenennen sollten.

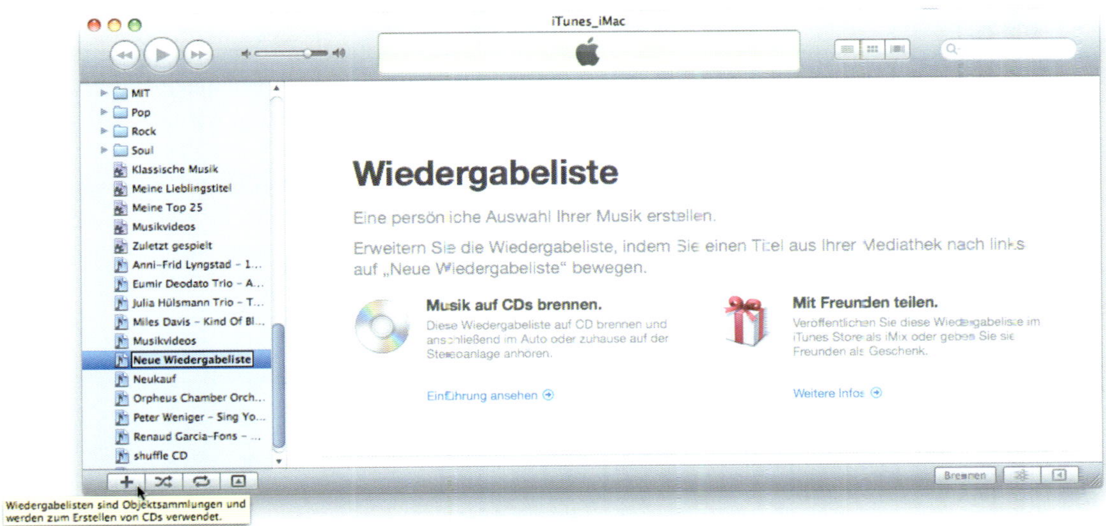

Aus der *Mediathek* können Sie nun verschiedene Songs auswählen und diese per Drag & Drop (also mit der Maus ansteuern, den oder die Titel anklicken und dann mit gedrückter Maustaste bewegen) auf die neue *Wiedergabeliste* ziehen. Alternativ klappt auch der umgekehrte Weg: Sie suchen sich zuerst die Musik-Titel und wählen dann den Befehl *Neue Wiedergabeliste von Auswahl* (⌘-⇧-N/Strg-⇧-N) aus dem *Ablage-/Datei*-Menü.

Die Wiedergabelisten befinden sich in der Quellen-Liste und tragen ihr eigenes Symbol (♪). Sie sollten gleich nach Erstellung richtig benannt werden, um sie besser zuordnen zu können.

Die markierten Titel werden in einem Schwung auf die Wiedergabeliste gezogen. Die Zahl im roten Kreis weist dabei auf die Anzahl der Titel hin.

Noch schneller geht's, wenn Sie eine Song-Auswahl innerhalb des *iTunes*-Fensters oder auf der Festplatte liegend einfach in die Quellen-Liste und dort auf den Begriff *Wiedergabelisten* ziehen – es wird automatisch eine solche angelegt. Zusammengehörende Titel eines Albums, die mit korrekten ID3-Tags versehen sind, benennen sogar selbstständig die Wiedergabeliste mit dem Titel des Albums.

Falls Ihnen nachträglich die Reihenfolge der Titel nicht gefällt, klicken Sie in die erste Spalte (die mit den Zahlen) und verschieben dann die Songs an eine andere Stelle. Ein dünner schwarzer Balken (mit winzigem Dreieck) zeigt dabei an, wo der Song eingefügt wird.

Wenn Sie sich in der *Cover Flow*-Ansicht befinden und zugleich den Spalten-Titel *Album* anklicken, so reicht das einfache Herüberziehen des Covers in den Wiedergabelisten-Bereich, um eine solche anzulegen.

Packen Sie einfach eine Cover-Abbildung und ziehen Sie diese auf die Rubrik »Wiedergabelisten«. Sie müssen nur darauf achten, dass auch der Spalten-Titel »Album« gewählt ist, da Sie ansonsten nur Einzeltitel im Wiedergabelisten-Bereich anlegen.

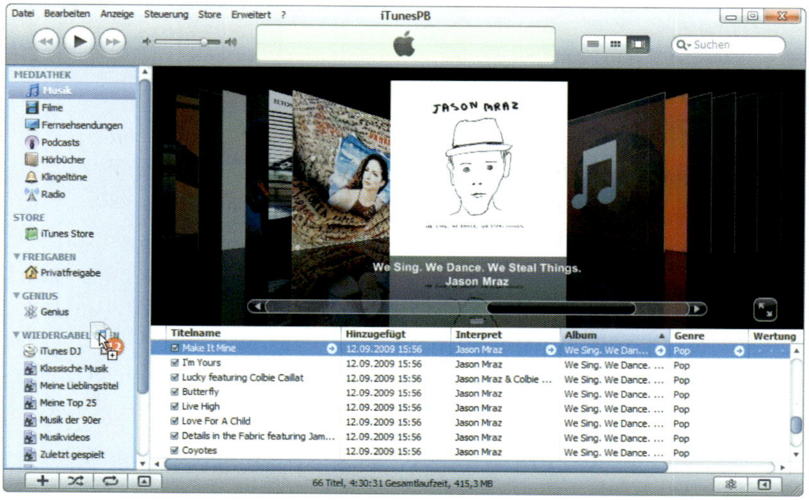

Die Wiedergabeliste mit eingebauter Intelligenz

Eine *neue intelligente Wiedergabeliste* (⌘-⌥-N/Strg-Alt-N) gibt Ihnen hingegen die Möglichkeit, automatisiert und nach festgelegten Kriterien Listen zu erstellen. Dazu müssen Sie nach Wahl des eben genannten Befehls die entsprechenden Eintragungen vornehmen. Schneller geht's jedoch, wenn Sie bei gedrückter *Optionstaste* (⌥) unter Mac OS X bzw. *Umschalttaste* (⇧) unter Windows auf den *Plus*-Button (+) klicken. Anstatt des *Plus*-Buttons sehen Sie bei gedrückter *Optionstaste/Umschalttaste* nun ein Zahnrad-Symbol (⚙). Apple hat zudem schon einige Listen wie zum Beispiel *Meine Top 25*, *Zuletzt gespielt*, *Meine Lieblingstitel* usw. eingebaut.

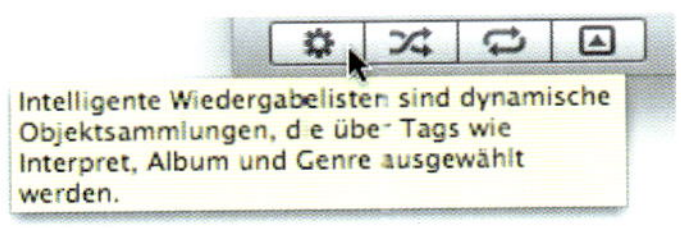

Die Taste zum Anlegen einer intelligenten Wiedergabeliste.

Im zugehörigen Dialog-Fenster müssen Sie nun Ihre Kriterien eintragen. Es werden dabei Unterscheidungsmerkmale angeboten, die eine automatische Zusammenstellung von ganz persönlichen Wiedergabelisten erlauben. So können Sie beispielsweise nur Titel zulassen, die von Ihnen persönlich mit der höchsten Wertung ausgezeichnet wurden. Weiterhin legen Sie fest, dass beispielsweise nur Musikstücke innerhalb dieses Jahres gesucht werden und der Interpret auf keinen Fall »Hannelore Reiterpferd« heißen soll.

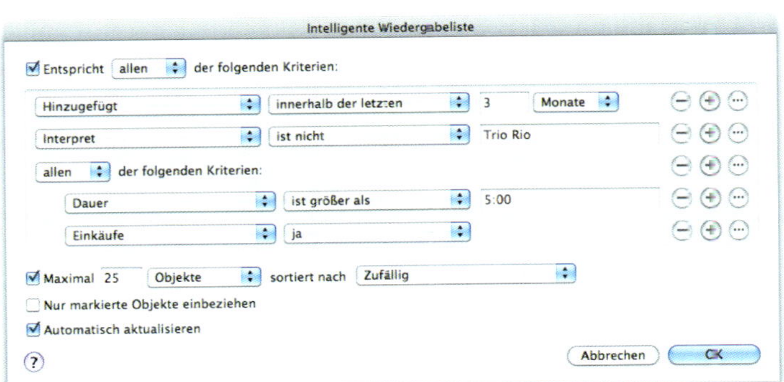

Das Eingabefeld: Über die Plus-Symbole (+/⊕) werden weitere Kriterien-Rubriken eingeblendet, über den Knopf mit den drei Punkten (⊙/…) lässt sich ein zusätzlicher Filter (entspricht einem oder allen der folgenden Kriterien) einbauen.

Je mehr dieser Kriterien Sie formulieren, desto weiter grenzen Sie die Auswahl ein. Aktivieren Sie dazu noch die Option *Automatisch aktualisieren*, so werden auch alle nachfolgenden Titel mitberücksichtigt. Ihre *Wiedergabeliste* ist damit immer auf dem neuesten Stand, verändert sie doch von Zeit zu Zeit ihren Inhalt. Mit *Nur markierte Objekte einbeziehen* werden nur diejenigen Titel mitberücksichtigt, die Sie in den Checkboxen (☑) vor den Musikstücken mit einem Haken versehen haben.

Wurden jedoch Kriterien festgelegt, die laut *iTunes* keinen Sinn ergeben oder sich gegenseitig ausschließen, so erhalten Sie – logischerweise – eine Fehlermeldung. Sie müssen dann einfach nur nachbessern und die Sache ist geritzt.

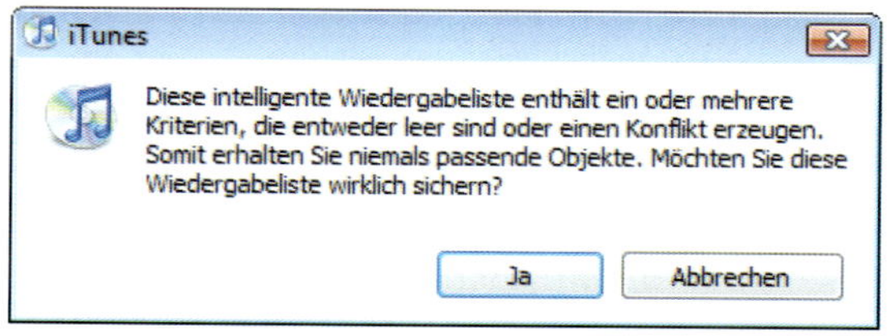

Wie gut, dass da einer mitdenkt. Alleine schaffen wir das einfach nicht ...

Über den Button *OK* bestätigen Sie Ihre Eingaben. Nun müssen Sie nur noch einen geeigneten Namen für die *intelligente Wiedergabeliste* vergeben und *iTunes* übernimmt ab sofort die Regie für Ihre Zusammenstellung. Auch *intelligente Wiedergabelisten* erkennen Sie auf einen Blick an ihrem Symbol:

Nachbessern lässt sich natürlich ebenso: Markieren Sie die entsprechende *intelligente Wiedergabeliste* und wählen Sie aus dem *Ablage-/Datei*-Menü den Befehl *Intelligente Wiedergabelisten bearbeiten* bzw. drücken Sie ⌘-I/Strg-I auf Ihrer Tastatur. Im bekannten Dialog lassen sich nun die Kriterien überarbeiten sowie ergänzen.

Denken Sie immer daran: Der Inhalt von *Wiedergabelisten* ist im Endeffekt nur eine Verlinkung auf die Original-Titel, die sich in der *Mediathek* befinden. Löschen Sie nun eine Wiedergabeliste oder einzelne Titel darin, so werden nur die Verknüpfungen beseitigt. Um Musikstücke vollständig aus *iTunes* zu löschen, müssen Sie diese in der *Mediathek* auswählen und dort entfernen. Da die Lieder somit vollständig aus *iTunes* verschwinden, erfolgt dies – aus Sicherheitsgründen – erst über zwei Nachfragen. Zuerst bestätigt man über *Entfernen*, im zweiten Dialog über *In den Papierkorb bewegen*. Die Option *Behalten* löscht nur den Titel-Eintrag aus der *Mediathek*, er verbleibt aber nichtsdestotrotz im *iTunes Music*-Ordner.

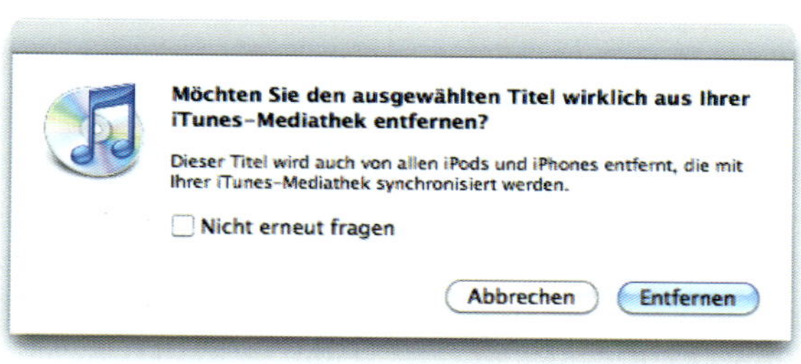

Zur Sicherheit fragt iTunes doppelt nach – damit es später keine Tränen gibt.

Möchten Sie eine *Wiedergabeliste* samt Inhalt in den Papierkorb befördern, also ganz aus *iTunes* löschen, so markieren Sie die entsprechende Liste und drücken unter Mac OS X bei gehaltener *Optionstaste* (⌥) die *Entfernen*-Taste. Auch in diesem Fall erfolgt eine doppelte Nachfrage, ehe die Titel für immer im »Eimer« landen. Unter Windows halten Sie hingegen die *Umschalttaste* (⇧) gedrückt – doch Vorsicht, denn es erfolgt keine zweite Nachfrage und die Titel verschwinden sogleich.

Mit Ordnern zu noch mehr Übersicht

Je mehr Musik-Titel Sie horten, desto mehr *Wiedergabelisten* werden Sie auch erstellen – die Quellen-Liste wird somit immer länger. Eine weitere Untergliederung lässt sich mit Hilfe von Ordnern (*Ablage/Datei | Neuer Wiedergabeliste-Ordner*) vornehmen – selbstverständlich wieder mit eigenem Symbol (📁).

Diese sollten nun ebenso sinnvoll benannt werden, beispielsweise nach Genre, nach Stimmungen oder Interpreten. In diesen Ordnern lassen sich nun weitere Unter-Ordner anlegen, indem Sie einen markieren und dann erneut den Befehl *Neuer Wiedergabeliste-Ordner* anwählen. In diese *Ordner* können Sie nun *Wiedergabelisten* per Drag & Drop bewegen. Ist ein Ordner mit Inhalt gefüllt, lässt sich dieser auf- und zuklappen.

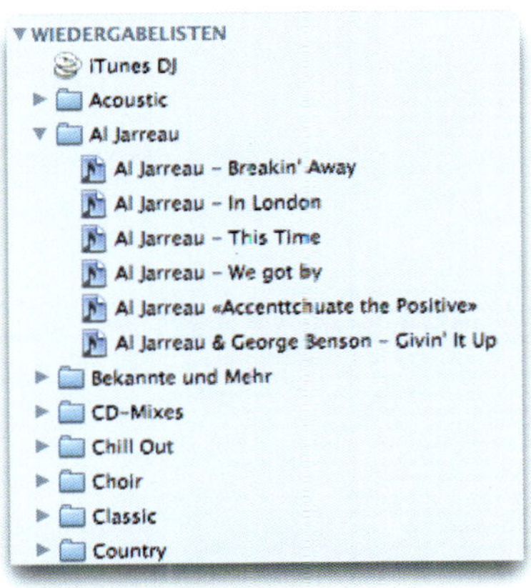

Ordnung muss sein. Je besser Sie Ihre Musik-Sammlung strukturieren, desto schneller können Sie darin navigieren und Ihre Lieblingslieder finden.

Was in *iTunes* mehr Klarheit verspricht, ist auf dem iPod/iPhone leider nicht zu nutzen. Alle iPods ignorieren *Ordner*, so dass Sie nur auf die *Wiedergabelisten* zurückgreifen können. Wenn Sie sehr viele davon angelegt haben, müssen Sie folglich viel scrollen.

Sichern von Wiedergabelisten

Denken Sie bitte immer daran, Ihre Wiedergabelisten von Zeit zu Zeit zu sichern. Zum einen lässt sich eine einzelne Wiedergabeliste exportieren. Hierzu klicken Sie diese an und wählen dann aus dem *Ablage-/Datei-*Menü den Befehl *Mediathek | Wiedergabeliste exportieren.* Als Datei-Titel (*Sichern unter*) wird nun automatisch der Name der Wiedergabeliste eingetragen, und unter *Format* geben Sie *XML* ein. Letzteres steht für »Extensible Markup Language« und ist eine Art Auszeichnungssprache, die sich sämtliche Informationen über diese Liste merkt. Bestimmen Sie dann noch den Speicher-Ort und bestätigen Sie mit *Sichern.*

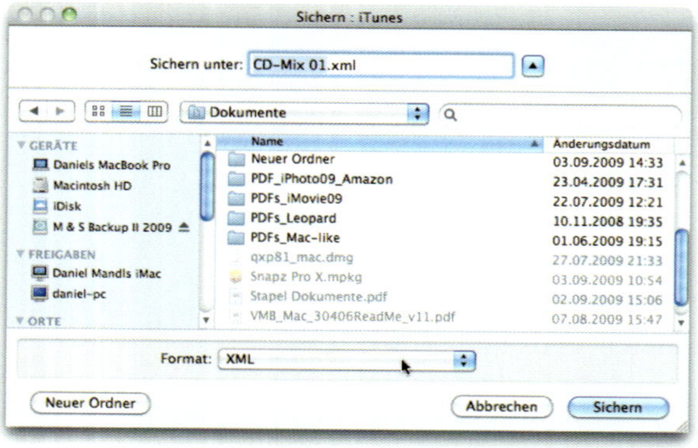

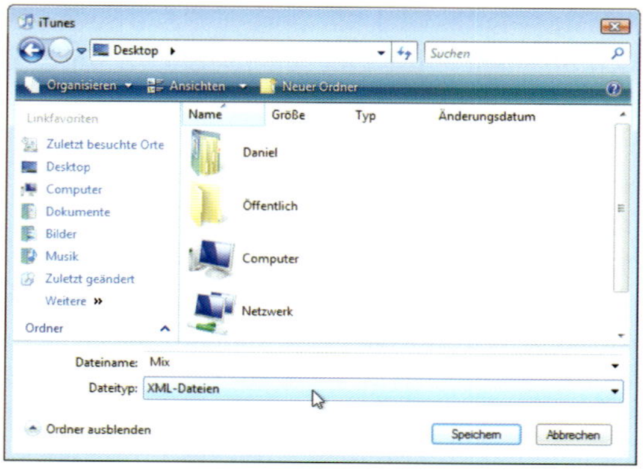

Oben: Die Wiedergabeliste wird zur Sicherheit gespeichert.

Rechts: Keine Angst: Das müssen Sie nicht auswendig lernen. »iTunes« kann aber damit seine Wiedergabelisten wiederherstellen. Ganz schön clever.

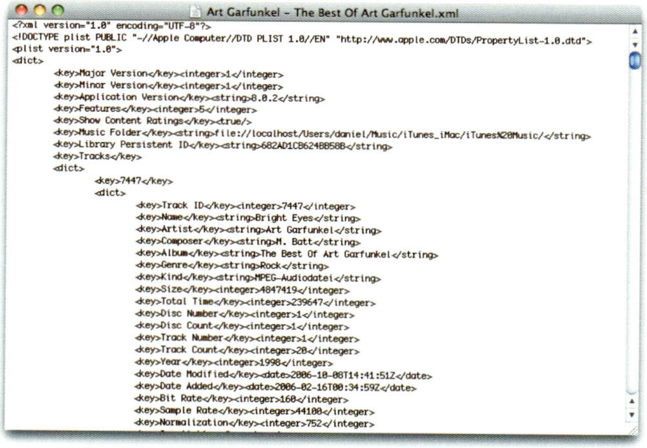

Wichtig: Da bei dieser Art der Sicherung als solches nur Text gespeichert wird, ist es unumgängliche Voraussetzung, dass sich exakt die dazugehörigen Lieder bereits im *iTunes Music*-Ordner auf diesem Gerät befinden.

Tritt nun der Fall ein, dass aus Versehen eine Wiedergabeliste gelöscht wird, so brauchen Sie nur über *Ablage/Datei | Mediathek | Wiedergabeliste importieren* diese XML-Datei einladen – die Wiedergabeliste ist wieder in *iTunes* integriert. Genauso gut lässt sich diese XML-Datei aber auch weitergeben, wenn Sie beispielsweise auf einem weiteren Computer genau diese Wiedergabeliste ebenso abspielen möchten.

Sofern Sie alle Wiedergabelisten auf einmal speichern möchten, so verwenden Sie den Befehl *Mediathek exportieren*. Auch in diesem Fall wird wieder eine XML-Datei gesichert, die sämtliche Informationen beinhaltet. Weitere Informationen zu Ihrer *Mediathek* erfahren Sie im nächsten Abschnitt. Selbstverständlich wird auch das Thema »Sicherheits-Backup« Ihres gesamten *iTunes*-Repertoires noch ausführlich behandelt.

Mediathek-Verwaltung

Sämtliche Medien, die sich in *iTunes* befinden, liegen üblicherweise im Ordner *iTunes Music*, den Sie über das Verzeichnis *Benutzer/»Ihr Benutzername«/Musik/iTunes/iTunes Music/* finden. Für diesen Ordner können Sie auch eine Alternative festlegen: Wählen Sie dazu – wieder mal – aus dem Menü *iTunes* (Mac OS X) bzw. *Bearbeiten* (Windows) den Befehl *Einstellungen* und dort wiederum die Rubrik *Erweitert*.

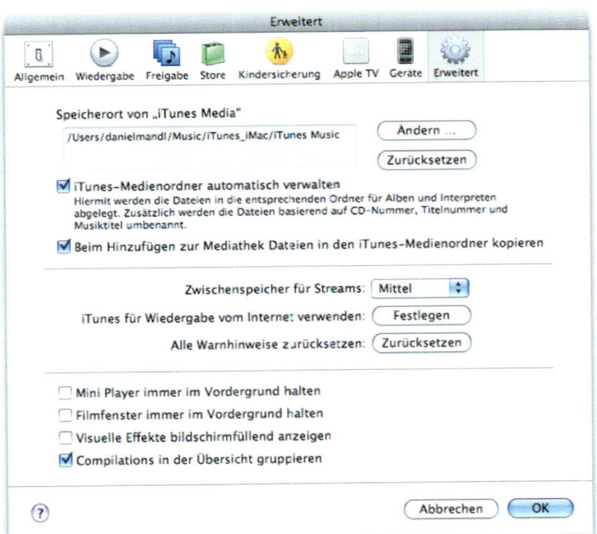

In diesem Dialog bestimmen Sie den gültigen Speicherort für Ihre Medien-Sammlung.

Erweitert

Mit Klick auf *Ändern* können Sie nun einen anderen Speicherort vorschlagen – beispielsweise also einen Ordner namens »Musik« auf dem Schreibtisch oder auf einer externen Festplatte. Nach der Bestätigung wird *iTunes* Sie fragen, ob *iTunes* künftig die importierten Musikstücke in diesen Ordner legen soll. Bejahen Sie dieses, wird ab sofort das Musik-Verzeichnis über diesen neuen Speicherort geführt.

Zur Sicherheit, falls Sie es sich noch einmal überlegen sollten, gibt es den Button *Zurücksetzen*, der automatisch wieder auf den ursprünglich angelegten Ordner verlinkt (*Benutzer/»Ihr Benutzername«/Musik/iTunes/iTunes Music* bzw. *iTunes Media*).

Wie schon erwähnt, kopiert *iTunes* alle Medien, die Sie importieren, in den *iTunes Music*-Ordner. Sofern Sie nun beispielsweise viele Videos horten, so wird eine Menge an Speicherplatz verbraucht, da diese sowohl im *iTunes*-Ordner wie auch – zusätzlich – am Original-Schauplatz liegen. Um Platz zu sparen, gibt es die Möglichkeit, das Kopieren in den *iTunes*-Ordner zu unterbinden, so dass nur eine Verlinkung auf die Original-Daten gelegt wird. Hierzu müssen Sie die Option *Beim Hinzufügen zur Mediathek Dateien in den iTunes Musik-Ordner kopieren* deaktivieren (Haken wegklicken).

Eben genannte Vorgehensweise hat mit Sicherheit viele Vorteile. Was aber, wenn Sie etwa den Rechner wechseln und Ihre *iTunes*-Daten auf einen anderen Computer bewegen möchten? Der Befehl hierzu lautet *Mediathek organisieren* und liegt im *Ablage-/Datei*-Menü (unter dem Punkt *Mediathek*). Über die Option *Dateien zusammenlegen* werden alle Dateien, mit denen *iTunes* zu tun hat, in den *iTunes*-Ordner kopiert und Sie können diesen komplett an einen anderen Ort bewegen.

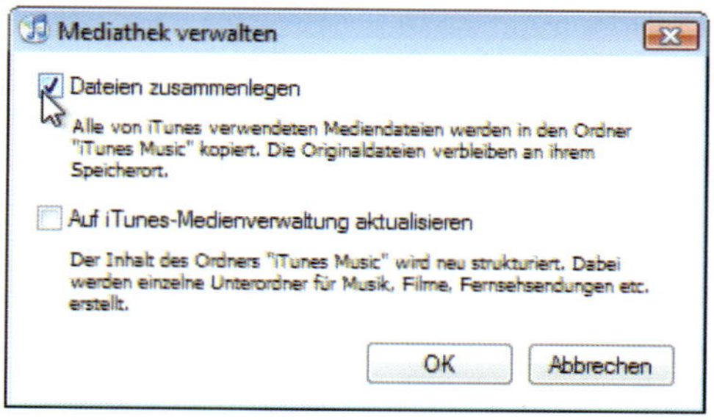

»iTunes« nimmt Ihnen viel Arbeit ab, indem das Programm selbsttätig nach allen verlinkten Daten sucht und diese unter seine Fittiche nimmt. Ein Zurück ist allerdings nicht möglich.

Mit mehreren Bibliotheken arbeiten

Bei sehr umfangreichen Musikbeständen bietet es sich an, mit *iTunes* mehrere Mediatheken zu verwenden bzw. zu verwalten. Eine Mediathek besitzen Sie ja schon – nämlich jene, die beim ersten Start von *iTunes* automatisch angelegt wurde. Eine Zweite legen Sie nun an, indem Sie *iTunes* zuerst regulär beenden und danach erneut starten, dieses Mal jedoch mit gedrückter *Optionstaste* (⌥) unter Mac OS X bzw. mit gehaltener *Umschalttaste* (⇧) unter Windows. Im erscheinenden Dialog *iTunes-Mediathek wählen* stehen Ihnen nun die beiden Möglichkeiten *Wählen/Mediathek wählen* und *Neu erstellen/Mediathek erstellen* zur Verfügung.

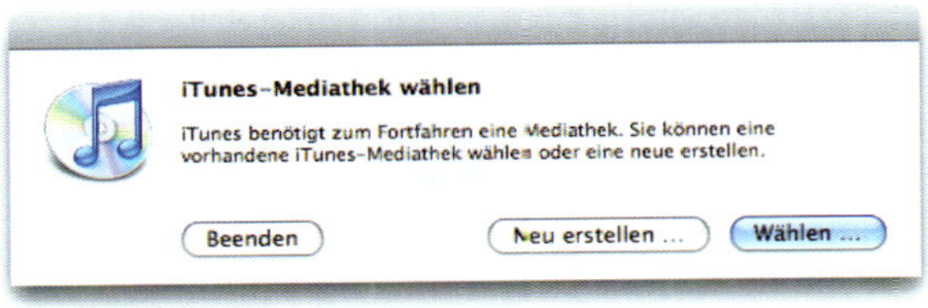

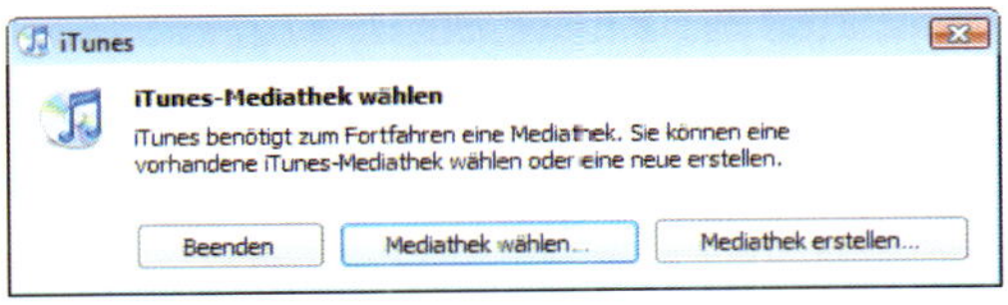

Der Dialog zum Wählen und Erstellen von Mediatheken unter Mac OS X sowie unter Windows.

Für Mac OS X: Ist ein anderes Programm bzw. ein *Finder*-Fenster bei diesem Vorgehen im Vordergrund, so wird es automatisch ausgeblendet (alle dazugehörigen Fenster verschwinden spurlos). Aber keine Angst: Ein erneuter Klick auf das jeweilige Programm-Icon im Dock blendet es wieder ein. Das ist eine durchaus übliche Funktion unter Mac OS X, womit bei gedrückter *Optionstaste* und Mausklick hin das gerade geöffnete Programm ausgeblendet werden kann.

Über den Knopf *Neu erstellen/Mediathek erstellen* wird ein weiterer Dialog eingeblendet, die Sie zur Namensvergabe (*Sichern unter/Ordnername*) sowie zum Bestimmen des Speicher-Ortes auffordert. Sie können nur den vorgeschlagenen Titel (*iTunes 1*) übernehmen oder eine eigene Kreation eingeben, etwa *iTunes Classic*. Auch der Ort steht Ihnen frei, beispielsweise eine andere Partition auf Ihrer Festplatte oder ein externes Speicher-Medium (das dann jedoch immer am Rechner angeschlossen und angeschaltet sein muss, damit *iTunes* seine Arbeit korrekt verrichten kann).

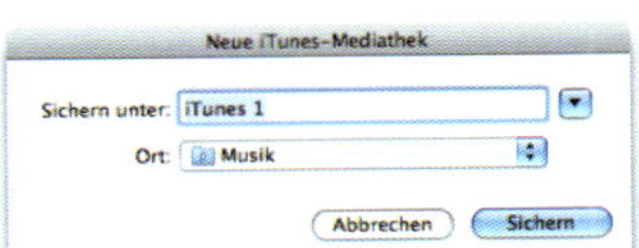

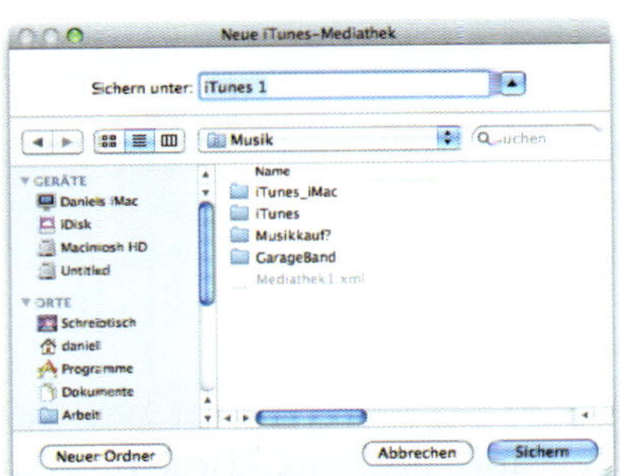

Zweimal der gleiche Dialog: Die umfangreichere Fassung erhalten Sie, wenn Sie auf das kleine blaue Kästchen (▾) mit dem nach unten zeigenden Dreieck klicken.

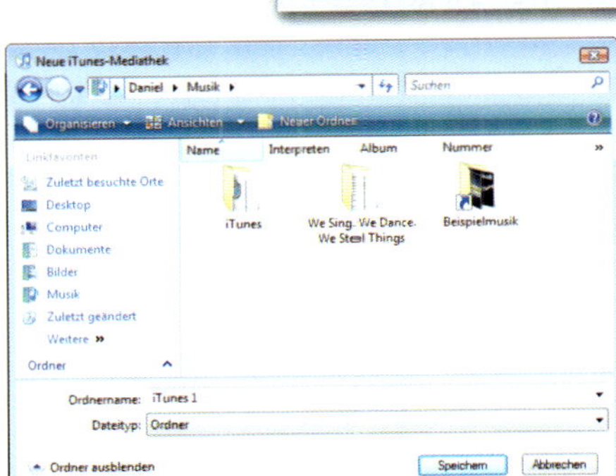

Dasselbe gilt für Windows: Vergeben Sie einen aussagekräftigen Namen und teilen Sie dem Programm mit, wo die zweite Mediathek liegen soll.

Wenn Sie anstatt des vorgeschlagenen Titels denselben Namen der schon vorliegenden *iTunes-Mediathek* im selben Verzeichnis vergeben, so erhalten Sie unter Mac OS X eine Fehlermeldung, dass dies so nicht möglich ist – ebenso wenig wie unter Windows. Ein leichtsinniges Überschreiben vorhandener *Mediatheken* wird somit verhindert. Auch sollten Sie nie bestehende *iTunes*-Ordner im Nachhinein umbenennen oder an einen anderen Platz bewegen, da *iTunes* dann seine *Mediathek* nicht mehr findet. Sie müssen dann den Speicher-Ort neu zuweisen (über den bereits gezeigten Dialog *Wählen/Mediathek wählen*).

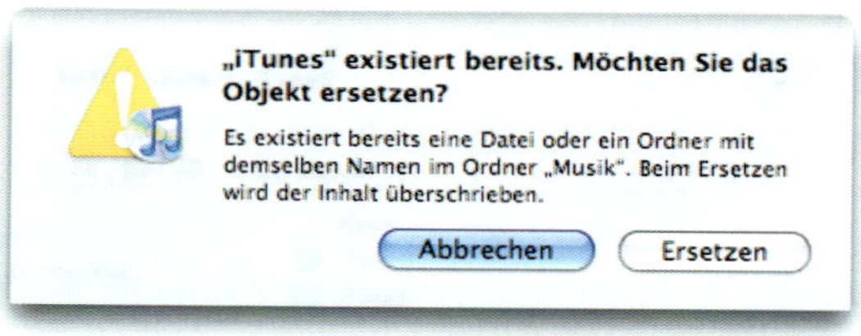

Apple hat gut vorgesorgt und verhindert Anfänger-Fehler schon im Voraus. Das Überschreiben vorhandener »iTunes-Mediatheken« wird so zumindest angemahnt.

Wurde letztlich eine neue *Mediathek* angelegt, so können Sie diese wie oben beschrieben mit Daten füllen. Auch der iPod wird sich immer die gerade aktive *Mediathek* zum Abgleich und Synchronisieren vornehmen, so dass Sie je nach Anlass die passende Musik auf Ihrem mobilen MP3-Player mitführen. Dies ist jedoch – je nach Umfang – ziemlich zeitraubend, da die Bestehende immer zuerst gelöscht und die Neue dann komplett kopiert werden muss. Zum Wechseln der *Mediathek* beenden Sie wieder *iTunes* und starten das Programm erneut mit gedrückter *Optionstaste* (⌥)/*Umschalttaste* (⇧). Im auftauchenden Dialog wählen Sie nun den Button *Wählen/Mediathek wählen* und bestimmen im *Öffnen*-Fenster Ihren gewünschten *iTunes*-Ordner (Mac OS X) bzw. die zugehörige Datei *iTunes Library* (unter Windows). Über *Öffnen* wird *iTunes* dann angewiesen, mit dieser *Mediathek* zu arbeiten.

Damit Sie immer wissen, mit welcher Mediathek Sie aktuell zugange sind, blendet *iTunes* neuerdings den Mediathek-Namen in der Titelleiste der *iTunes*-Oberfläche mit ein.

Ein Backup Ihrer Mediathek anlegen

Wenn Sie viele Songs im *iTunes Store* kaufen, sollten Sie diese Lieder auch auf CD brennen. In diesem Abschnitt möchten wir zwar auch brennen – allerdings keine Audio-CD, sondern ein Backup. Nachfolgend legen Sie eine Kopie Ihres *iTunes*-Ordners an – mit allen Liedern, Videos, Wiedergabelisten usw. Das Einzige, was außen vor bleibt, sind Hörbücher, die über den Service *Audible* (das kommt auch noch dran) gekauft worden sind.

Je nach Umfang Ihrer *iTunes-Mediathek* sollten Sie also eine bespielbare CD bzw. DVD bereithalten, wenn nötig auch mehrere. Wählen Sie dann im *Ab-*

lage-/Datei-Menü den Befehl *Mediathek | Auf Sicherungsmedium sichern* bzw. *Sicherheitskopie auf Speichermedium* und suchen Sie dann die gewünschte Option heraus. Zur Auswahl stehen *Die gesamte iTunes-Mediathek und die Wiedergabelisten sichern* sowie *Nur gekaufte Artikel aus dem iTunes Store sichern*. Im ersten Fall wird ganz klar alles auf CD/DVD gebrannt, während sich die zweite Methode nur auf die bereits käuflich erworbenen Lieder, Musik-Videos oder was auch immer aus dem *iTunes Store* konzentriert.

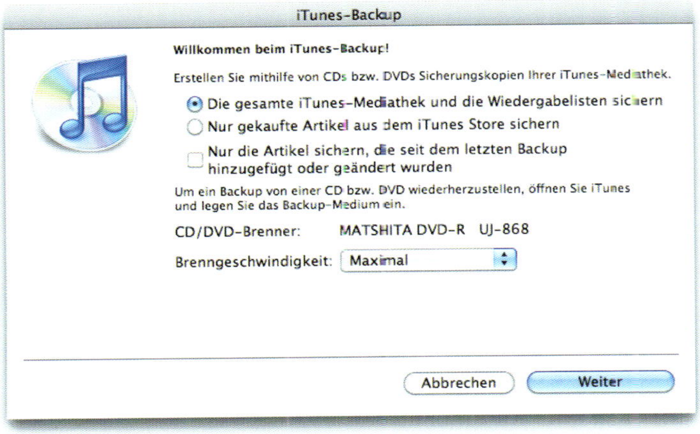

Eigentlich ist alles auf einen Blick ersichtlich und gut zu verstehen.

Interessant ist weiterhin die Option *Nur die Artikel sichern, die seit dem letzten Backup hinzugefügt oder geändert wurden* oder fast gleich lautend die Windows-Variante *Datensicherung nur für Objekte durchführen, die seit der letzten Datensicherung hinzugefügt oder geändert wurden.* Dieser Zusatz kann für beide bisher angesprochenen Optionen verwendet werden und verhält sich wie ein so genanntes inkrementelles Backup (wie zum Beispiel auch *Time Machine* unter Mac OS X), das heißt, die Sicherung umfasst nur jene Dateien, die sich seit dem letzten Sicherungs-Vorgang geändert haben. Weiterhin sehen Sie im Dialog den vom System erkannten CD-/DVD-Brenner sowie das Popup-Menü *Brenngeschwindigkeit*, über das Sie diese im Zweifel herauf- oder herabsetzen können. Legen Sie dann – den Anweisungen entsprechend – einen CD- oder DVD-Rohling ins Laufwerk und klicken Sie auf *Weiter/Speichern*. Es erfolgt eine Überprüfung der Mediathek und los geht's mit dem Brennen. Der Inhalt des Backups enthält dann alle Medien inklusive Wiedergabelisten und persönlicher Struktur.

Wenn die *Mediathek* die Kapazität eines Rohlings übersteigt, so weist Sie *iTunes* darauf hin. Sie sollten sich also gleich mehrere Medien bereitlegen. Ist der erste Rohling dann komplett mit Daten gefüllt, werden Sie aufgefordert, weitere einzulegen. Das Gleiche gilt auch für eine eventuelle Wiederherstellung, falls Ihre *iTunes*-Daten verloren gegangen sein sollten.

Im Falle der Wiederherstellung starten Sie *iTunes* und legen Ihre Backup-CD/DVD ein. Nach dem Einlesen erscheint das ersehnte Dialogfeld:

Der Klick auf »Wiederherstellen« überträgt alle Ihre Daten wieder in die Mediathek.

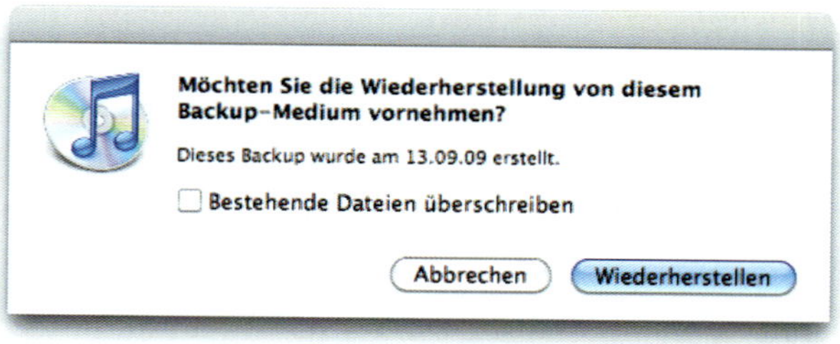

Über *Wiederherstellen* werden nun sämtliche Daten von der CD/DVD eingelesen und in den *iTunes*-Ordner kopiert. Ist nur ein Teil Ihrer Daten verloren gegangen, so werden die bestehenden Titel beibehalten und nur jene importiert, die nicht mehr vorhanden sind. Über die Option *Bestehende Dateien überschreiben* wird der bislang bestehende »iTunes-Schatz« vollständig überschrieben und ein genaues Abbild des zum Zeitpunkt der Datensicherung angefertigten Repertoires erstellt.

Wenn Sie *iTunes* unter Mac OS X Leopard/Snow Leopard betreiben, so sollten Sie in regelmäßigen Abständen auch *Time Machine* das Ruder überlassen. Diese clevere Software von Apple kümmert sich ebenso um Backups, indem sie sämtliche Daten im Stundenrythmus auf ein externes Medium bannt. Auch diese Vorgehensweise gibt Ihnen Sicherheit, sollten Sie einmal in die Verlegenheit kommen, verlorene Daten wiederherstellen zu müssen. In etwa dasselbe nennt sich unter Windows Vista *Sicherungs- und Wiederherstellungscenter* und Sie finden es über die *Systemsteuerung | Sichern und Wiederherstellen*.

Anfangs werden das komplette System, danach nur mehr die Veränderungen auf der Festplatte des Mac-Rechners gesichert. Die Einstellungen erledigen Sie unter Mac OS X in den »Systemeinstellungen | Time Machine«.

Die Details: Die Feinheiten im Umgang mit Medien

Nachdem Sie sich nun schon ein wenig mit *iTunes* vertraut gemacht haben, geht es nun in die Details. Denn nicht alles klappt auf Anhieb und es muss das ein oder andere Mal nachgebessert werden.

Formate konvertieren

Egal, für welches Format Sie sich beim Import letztlich entschieden haben: Liegen Ihre Musik-Stücke in *iTunes*, so lassen sich diese auch im Nachhinein in ein anderes Format konvertieren. Dazu bestimmen Sie zuerst über *Einstellungen* | Rubrik *Allgemein* | *Importeinstellungen* das gewünschte Format und bestätigen mit *OK*. Zurück im *iTunes*-Fenster markieren Sie dann die betreffenden Lieder und wählen aus der Menüleiste *Erweitert* den Befehl *»gewünschtes Format«-Version erstellen* (anstatt *»gewünschtes Format«* finden Sie dort den Eintrag der zuvor festgelegten Import-Einstellung). Als Alternative lässt sich auch das Kontext-Menü bemühen, indem Sie mit gedrückter *ctrl-Taste* und Mausklick bzw. per einfachem Rechtsklick einen (oder mehrere) Song(s) auswählen und in der aufspringenden Befehlsleiste den eben genannten Befehl ansteuern.

Haben Sie Ihre Hausaufgaben gemacht und ein Wunsch-Format bestimmt, so ist das Konvertieren von Musik-Stücken eine schnelle Angelegenheit.

Da beim Konvertieren sozusagen Kopien der Musik-Titel angelegt werden, lassen sich diese schnell auffinden, wenn Sie in den *Darstellungsoptionen* (*Darstellung* bzw. *Anzeige* | *Darstellungsoptionen* bzw. ⌘-J/Strg-J) den Eintrag *Hinzugefügt* in Ihrer Übersicht einblenden lassen. Wählen Sie dann diesen Spalten-Titel aus, so befinden sich die gerade konvertierten Lieder ganz oben.

Kopiergeschützte Musik-Dateien, die Sie beispielsweise über den *iTunes Store* gekauft haben, lassen sich nicht in andere Formate umwandeln. Dieses Problem wird sich jedoch mit der Zeit von ganz allein lösen, da Apple im *iTunes Store* nur mehr DRM-freie Titel verkauft. Sollten Sie dennoch welche in Ihrer Mediathek besitzen, so gibt es zwei Vorgehensweisen, um dennoch konvertieren zu können: Zum einen können Sie sich in den *iTunes Store* begeben und Ihre DRM-behafteten Titel durch DRM-freie ersetzen. Das kostet zwar ein wenig, ist aber unheimlich legal und lässt Sie ruhig schlafen. Oder Sie brennen zuvor von diesen Dateien eine Audio-CD und importieren diese erneut in *iTunes* – auch auf diese Weise wird der Kopierschutz ausgehebelt.

Da schiebt Ihnen Apple einen Riegel vor: Geschützte Lieder aus Apples Store sind unantastbar – naja, fast …

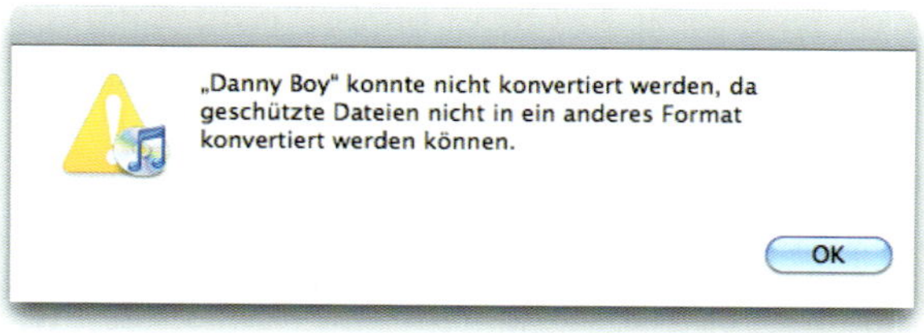

Möchten Sie gleich mehrere Alben oder gar ganze Ordner in einem Rutsch konvertieren, so können Sie viel Zeit sparen, indem Sie einfach bei gedrückter *Optionstaste* (⌥) unter Mac bzw. *Umschalttaste* (⇧) unter Windows den Befehl *Erweitert | In »Wunsch-Format« konvertieren* wählen. Hierauf öffnet sich ein *Konvertieren*-Dialog, in dem Sie sich nun zum *iTunes*-Ordner und darin zu Ihrem *iTunes Music*-Ordner durchklicken. Dort wiederum liegen nun alle Ihre Musik-Schätze, die sich bei gedrückter *Befehlstaste* (⌘) bzw. *Steuerungstaste* auch durcheinander markieren lassen. Über *Auswählen* bzw. *Öffnen* beginnt die Konvertierung.

Konvertieren im Schichtbetrieb: Wer viel mit Format-Umwandlungen arbeitet, für den ist diese Variante sicherlich eine Überlegung wert.

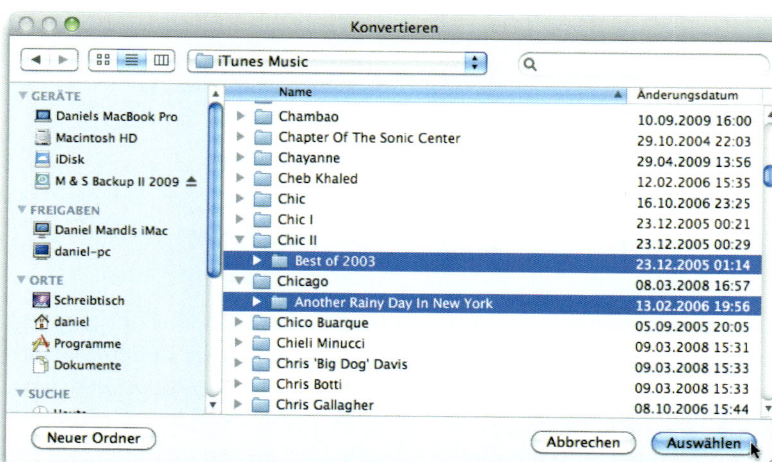

Apple weist darauf hin, dass es beim Konvertieren zwischen komprimierten Formaten (etwa *AAC* in *MP3*) zu Einbußen bei der Klangqualität kommen kann. In derartigen Fällen ist es oft besser, die Musik-Titel nochmals vom Original in *iTunes* einzuladen und dabei das gewünschte Codier-Format einzustellen.

Fehlende Cover hinzufügen

Wenn Sie im *iTunes Store* einkaufen, landen die Lieder samt Cover auf der Festplatte. Beim Einladen von Audio-CDs oder Liedern, die Sie aus anderen Quellen beziehen, fehlen diese jedoch. Über den Befehl *CD-Cover laden* im *Erweitert*-Menü wird im *iTunes Store*-Archiv nach den passenden Bildern gefahndet und sie werden auch gleich – sofern Sie denn vorliegen – eingebaut. Sie müssen dabei online sein und einen *iTunes Store-Account* besitzen. Dazu müssen Sie sich im *iTunes Store* anmelden (Name, Adresse, Kreditkarten-Nummer) bzw. Ihre Daten bei vorhandenem Account eintragen.

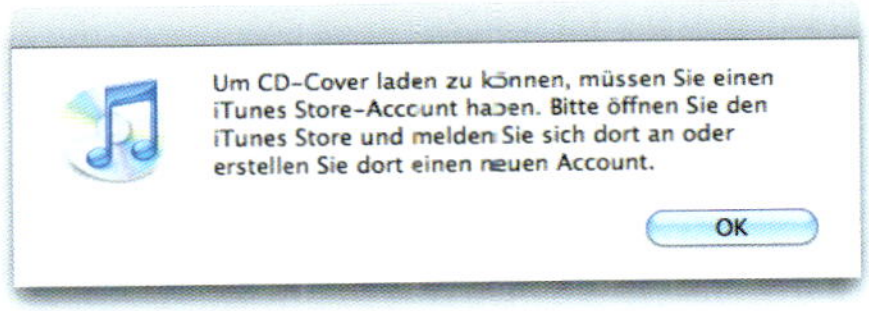

Gleiche Rechte und Pflichten für alle: Sie brauchen einen Account, ohne den einfach nichts so richtig rund läuft.

Nach der Anmeldung wissbegierig wie eh und je: Möchten Sie die CD-Cover wirklich laden?

Wenn Sie möchten, dass *iTunes* automatisch beim Importieren von Liedern nach Covern sucht, dann achten Sie darauf, dass in den *iTunes-Einstellungen* über den Reiter *Store* die Option *Fehlende CD-Cover automatisch laden* aktiviert ist. Auch diese Option funktioniert jedoch nur, wenn Sie im *iTunes Store* angemeldet sind.

Titel, die von der Festplatte in *iTunes* eingeladen werden, erhalten meist kein Cover. Das gilt auch für Songs, die nicht im *iTunes Store* gelistet sind. In diesen und anderen Fällen kann Ihnen das Internet helfen. Zum einen gibt es da spezielle Webseiten, die sich auf Cover-Ansichten spezialisiert haben (etwa `www.mega-search.net` oder `http://cover-paradies.to/`), zum anderen können Ihnen aber auch große Online-Händler oder -Plattformen wie beispielsweise *Amazon* (`www.amazon.de`), *Google* (`www.google.de` oder besser `http://images.google.de/`) oder bing (`www.bing.com`) hilfreich zur Seite stehen. Über das große Angebot lässt sich vielleicht der ein oder andere »Schatz« finden und somit an das Cover gelangen.

»MegaSearch« bietet über 3 Millionen CD-Cover an – behaupten sie zumindest …

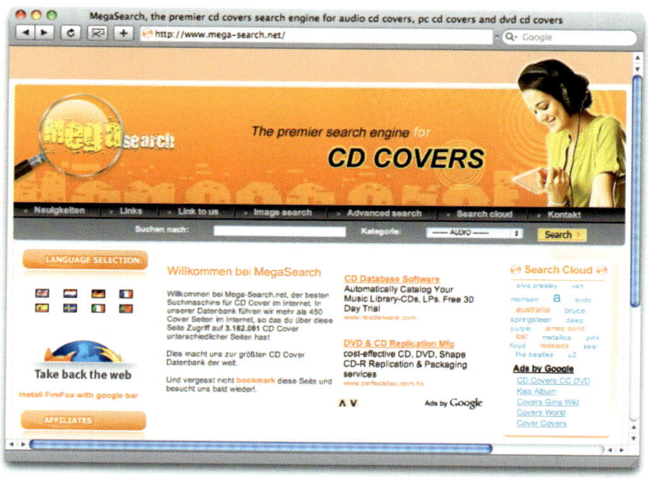

Cover über Bing oder Google suchen und finden. Hilfreiche Bilder brauchen Sie nur auf den Schreibtisch zu ziehen und später in »iTunes« einzubauen.

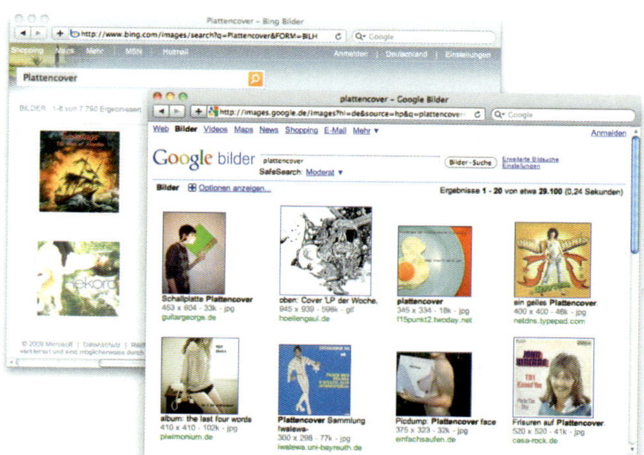

Denken Sie unbedingt daran, dass die meisten Abbildungen einem Copyright unterliegen. Verwenden Sie bitte die Bilder nur privat. Oftmals muss es auch gar nicht das Original-Cover sein – ein eigener Entwurf oder auch ein persönliches Bild kann ebenso seinen Zweck erfüllen – gerade wenn es sich um ein Geschenk handelt.

Liegt Ihnen nun ein Bild vor, so markieren Sie alle dazugehörigen Musik-Titel bzw. das komplette Album und ziehen die Cover-Abbildung in das entsprechende Feld (*CD-Cover/Bild hierher bewegen*). Ist bei Ihnen dieses Feld nicht sichtbar, so klicken Sie bitte auf den Knopf zum Einblenden des Anzeige-Bereiches für Cover ([▼]) links unten bzw. wählen Sie *Darstellung/Anzeige | CD-Cover-Spalte einblenden* (⌘-G/Strg-G).

Cover-Einbau per Drag & Drop. Ziehen Sie einfach das Bild mit der Maus aus einem Ordner oder vom Schreibtisch auf den vorgesehenen Platzhalter. Klicken Sie nun mit der Maus auf die Abbildung im Anzeige-Bereich, so springt ein extra Fenster auf und zeigt das Cover vergrößert an.

Als Bild-Formate eignen sich JPEG (.jpg), PNG (.png), GIF (.gif), TIFF (.tif) und Photoshop (.psd). Im Zweifel schauen Sie immer auf die Endung (das so genannte Suffix) oder versuchen es einfach einmal.

Haben Sie die Titel unterschiedlicher Interpreten angeklickt, so erhalten Sie die Meldung *CD-Cover nicht veränderbar*, das Einfügen eines Cover-Bildes ist somit nicht möglich. Sie dürfen folglich nur Titel gleicher Interpreten auswählen.

Als Alternative funktioniert auch Folgendes: Markieren Sie wieder einen Song und rufen Sie dann über das *Ablage-/Datei*-Menü den Befehl *Informationen* (⌘-I/Strg-I) auf. Im aufspringenden Fenster klicken Sie dann in den Reiter *Cover*. Sie können nun ebenfalls per *Drag & Drop* in den freien Bereich oder über den Button *Hinzufügen* ein Bild einbauen. Über die beiden links unten stehenden Knöpfe *Zurück* und *Weiter* lässt sich nun von Lied zu Lied wandeln, mit dem Regler bestimmen Sie die Größe des Bildes.

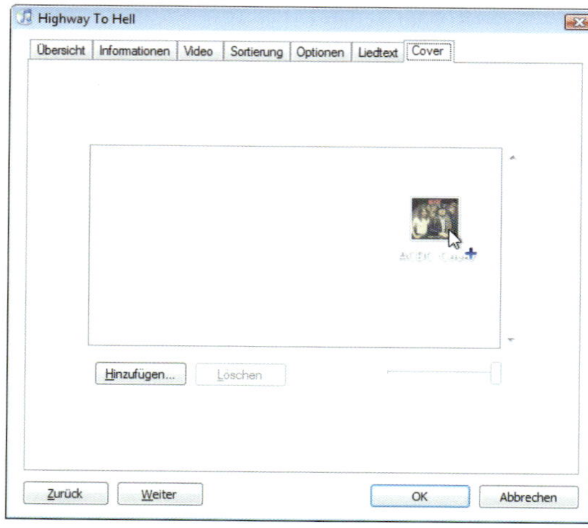

Cover-Bilder einladen über die Informationen: einfach ein Bild mit der Maus packen und in das freie Feld ziehen und loslassen.

Wenn Sie zu einem Interpreten gleich mehrere Abbildungen besitzen, so ist das ebenso kein Problem. Laden Sie sie wie eben beschrieben ein und *iTunes* weist in der Cover-Anzeige mit zusätzlichen Pfeilen darauf hin, dass hier auch geblättert werden kann.

Entfernen können Sie Cover natürlich auch. Markieren Sie das Album oder den Titel und wählen Sie dann wieder *Ablage/Datei | Informationen* bzw. ⌘-I/Strg-I. Im auftauchenden Dialog gehen Sie dann zum Reiter *Cover*, klicken auf die Cover-Abbildung und dann auf den Button *Löschen*.

Wie für alle Probleme im Computer-Alltag gibt es auch Software zur automatischen Cover-Suche, etwa *Album Cover Finder* (`http://amphonicdesigns.com/`) oder *CoverScout* (`www.equinux.com/de/products/coverscout/index.html`), die nicht nur bei *Amazon*, sondern auch über *Google* und weiteren Webseiten nach fehlenden Covern forscht. Weitere Programme nennen sich *GimmeSomeTune* (`www.eternalstorms.at/gimmesometune/index.html`), *Clutter* (`www.free-mac-software.com/clutter/`) oder TuneSleeve (`tunesleeve.googlepages.com`).

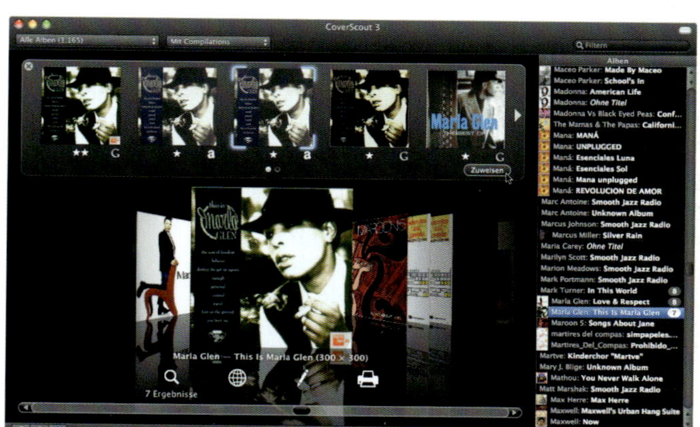

Das kostenpflichtige Programm »CoverScout« (leider nur für Mac OS X) arbeitet völlig selbstständig und bietet bei fehlenden Covern hilfreiche Unterstützung.

Zum Schluss noch eine Webseite, die zwar kein Programm anbietet, die aber dennoch mit einem guten Cover-Archiv aufwartet: `http://www.thejosher.net/iTunes/` Die Cover liegen meist in guter bis sehr guter Qualität vor, so dass auch der Ausdruck einen guten Eindruck hinterlässt.

Neben fehlenden Covern müssen auch oft Titel-Informationen (so genannte ID3 Tags) ergänzt werden. Dies alles per Hand vorzunehmen, grenzt beinahe schon an eine Sisyphos-Arbeit. Für Mac OS X gibt es da das Programm *SongGenie* (`www.equinux.com/de/products/songgenie/index.html`), das sich genau auf diese Problematik spezialisiert hat. Sie brauchen dabei nur einen oder mehrere Titel mit fehlenden Informationen suchen und auf diese einen Doppelklick ausführen. *SongGenie* beginnt mit der Analyse und macht Vorschläge zu Interpret, Titel und Album. Diese lassen sich danach sofort zuweisen. Für Windows-Anwender haben wir die Software *MusicBrainz Picard* (`http://musicbrainz.org/doc/PicardTagger`) ausfindig gemacht. Dabei müssen Sie jedoch einen kleinen Umweg in Kauf nehmen und zuerst jene Songs, die keinen Titel besitzen, in einen extra Ordner kopieren. Über *Picard* laden Sie nun diese Lieder und lassen sie überprüfen. Dabei wird eine Datenbank abgefragt, die nun fehlende Angaben ergänzt. Das klappt im Großen und Ganzen recht gut, doch bleiben dennoch immer wieder Titel übrig, zu denen keine Informationen gefunden werden (das trifft allerdings auch auf *SongGenie* zu). Danach müssen Sie noch die Ergänzungen speichern und die Songs wieder in *iTunes* laden.

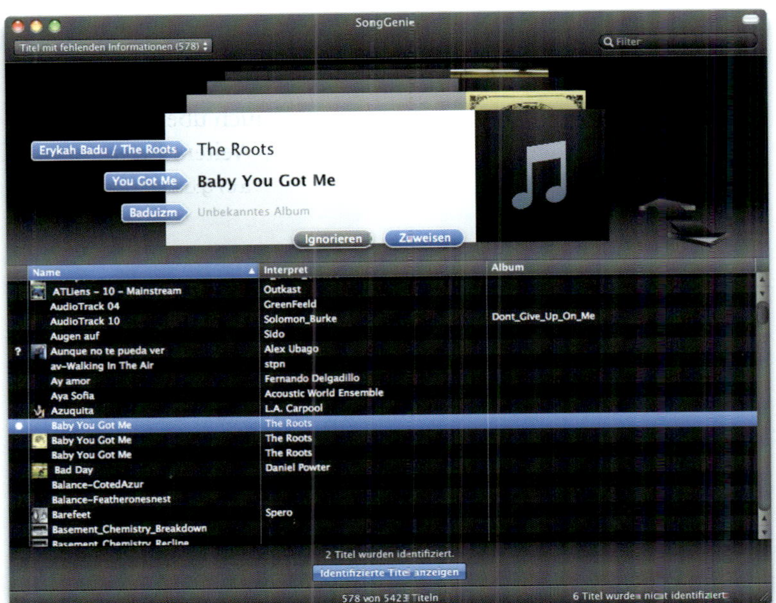

»SongGenie« gibt es ausschließlich für Mac OS X und verrichtet seine Arbeit bei der Titel-Ergänzung ganz hervorragend.

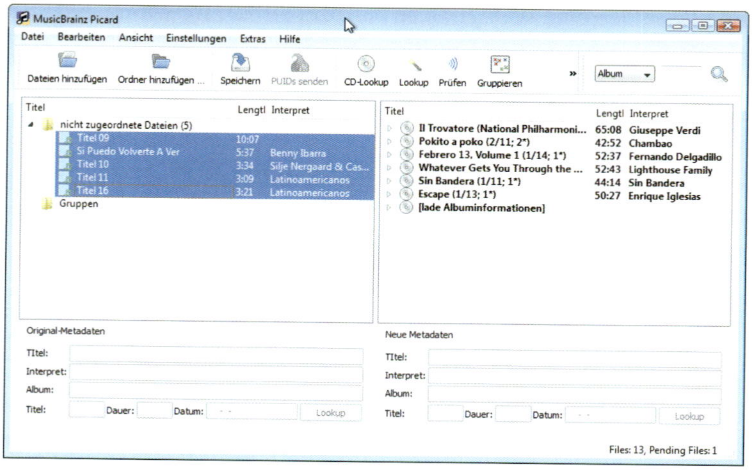

Das Windows-Pendant ist sogar kostenlos, dafür aber ein wenig umständlicher. Aber was tut man nicht alles, um Geld zu sparen …

Cover drucken

Um nun Ihre Audio- , MP3- oder Daten-CD/DVD komplett zu machen, müssen Sie sich noch um ein Cover bemühen. Voraussetzung ist natürlich, dass Sie auch immer Cover (oder auch eigene Abbildungen) mit einpflegen. Markieren Sie dann die gewünschte *Wiedergabeliste* und wählen Sie *Ablage/Datei* | *Drucken* bzw. ⌘-P/Strg-P. Im auftauchenden Dialog erhalten Sie nun mehrere Möglichkeiten, Ihr Cover oder auch nur Titellisten zu gestalten. Durch das kleine Vorschau-Fenster können Sie zum einen genau beobachten, wie sich das Ergebnis Ihrer Einstellungen auswirkt, zum anderen erhalten Sie zu allen Einstellungen eine genaue Erklärung unterhalb des Popup-Menüs.

Der »Drucken«-Dialog sowie die Auswahl der verschiedenen Themen (Designs).

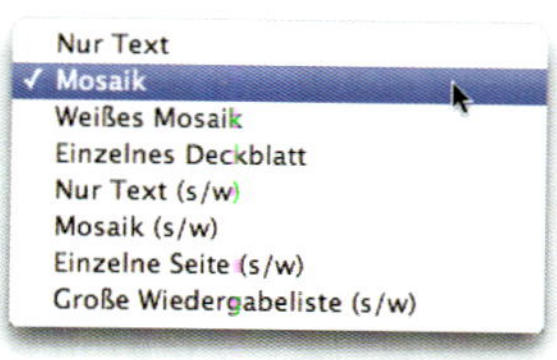

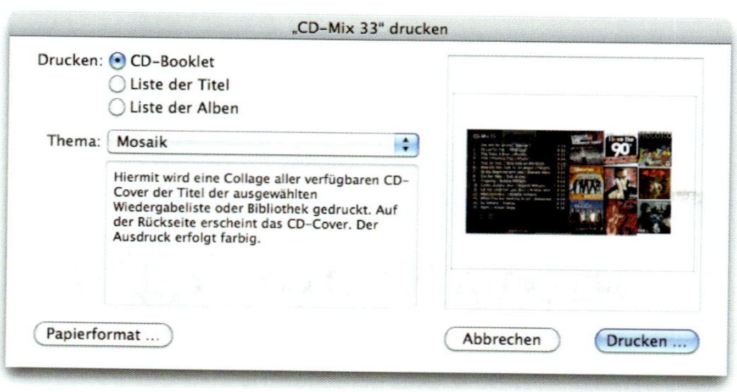

Bei einigen Einstellungen können Sie weiterhin über *Papierformat…/Seite einrichten…* (Button links unten) die *Ausrichtung* von quer auf hochkant oder umgekehrt neu justieren oder die *Größe* verändern. Nun müssen Sie nur noch Ihren Drucker anwerfen und den Druck-Befehl starten, um ein ansprechendes Cover für Ihre CDs/DVDs zu erhalten.

Möchten Sie neben den gedruckten Covern/Listen auf Papier auch das digitale Pendant dazu, so brauchen Sie unter Mac OS X nur im *Drucken-Dialog* links unten auf den Button *PDF* zu klicken. Aus der auftauchenden Optionen-Liste wählen Sie nun *Als PDF sichern*, vergeben daraufhin einen Namen und legen den Speicher-Ort fest. Über *Sichern* erhalten Sie ein *PDF*, welches Sie gerne auch per E-Mail versenden können.

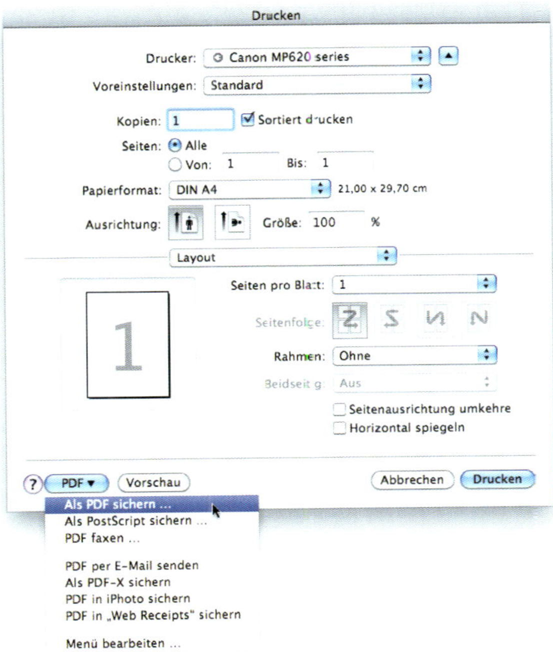

Die Vorgehensweise zum Erstellen eines Covers oder einer Titel-Liste als PDF: Wählen Sie »Ablage | Drucken« und suchen Sie sich das entsprechende Thema. Bestätigen Sie den Drucken-Befehl und es erfolgt über den »PDF«-Knopf die PDF-Erstellung.

Das fertige PDF – geöffnet mit dem Apple-eigenen Programm »Vorschau«. PDFs lassen sich nun ebenso drucken bzw. auch archivieren.

Die unterbrechungsfreie Wiedergabe

Was haben wir uns schon darüber aufgeregt, dass gerade bei Live-Alben kein reibungsloser Übergang zwischen den einzelnen Titeln möglich war. Das ist nun vorbei, denn *iTunes* gibt uns die *unterbrechungsfreie Wiedergabe* mit auf den Weg. Dabei werden Song für Song Ihrer Musik-Sammlung analysiert und die Informationen zur unterbrechungsfreien Wiedergabe bestimmt. Das Programm schaut sich sowohl Song-Ende als auch den Beginn des nachfolgenden Liedes an und erkennt dabei, ob diese Musikstücke zusammengehören, ob also ein reibungsloser Übergang stattfinden soll.

Zum nachträglichen Einrichten wählen Sie am besten die entsprechende *Wiedergabeliste* bzw. das gewünschte Album, markieren alle dazugehörigen Songs (*Bearbeiten | Alles auswählen* bzw. *Alles markieren*) und wählen dann *Ablage/Datei | Informationen* (⌘-I/Strg-I). Bestätigen Sie danach den zuerst erscheinenden Dialog »Möchten Sie wirklich Informationen für mehrere Titel bearbeiten?« mit *Ja*. Im Dialog zu den Informationen suchen Sie sich den Reiter *Optionen* und stellen dann unten bei *Unterbrechungsfreies Album* den Eintrag auf *Ja*. Das war's auch schon.

Die Titel werden anschließend aufbereitet und iTunes ist wieder ein Stück schlauer.

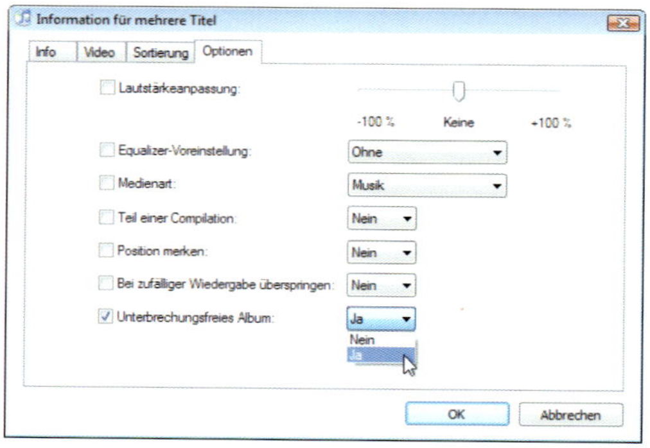

Das Ganze funktioniert natürlich auch mit einem Einzeltitel: Auch dieser wird markiert und danach der *Informationen*-Dialog (⌘-I/Strg) aufgerufen. Dort wählen Sie den Reiter *Optionen* und darin – unten stehend – den Eintrag *Teil eines unterbrechungsfreien Albums.*

Die Informationen: Ungeahnte Options-Vielfalt im Hintergrund.

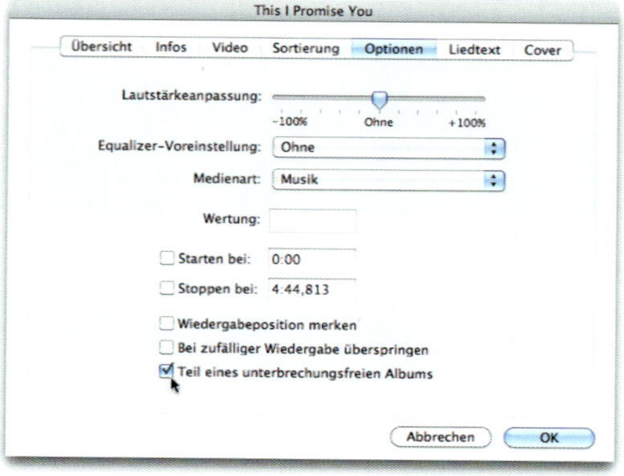

Selbst wenn Sie in den *iTunes-Einstellungen* in der Rubrik *Wiedergabe* die Option *Titel überblenden* aktiviert haben, bleibt die *unterbrechungsfreie Wiedergabe* maßgeblich.

CD-Titel individuell gruppieren

Beim Importieren von Audio-CDs (und auch nur in diesem Fall) können Sie verschiedene Titel zusammenfassen, so dass sie immer als Gruppe abgespielt werden. Ist eine Audio-CD eingelegt und werden die Titel eingeblendet, so wählen Sie die gewünschten aus (mit gedrückter *Befehlstaste/Steuerungstaste* oder *Umschalttaste* eine Folge bestimmen) und wählen *Erweitert | CD-Titel gruppieren.* Beim Import-Vorgang werden diese nur als ein einzelner Titel in *iTunes* eingeladen.

Anstatt der ursprünglichen zehn Titel werden nach der Gruppierung bei der Beispiel-CD nur mehr fünf Titel importiert.

Das Aufheben der Gruppierung können Sie über dieselbe Befehlsfolge veranlassen, nur dass er sich dieses Mal *Gruppierung der CD-Titel aufheben* nennt.

Wichtig: Das Zurücknehmen von zusammengefassten Titeln müssen Sie vor dem Import erledigen – ansonsten ist es zu spät und Sie müssen die Audio-CD erneut von *iTunes* einlesen lassen.

Lieder bewerten

In *iTunes* lassen sich Ihre Lieder mit einer Art Punktesystem (Sterne) auszeichnen. Ihre Favoriten erhalten die Höchstzahl (5 Sterne), die weniger guten eine entsprechend geringere Zahl. Die Funktion *Wertung* hat neben der rein optischen Wirkung auch eine wirklich Nützliche, können Sie doch über eine *intelligente Wiedergabeliste* Ihre Highlights automatisch zusammenstellen lassen.

Es regnet Sterne: Die »Wertung« erfüllt ganz nebenbei auch die Funktion des besseren Gefundenwerdens.

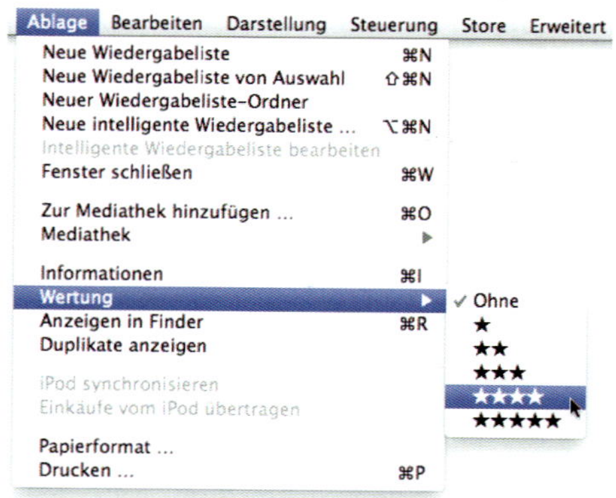

Die *Wertung* können Sie zum einen direkt im Übersichtsfenster von *iTunes* eingeben – vorausgesetzt, dass Sie in den *Darstellungsoptionen* (⌘-J/Strg-J) die Option *Wertung* aktiviert haben. Markieren Sie dann einfach ein Lied und bestimmen Sie in der Spalte *Wertung* die gewünschte Anzahl an Sternen. Alternativ können Sie die Sterne auch über das *Informations*-Fenster (⌘-I/Strg-I) im Reiter *Optionen* eingeben.

Hilfreich wird es dann, wenn Sie etwa eine *intelligente Wiedergabeliste* (zum Beispiel namens *Best of)* anlegen und dort als Kriterium etwa *Wertung ist größer als* ★★★★ festlegen. So haben Sie immer Ihre Favoriten parat, kommt überraschend Besuch.

Die Eingabe von Liedtexten

iTunes gibt Ihnen auch die Möglichkeit, Liedtexte einzupflegen. Wählen Sie in *iTunes* einen Song an, so lassen sich über die *Informationen* (*Ablage/Datei | Informationen* bzw. ⌘-I/Strg-I) und darin über den Reiter *Liedtext* genau diese wichtigen Zeilen eingeben. Zum einen können Sie diese natürlich Buchstabe für Buchstabe hineinschreiben, zum anderen aber auch – besitzen Sie bereits eine Datei mit den Texten – diese per *Copy & Paste* (kopieren und einfügen) einbauen.

Für viele Musik-Liebhaber unentbehrlich – die zugehörigen Liedtexte.

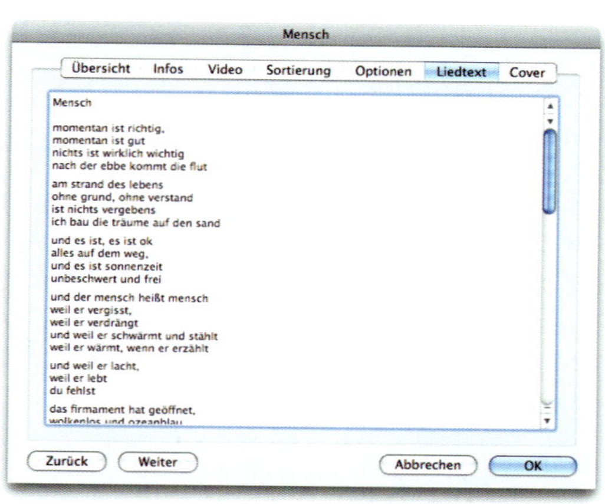

Das Manko an Texten aller Art ist zum einen die Verfügbarkeit (»Woher nehmen?«), zum anderen auch das Copyright. Schon viele Fanseiten haben leider Gottes Bekanntschaft mit Anwälten der Musik-Industrie gemacht, die mit ihren hochpreisigen Abmahnungen das Unterlassen von Text-Veröffentlichungen fordern. Dass dies nicht unbedingt ein glorreicher Dienst am Kunden (den Fans) ist, leuchtet eigentlich ein.

Und dennoch sollten Sie nicht aufgeben: Denn auch weiterhin gibt es Webseiten, die Ihnen die Songtexte Ihrer Lieblings-Interpreten zur Verfügung stellen. Einige davon sind beispielsweise:

```
www.songtext-archiv.de
www.superlyrics.de
www2.lyriks.at
www.blub.at
www.magistrix.de
www.golyr.de
```

Haben Sie sich nun einen Text ausgesucht, so markieren Sie ihn im Browser mit gedrückter Maustaste und wählen dann *Bearbeiten* | *Kopieren* (⌘-C/Strg-C). Dann klicken Sie in das *Liedtexte*-Feld in den *Musik-Informationen* und wählen in *iTunes* den Befehl *Bearbeiten* | *Einsetzen* (⌘-V) bzw. unter Windows *Strg*-V. Der Text wird nun aus der Zwischenablage in das Dialog-Fenster kopiert. Fertig. Beim Abgleichen eines *iPods* mit *iTunes* werden diese *Liedtexte* nun mit übertragen. Wenn Sie nun dieses Lied hören, so können Sie die »Lyrik« über mehrmaliges Drücken der Mitteltaste aufrufen.

Einige Formate – etwa *QuickTime-Filmdateien* oder *WAV* – unterstützen keine Eingabe von Liedtexten.

Nach Liedern suchen

Je größer die Musik-Sammlung, desto schwieriger wird das Auffinden einzelner Songs. Apple hat dafür seiner *iTunes*-Oberfläche rechts oben das *Suchen*-Feld spendiert. Wenn Ihnen also die manuelle Suche zu mühsam erscheint, können Sie dort direkt ein Stichwort (etwa den Namen einer Musik-Gruppe oder den Teil eines Musik-Titels) eintragen. *iTunes* sucht dann für Sie und wird auch fündig, sofern sich etwas ähnlich Klingendes in dem Repertoire befindet. Und während Sie über die Tastatur die Buchstaben tippen, wird *iTunes* schon aktiv und schlägt gleich lautende Einträge vor.

Eingabe im Suchen-Feld – die wahrscheinlich schnellste Variante zum Auffinden.

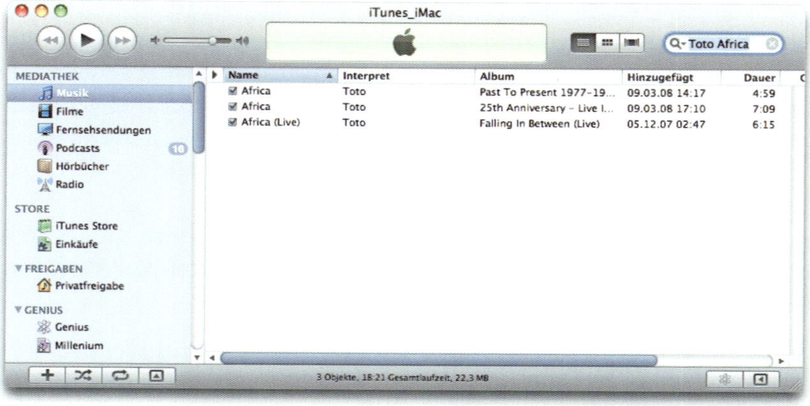

Sind Sie dagegen eher ein visueller Typ und erinnern sich statt an Namen oder Titel eher an Cover (weil da immer so tolle »Miezen« drauf sind), so sollten Sie es über *Cover Flow* ( ) versuchen. Geben Sie ebenso einen Suchbegriff ein und blättern Sie dann über die Navigationsleiste durch die gefundenen Cover. Alternativ können Sie dazu auch die Pfeiltasten Ihrer Tastatur (←···→) verwenden.

Für alle mit fotografischem Gedächtnis – die Suche über Cover-Bilder (die auch zum Beeindrucken taugt).

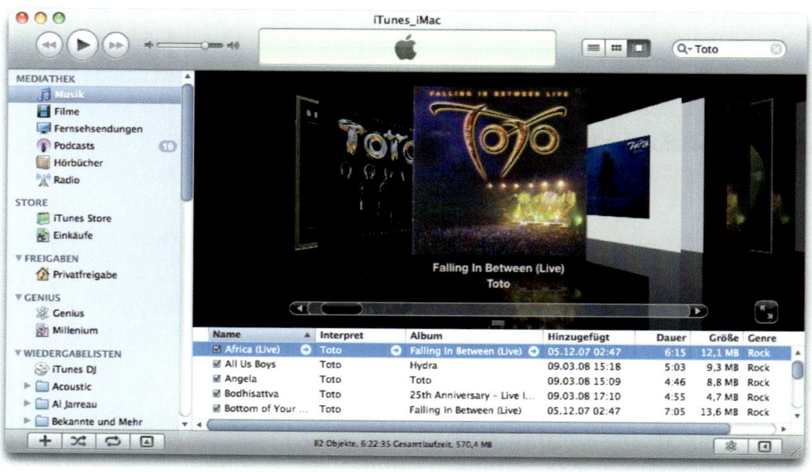

Als dritte Variante im Bunde bietet *iTunes* dann noch den Spaltenbrowser an. Mit Wahl des Befehls *Darstellung/Anzeige | Spaltenbrowser anzeigen* (⌘-B/Strg-B) teilt sich das Übersichtsfenster und stellt zusätzliche Leisten – *Genres, Interpreten, Alben, Komponisten* und *Werke* – zur Verfügung. Somit gestaltet sich die meist reichlich mit Musik-Titeln gefüllte *Mediathek* übersichtlicher: Ein Klick auf beispielsweise *Interpreten* listet nun rechts davon die entsprechenden Alben auf. Ein weiterer Klick auf das für Sie interessante Album führt dann die dazugehörigen Titel auf.

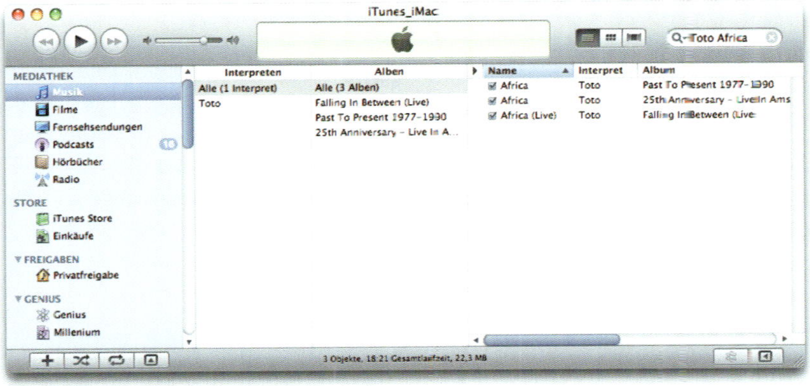

Auch eine Möglichkeit zum Wiederfinden – der Spaltenbrowser (vormals »Übersicht« genannt).

Wenn Sie den Original-Schauplatz eines Liedes in Erfahrung bringen möchten, so markieren Sie den Song und wählen unter Mac OS X aus dem *Ablage*-Menü den Befehl *Anzeigen im Finder* (⌘-R). Unter Windows finden Sie den Befehl über *Datei | In Windows Explorer anzeigen* (Strg-R). Es öffnet sich ein Ordner mit der entsprechenden Original-Datei. Bevorzugen Sie eher die schriftliche Variante, so öffnen Sie bei markiertem Lied den *Informationen*-Dialog (⌘-I/Strg-I) und dort den Reiter *Übersicht*. Ganz unten bei *Ort* steht der genaue *Pfad*.

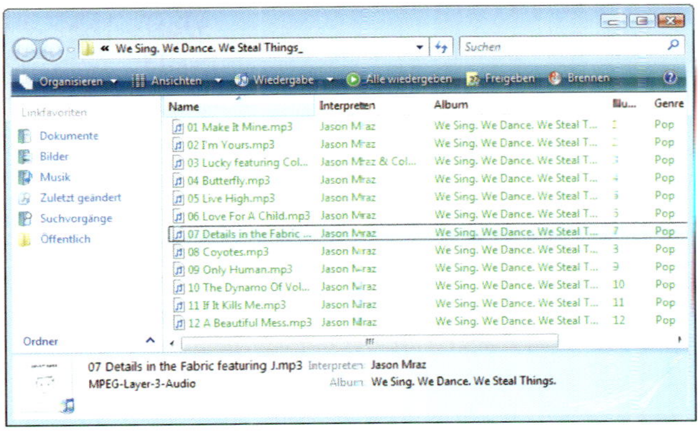

Wenn's mal wieder schnell gehen soll – in weniger als einer Sekunde zum Original.

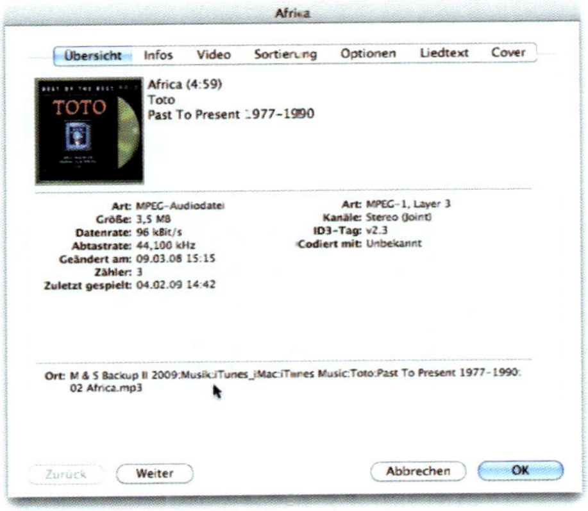

Für Pfad-Finder – genaue Ortsangaben finden Sie in den Informationen.

iTunes fürs Auge – Visuelle Effekte

Die *Visuellen Effekte* sind zwar eher was fürs Auge, da diese auf die Hörqualität selbst keinen Einfluss nehmen, Sie sollten diesen aber auf jeden Fall einen Besuch abstatten. Wählen Sie dazu bei laufender Musik über das Menü *Darstellung/Anzeige* den Befehl *Visuelle Effekte einblenden* (⌘-T/Strg-T). Hierauf verschwindet das Übersichtsfenster von *iTunes* und stellt stattdessen ein farbenfrohes Lichtspektakel dar.

Alles so schön bunt hier: Ein Feuerwerk an Farben hüpft zum Takt der Musik.

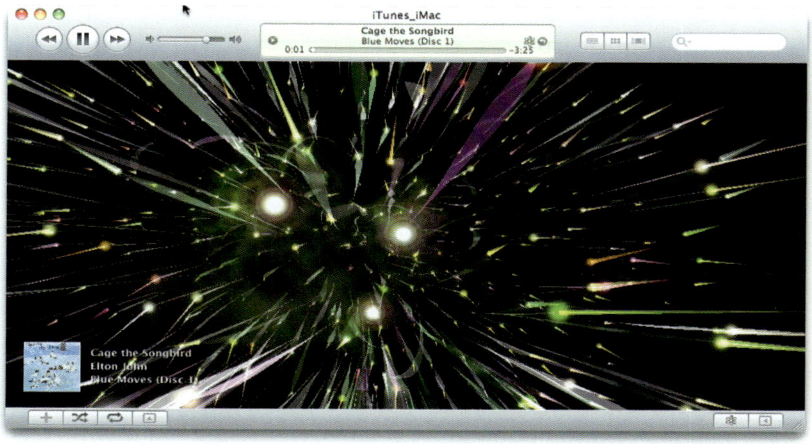

Die Darstellung als solches beeinflussen Sie über die *iTunes-Einstellungen* (⌘-,/Strg-,), Rubrik *Erweitert* und dort über die Option *Visuelle Effekte bildschirmfüllend anzeigen* (alternativ klappt das auch über *Darstellung/Anzeige* | *Bildschirmfüllend* bzw. ⌘-F/Strg-F). So wird das *iTunes*-Fenster vollständig ausgeblendet und der ganze Bildschirm ist ein einziges Farbenmeer.

Das Aussehen der Effekte bzw. die Feineinstellungen (nur bei der Funktion *iTunes Classic Visualizer*) zur Bildrate, der Anzeige von Titelinformationen etc. lassen sich weiterhin über *Darstellung* | *Visuell* bzw. *Anzeige* | *Visualizer* und dort über die *Optionen* vornehmen.

Klicken Sie während des »Feuerwerks« den Buchstaben »H« auf der Tastatur (nur möglich bei *iTunes Classic Visualizer*), werden weitere Buchstaben- und Zahlen-Tasten eingeblendet, mit denen Sie zusätzlich Einfluss nehmen können.

Für alle, die gerne ein wenig Abwechslung brauchen – »iTunes« bietet eine Menge davon.

Drahtlose Musik-Übertragung über AirPort Express

Zum genussvollen Musikhören eignen sich selbstverständlich hochwertige Kopfhörer oder Boxen am besten. Die normalerweise in den Rechnern verbauten internen Lautsprecher geben zwar auch Töne von sich, doch fehlt es bei weitem an einem ausgewogenen, druckvollen Klang (die aktuellen iMacs seien hier einmal vorsichtig ausgenommen). Über *AirPort Express* mit *AirTunes* können Sie Ihre Musik auch in anderen Teilen des Hauses oder der Wohnung anhören. Voraussetzung hierbei ist eine *AirPort Express*-Basisstation sowie eine im Rechner verbaute *AirPort-/AirPort Extreme*- bzw. WLAN-Karte zum Übertragen der Daten.

Die »AirPort Express Basis«-Station wird einfach in die Steckdose gesteckt und verbunden. (Abbildung: © Apple)

Als Erstes heißt es wie üblich die nötige Konfiguration vorzunehmen – am besten über das *AirPort Dienstprogramm* (unter Mac OS X im Ordner *Dienstprogramme* liegend). Auch für Windows lässt sich hier die entsprechende Software *AirPort Utility* (`www.apple.com/downloads/macosx/apple`) herunterladen – nach der Installation finden Sie das *AirPort Dienstprogramm* in Ihrem Programme-Ordner.

Des Weiteren müssen Sie *AirPort/WLAN* aktivieren, was sie über das entsprechende Symbol (ᯤ) unter Mac OS X in der Menüleiste (rechts außen) erledigen. Das *AirPort-Dienstprogramm* sollte nun die *AirPort Express*-Basisstation bzw. ein schon eingerichtetes Netzwerk erkennen. Im Falle einer Neueinrichtung begleitet Sie das Programm dann Schritt für Schritt, indem Sie eine neue *AirPort-Basisstation* konfigurieren. Dazu legen Sie ein neues drahtloses Netzwerk an und benennen sowohl dieses als auch die *AirPort Basisstation*, mit der Sie die Musik empfangen möchten. Letzterer Name taucht dann in *iTunes* auf, wie Sie noch sehen werden.

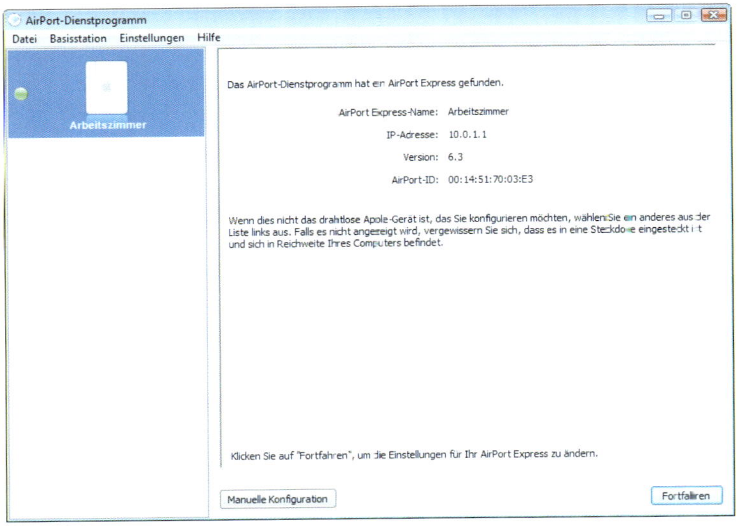

Unsere »AirPort Express Basis«-Station wird vom Dienstprogramm erkannt und steht ab sofort zur Verfügung.

Im Mac-Design gleicht die »AirPort Express Basis«-Station der Windows-Variante – sie wirkt nur ein wenig eleganter (natürlich rein subjektiv).

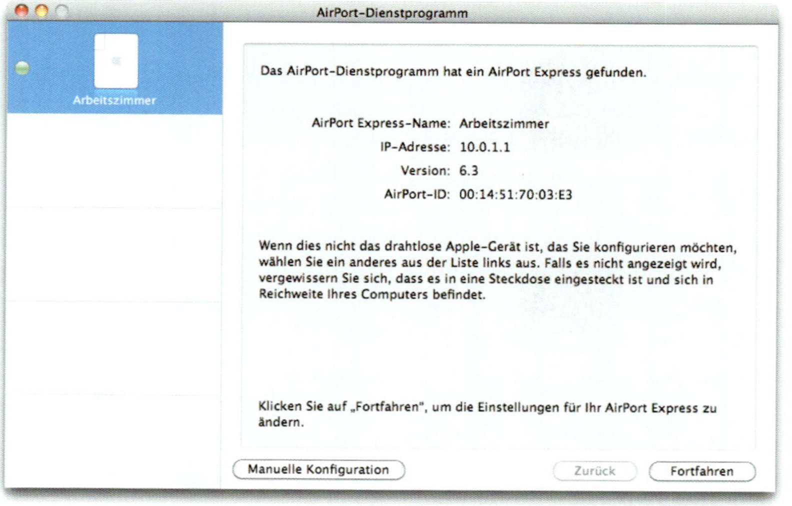

Auf der Hardware-Seite verbinden Sie dann einfach Ihre Aktiv-Lautsprecher oder Ihre Stereo-Anlage über ein optional erhältliches Analogkabel (Mini-Stereo auf Dual-Chinch – das ist dasselbe Kabel, mit dem Sie auch ihren iPod an die Stereo-Anlage anschließen können) mit dem Audio-Ausgang (Line-Out) der *AirPort Express*-Station. Ist *AirPort/WLAN* aktiv und haben Sie in den *iTunes-Einstellungen* über den Reiter *Geräte* die Option *Über AirTunes angeschlossene entfernte Lautsprecher suchen* (Mac OS X) bzw. *Mit AirTunes verbundene Lautsprecher suchen* (Windows) aktiviert, so taucht in *iTunes* unten rechts ein weiterer Button auf, über den Sie die gewünschten Lautsprecher auswählen können. Wählen Sie danach einen Musik-Titel an, so sollte dieser auf den eingestellten Lautsprechern abgespielt werden.

In den iTunes-Einstellungen müssen Sie zuerst die korrekten Optionen aktivieren.

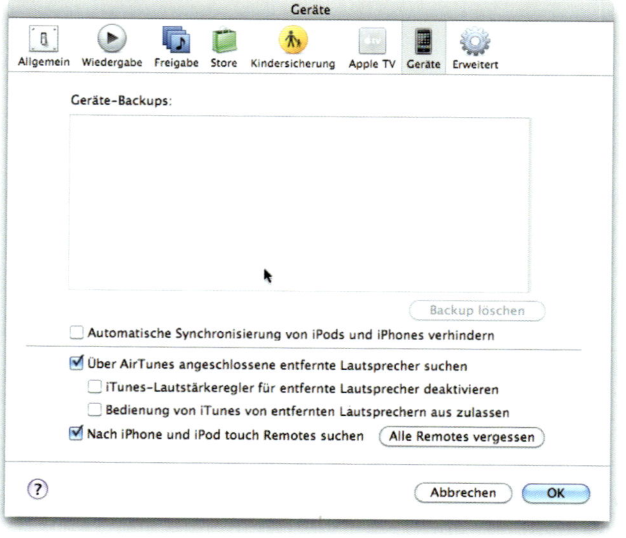

Das iTunes-Fenster zeigt nun rechts unten einen weiteren Knopf, mit dem die entsprechende AirPort-Station angesprochen werden kann. Danach folgt die Kontaktaufnahme und die Musik kann »fließen«.

iTunes als Brenn-Station

Der erste Schritt zur gelungenen Audio-CD sollte das Zusammenstellen einer *Wiedergabeliste* sein. Sie sollten nur darauf achten, dass diese nicht zu viele Lieder enthält. Im Zweifel wird Sie jedoch *iTunes* warnen und Sie bitten, doch einen oder mehrere Songs wieder zu entfernen. Ist die Wiedergabeliste per Mausklick markiert, so ist das weitere Vorgehen eigentlich recht einfach: Entweder Sie benutzen den unten rechts eingeblendeten Button *Brennen* (Brennen) oder Sie wählen aus dem *Ablage-/Datei*-Menü den Befehl *Mediathek | Wiedergabeliste auf Medium brennen.* In beiden Fällen erscheint der Dialog *Brenneinstellungen*, der einige Optionen parat hält.

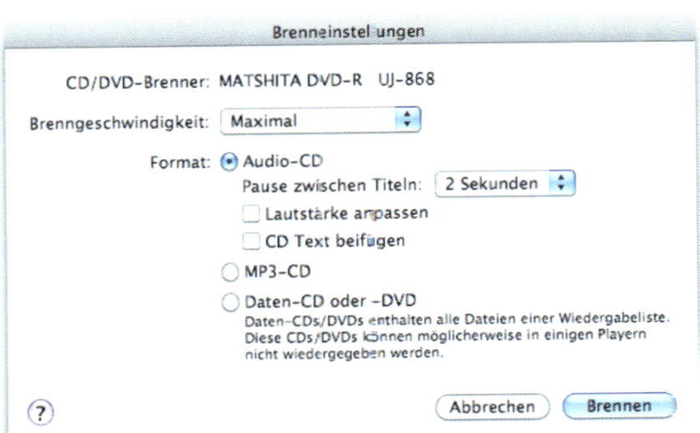

Die Brenneinstellungen enthalten alle für eine Audio-CD relevanten Informationen.

Bei *CD/DVD-Brenner* sollte nun Ihr Laufwerk erscheinen – bei mehr als einem Gerät (etwa das interne eines Laptop/iMac/MacBook (Pro) sowie ein externer Brenner) sollten Sie das Gewünschte auswählen. Die *Brenngeschwindigkeit* kann dabei ruhig auf *Maximal* stehen bleiben. Dies gewährleistet, dass *iTunes* die optimale Geschwindigkeit aus Ihrem CD-Laufwerk herauskitzelt bzw. an die Medien (den CD-Rohling) anpasst. Stolpern Sie jedoch des Öfteren über fehlerhafte Brenn-Durchgänge, so sollten Sie einmal versuchsweise die *Brenngeschwindigkeit* reduzieren bzw. eine andere Sorte an CD-Rs ausprobieren.

Unter *Format* können Sie zwischen den Einstellungen *Audio-CD*, *MP3-CD* oder *Daten-CD oder -DVD* wählen. In unserem Fall ist natürlich der Eintrag *Audio-CD* korrekt. Der Zusatz *Pause zwischen Titeln* baut zwischen den einzelnen Musikstücken automatisch eine kurze Unterbrechung ein, so dass der Übergang zwischen den einzelnen Songs harmonischer abläuft. Die Pause können Sie nach eigenem Gusto setzen (zwischen 0 und 5 Sekunden).

Wie schon erwähnt, ist eine Unterbrechung zwischen den einzelnen Songs manchmal nicht erwünscht – beispielsweise bei Live- oder Klassik-Aufnahmen. In diesen Fällen sollten Sie zuvor die Pause auf *Ohne* stellen.

Lautstärke anpassen bewirkt bei einem sehr leise aufgenommenen Lied, dass die Lautstärke den restlichen Liedern angeglichen wird und umgekehrt. Über *CD-Text beifügen* können Sie *iTunes* veranlassen, die so genannten ID3-Informationen den Songs mitzugeben. Besitzen Sie dazu einen für die Anzeige von CD-Text fähigen CD-Player, so werden diese Angaben (Titel, Interpret etc.) im Display des Gerätes angezeigt. Per Klick auf *Brennen* fordert Sie *iTunes* nun auf, einen CD-Rohling einzulegen. Möchten Sie den Vorgang abbrechen, so klicken Sie einfach im Display auf den *Abbrechen*-Button (⊗).

Kommen Sie also dem Wunsch von »iTunes« nach und legen Sie ein entsprechendes Medium ein.

Befinden sich nun wider Erwarten zu viele Titel in einer *Wiedergabeliste*, so dass diese die Kapazität des CD-Rohlings übersteigen, so warnt *iTunes* Sie mit einem Dialog. Sie können also wählen: Entweder Sie klicken auf *Abbrechen* und überarbeiten Ihre *Wiedergabeliste*, oder Sie vertrauen sich *iTunes* an, das die volle Kapazität der CD mit Ihren Titeln ausnutzt und dann nach einem weiteren Medium verlangt (Button *Audio-CDs*). In diesem Fall kann es aber durchaus vorkommen, dass sich auf der zweiten CD nur ein einzelner Titel befindet, während die andere randvoll ist. Mit anderen Worten: Wir plädieren für *Abbrechen* und eine Nachbesserung.

Auch wenn Sie kopiergeschützte Titel brennen möchten, verweigert *iTunes* oftmals seinen Dienst. Dies passiert beispielsweise dann, wenn Ihr Rechner nicht für die Wiedergabe dieser Titel aktiviert wurde. Das erledigen Sie am besten, indem Sie einen dieser geschützten Songs per Doppelklick starten und dann im *Computer aktivieren*-Dialog diesen per *Apple ID* sowie *Pass-*

wort freischalten. Mehr zur Aktivierung sowie kopiergeschützter Musik erfahren Sie weiter hinten im Buch.

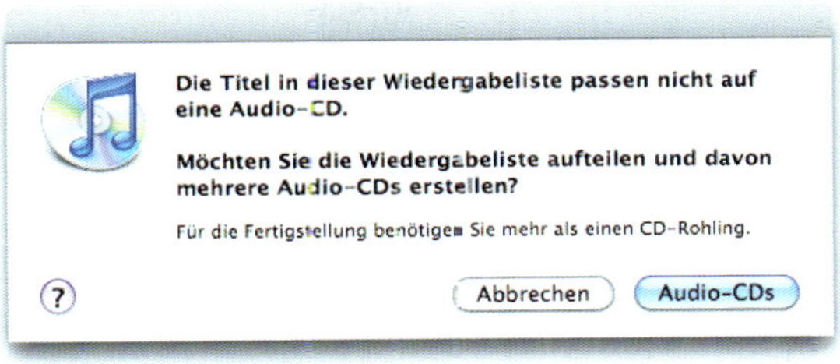

»iTunes« meldet Schwierigkeiten, bietet aber gleichzeitig Hilfestellung an.

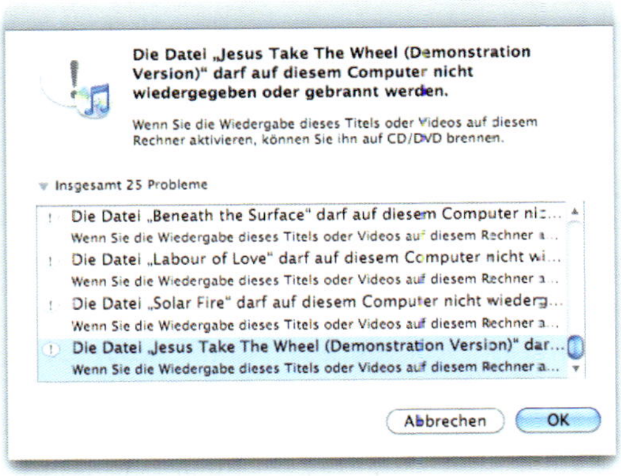

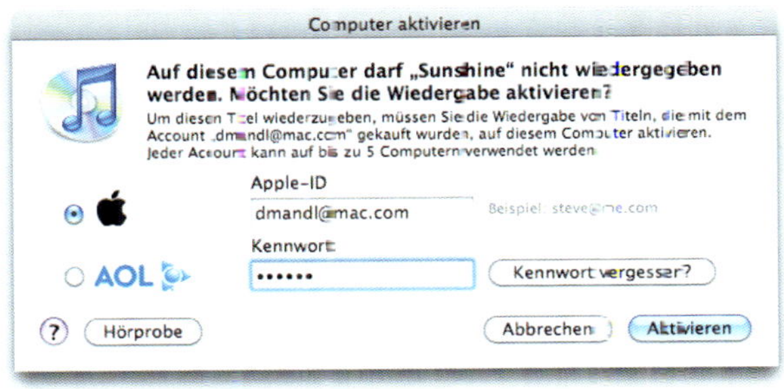

Das Brennen kopiergeschützter Titel wird gnadenlos untersagt. Zuvor müssen Sie sich per Apple ID sowie Passwort identifizieren und den Computer für die Wiedergabe aktivieren.

Links: Die Stationen zur erfolgreichen Audio-CD.

Wenn Sie einzelne Lieder oder ein Album, das Sie im *iTunes Store* gekauft haben, brennen möchten, bedenken Sie bitte die restriktiven Vorgaben seitens Apple, sollten Sie noch Titel mit einem Kopierschutz (DRM) besitzen. Sie können diese Wiedergabeliste nur sieben Mal brennen.

Und gleich der ultimative Tipp hinterher: Wenn Sie eine Audio-CD mit im *iTunes Store* gekauften Titeln gebrannt haben, so können Sie diese Audio-CD wiederum in *iTunes* importieren (dann aber bitte im *AIFF*-Format, damit nicht noch mehr Informationen getilgt werden). Auf diese Weise können Sie diese Titel auch in anderen Zusammenstellungen weiterverwenden, ohne durch den Kopierschutz ausgebremst zu werden. Diese Vorgehensweise sollte aber nur privaten

Zwecken dienen und nicht zur Weitergabe an Dritte verwendet werden. Denken Sie bitte an das Copyright!

Die Vorgehensweise beim Brennen einer MP3-CD ist im Grunde identisch mit dem vorhergehenden Abschnitt. Einzig in den *Brenneinstellungen* müssen Sie statt *Audio-CD* auf *MP3-CD* wechseln. Das war's dann aber auch schon.

Beachten Sie bitte, dass Sie *AAC*-Dateien nur als *Audio-CD* oder *Daten-CD* brennen können. Das Format *MP3-CD* ist nicht möglich. Sie müssen also diese Lieder zuvor in das *MP3*-Format konvertieren: Stellen Sie wieder in den *iTunes-Einstellungen* in der Rubrik *Allgemein* bei den *Importeinstellungen* den *MP3-Codierer* mit der von Ihnen gewünschten Datenrate ein. Danach markieren Sie die gewünschten Lieder im *AAC*-Format und wählen dann aus der Menüleiste *Erweitert | MP3-Version erstellen.* Der oder die Titel werden konvertiert und als Duplikate in die Mediathek eingefügt (die Original *AAC*-Daten werden dabei nicht angerührt). Zwei Wermutstropfen bleiben dennoch: Geschützte AAC-Daten lassen sich nicht umwandeln und beim Konvertieren von bereits komprimierten Musik-Formaten gehen erneut Informationen verloren.

Übrig bleibt dann noch die *Daten-CD oder -DVD.* Diese sollten Sie verwenden, wenn Sie beispielsweise Ihre Daten weitergeben oder ein schnelles Backup anfertigen möchten. Ein einfacher CD-Player wird dabei jedoch scheitern, diese abzuspielen. Für ein umfassendes Backup Ihrer *iTunes-Musikstücke* sollten Sie stattdessen immer den im *Ablage-/Datei*-Menü liegenden Befehl *Mediathek | Auf Sicherheitsmedium sichern* bzw. *Sicherheitskopie auf Speichermedium* verwenden.

Wiedergabe und Verwaltung von Filmen

In *iTunes* lassen sich selbstverständlich auch Filme unterbringen. Das können aufgenommene Filme von Ihrer Digitalkamera sein, aber auch solche, die Sie aus dem Internet geladen oder im *iTunes Store* gekauft haben (dazu später mehr). Zum Importieren nach *iTunes* ziehen Sie sie direkt in das Fenster von *iTunes* oder Sie wählen *Ablage | Zur Mediathek hinzufügen* bzw. *Datei | Datei zur Mediathek hinzufügen.* Im sich öffnenden Fenster markieren Sie nun die gewünschten Videos und klicken dann auf *Öffnen.*

Alle Filme, die auch mit *QuickTime* abgespielt werden können und somit dazu kompatibel sind, lassen sich in *iTunes* einladen. Sie erkennen diese meist an den Endungen (Suffixe) wie *.mp4* oder *.mov.* Alles andere, was nicht erkannt wird, wird schlicht von *iTunes* ignoriert.

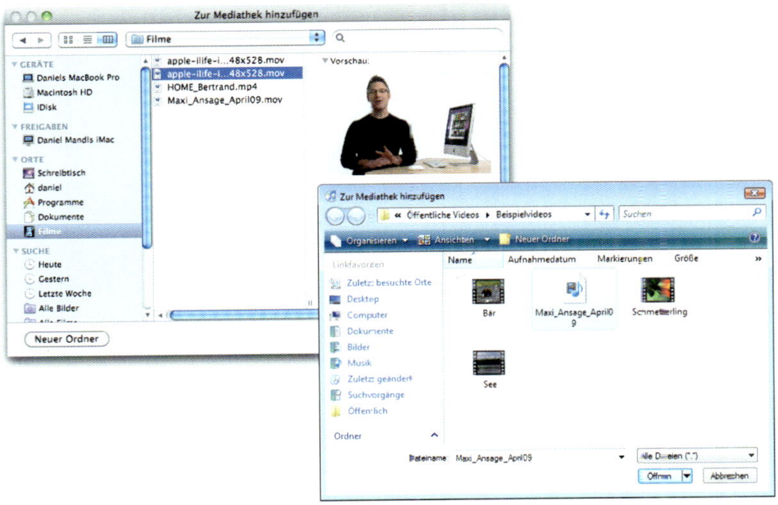

Zuerst erfolgt die Auswahl der Filme, über »Öffnen« werden diese dann in »iTunes« importiert.

Ist in der *Mediathek* der *Filme*-Knopf (Filme) gedrückt, sehen Sie Ihre Auswahl. Über einen Doppelklick werden die Filme dann im *iTunes*-Hauptfenster abgespielt. Mit diesem *Vorschau*-Fenster müssen Sie sich jedoch nicht zufrieden geben. Auf Wunsch hin können Sie das Film-Fenster nun vergrößern oder verkleinern, indem Sie über das Menü *Darstellung/Anzeige* | *Videogröße* die zur Verfügung stehenden, festen Größen verwenden: *Halbe Größe* (⌘-0/Strg-0), *Tatsächliche Größe* (⌘-1/Strg-1), *Doppelte Größe* (⌘-2/Strg-2) oder *An Bildschirmgröße anpassen* (⌘-3/Strg-3). Für Film-Präsentationen eignet sich jedoch am besten die Option *Bildschirmfüllend* (⌘-F/Strg-F), die das Video vor schwarzem Hintergrund auf den gesamten Bildschirm projiziert. Letztere Einstellung sollten Sie jedoch nur in Anspruch nehmen, wenn der Film auch über eine ausreichend große Auflösung verfügt – kleine Internet-Filmchen wirken ansonsten arg pixelig und wirken nur bei gehörigem Abstand zum Bildschirm.

Die Wiedergabe des Filmes lässt sich steuern, wenn Sie den Mauszeiger in das Film-Fenster ziehen. Hierbei wird eine Navigationsleiste eingeblendet, mit der Sie zum Beispiel die Lautstärke regeln können. Es folgen die üblichen Buttons zum Abspielen für *Zurück* (), *Wiedergabe* ()/*Pause* () sowie *Vorwärts* (). Und wie schon bei der Musik-Wiedergabe erfüllen auch hier die *Zurück-* und *Vorwärts*-Tasten zweierlei Funktionen: Klicken Sie darauf und halten die Maustaste gedrückt, so spulen Sie innerhalb des Filmes zurück oder weiter, ein einfacher Mausklick hingegen springt zum vorhergehenden oder nächsten Film. Die beiden Knöpfe ganz außen (/) springen innerhalb eines Filmes zum vorherigen oder nächsten Kapitel (falls denn solche vorhanden sind). Ganz rechts befindet sich der Knopf zum Umschalten in die bildschirmfüllende Ansicht (), die Leiste darunter beinhaltet die *Abspielmarke*, mit der Sie sich ebenfalls durch Ziehen derselben im Film bewegen können.

Die Leiste zum Navigieren der Filme mit den »üblichen Verdächtigen«.

Als Tastatur-Freak bevorzugen Sie vielleicht wieder die Steuerung über Tasten-Kommandos. Mit der *Leertaste* wechseln Sie zwischen *Wiedergabe* und *Pause*, mit ⌘-↑/Strg-↑ bzw. ⌘-↓/Strg-↓ wirds lauter oder leiser, über ⌘-→/Strg-→ bzw. ⌘-←/Strg-← geht's zum nächsten oder vorhergehenden Film, über ⌘-⇧-→/Strg-⇧-→ bzw. ⌘-⇧-←/Strg-⇧-← springen Sie ein Kapitel weiter oder zurück, und über ⌘-F/Strg-F schalten Sie in die Vollbild-Ansicht. All diese Befehle finden Sie auch in der Menüleiste über den Punkt *Steuerung*.

In den *iTunes-Einstellungen* lässt sich Ihre Lieblings-Ansicht festzurren. Über *iTunes/Bearbeiten* | *Einstellungen* | Rubrik *Wiedergabe* finden Sie mittig liegend ein Popup-Menü, wie Sie Ihre *Filme und Fernsehsendungen wiedergeben* möchten. Neben den bereits bekannten Einstellungen finden Sie dort noch die Option *Bildschirmfüllend (mit visuellen Effekten)*, die bei uns jedoch keinerlei Anstalten machte, irgendeine Besonderheit darzustellen. Des Weiteren lassen sich dort (in den *Einstellungen*) auch die Sprache für Untertitel festlegen. In den *Einstellungen* | Rubrik *Erweitert* lässt es sich weiterhin einrichten, dass das Filmfenster immer im Vordergrund gehalten wird.

Die Einstellungen sollen es richten: Dort legen Sie fest, auf welche Art und Weise Ihre Filme abgespielt werden sollen.

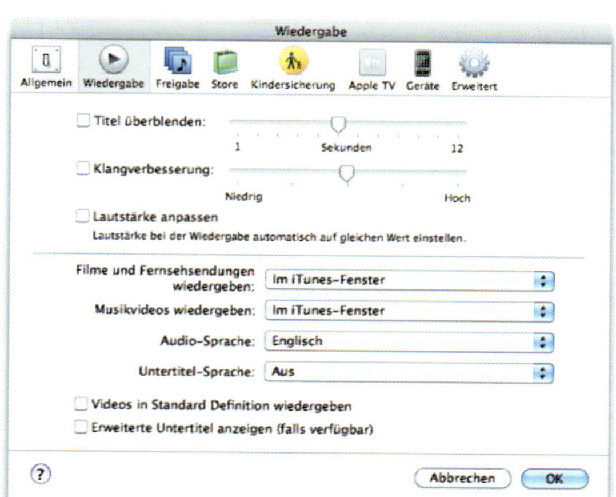

Wenn Sie hochauflösende Filme im HD-Format besitzen, so können Sie zudem *iTunes* anweisen, diese nur im Standard-Format abzuspielen (Option: *Videos in Standard Definition wiedergeben*). Dies bietet sich an, falls Ihr Rechner schon ein wenig betagter ist und die Wiedergabe des Öfteren ein wenig »ruckelt«. Last but not least gibt es dann auch noch die erweiterten Untertitel. Gerade für Hörgeschädigte ist diese Unterstützung sehr hilfreich, werden auf diese Weise bei manchen Filmen Kommentare und etwaige Dialoge in Textform eingeblendet. Die Option hierzu: *Erweiterte Untertitel anzeigen (falls verfügbar)*.

Wenn Sie Ihre Filme auch auf dem *iPod* oder über *Apple TV* abspielen möchten, so brauchen Sie diese nur zu markieren und aus dem *Erweitert*-Menü den Befehl *Version für iPod oder iPhone erstellen* bzw. *Version für Apple TV erstellen* zu wählen. Bei der nächsten Synchronisierung wird der Film dann übertragen.

Falls Ihre Filme hingegen im Format ».AVI« (*Audio Video Interleave*) oder *WMV* vorliegen, so müssen Sie diese zuvor konvertieren, da *iTunes* sich diesem Medienformat verweigert. Die meisten Konverter wie *EasyWMV* (`www.easywma.com/wmv` – 15 Dollar) oder *QuickTime Pro* (unter Mac OS X Leopard) kosten leider Geld. Für die Mac OS X Leopard-Fraktion haben wir dennoch ein kleines Programm namens *Prism* (`www.nch.com.au/software/mac.html`), das es in der Mac-Variante jedoch nur in englischer Sprache gibt. Ihre Filme brauchen Sie dann nur auf die *Prism*-Oberfläche zu ziehen. Unter *Output Format* (also das, was hinten rauskommen soll) wählen Sie dann ».mp4« und unter *Encoder Options* bestimmen Sie dann bei *Compressor* das gewünschte Zielgerät. Bestätigen Sie mit *OK* und beginnen Sie dann über *Convert* den eigentlichen Umwandlungsvorgang. Ihr konvertiertes Video finden Sie dann über den bei *Output Folder* (der Speicher-Ort) vorgegebenen Pfad (etwa */Users/»Ihr Benutzername«*). Danach lässt sich Ihr Video in *iTunes* integrieren und auf einen iPod/ein iPhone übertragen.

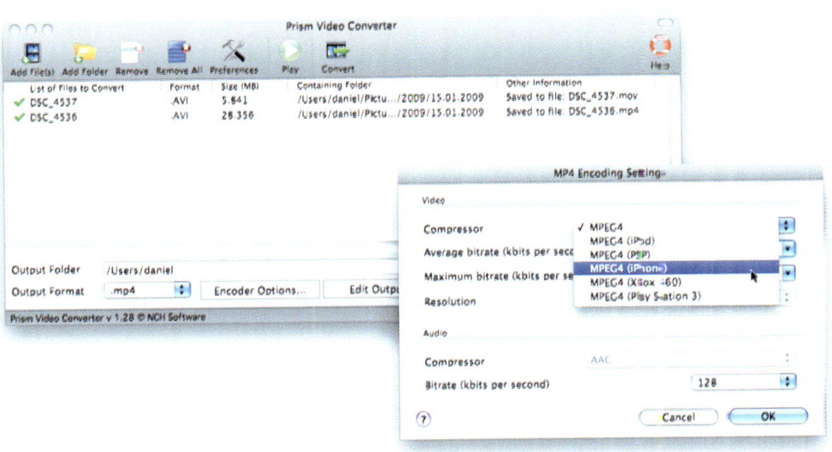

Da jeder Gerätehersteller so sein eigenes Format vorzieht, ist es manchmal ganz schön umständlich, die verschiedenen Geräte und Programme in Einklang zu bringen.

Nutzer, die bereits mit *Snow Leopard* arbeiten, haben in diesem Punkt einen kleinen Wettbewerbsvorteil, denn über den neuen *QuickTime Player* lassen sich beispielsweise AVI- oder *WMV*-Filme abspielen (zum Teil nur über Hilfsmittel wie *Flip4Mac* oder *Perian* – siehe weiter oben) und in *iTunes*-lesbare Formate konvertieren. Das funktioniert zum einen über den Befehl *Ablage | Sichern unter* (bei WMV-Dateien) und der Wahl eines kompatiblen Formates, oder über *Bereitstellen | iTunes* (bei AVI-Filmen). In letzterem Fall wird der Film direkt und ohne Umwege an *iTunes* geschickt.

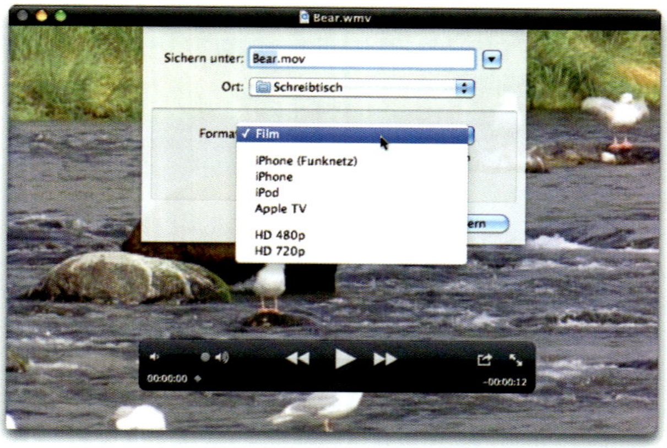

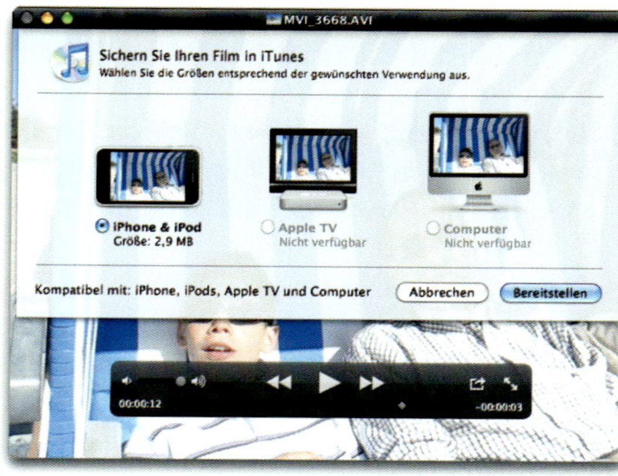

Der QuickTime Player unter Snow Leopard erleichtert das Konvertieren Apple-fremder Formate.

Für die Windows-Anhänger gibt es das kostenlose Programm *Format Factory* (`www.formatoz.com`). Nach dem Start des Programms bestimmen Sie zuerst in der Video-Abteilung das gewünschte Format (etwa *Alle zu mobiles Gerät* oder *Alle zu MP4*) und weisen dann über *Datei hinzufügen* den Film zu. Über *OK* wandert der Film dann in die Konvertierliste und ein Klick auf *Starten* wandelt den Film ins gewünschte Format um. Den Film finden Sie dann im Zielverzeichnis (etwa *»Benutzername«/Dokumente/FFOutput*) und können ihn von dort aus ins *iTunes*-Fenster ziehen.

Hilfreich und noch dazu kostenlos – die Windows-Anhängerschaft sagt Danke.

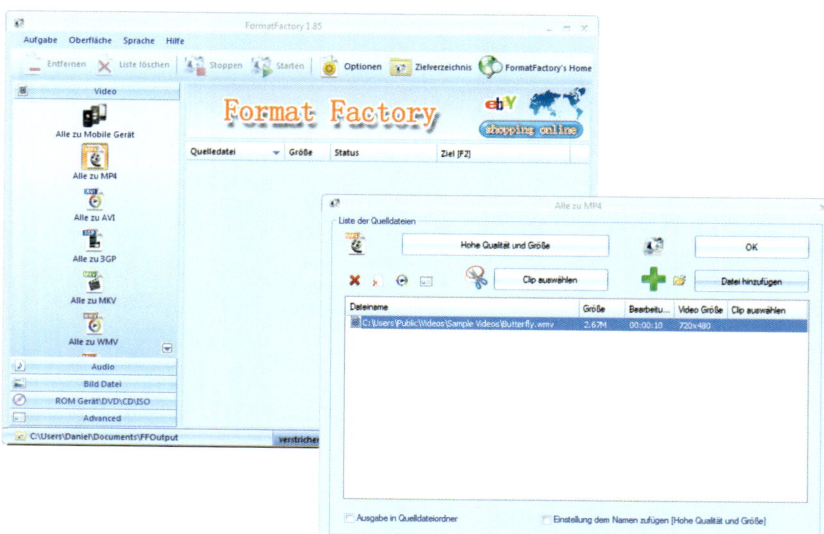

Ein weiteres Programm zum Konvertieren von Filmen für den Mac nennt sich *Handbrake* (`http://handbrake.fr/`). Nach dem Start der Anwendung klicken Sie zuerst auf *Source* zum Aufrufen des Filmes. Im sich öffnenden Fenster finden Sie nun in der Quellen-Liste den Eintrag *Media* (unten stehend). Über die verschiedenen Einträge (*Music, Photos, Movies*) lassen sich nun die zu konvertierenden Filme auswählen. Klicken Sie danach in *Handbrake* in der Symbolleiste auf *Toggle Presets*, so fährt eine weitere Liste heraus, über die sich unter dem Punkt *Apple* das gewünschte Format auswählen lässt. Über *Start* geht's dann auch gleich los. Noch ein Tipp: Stellen Sie am besten in den *Handbrake-Einstellungen* (*Befehlstaste-Komma*) unter Audio bei *Native Language* als Sprache *Deutsch* ein, so gehen Sie sicher, dass selbst im Falle von zu konvertierenden DVDs die korrekte Audio-Spur in Deutsch extrahiert wird.

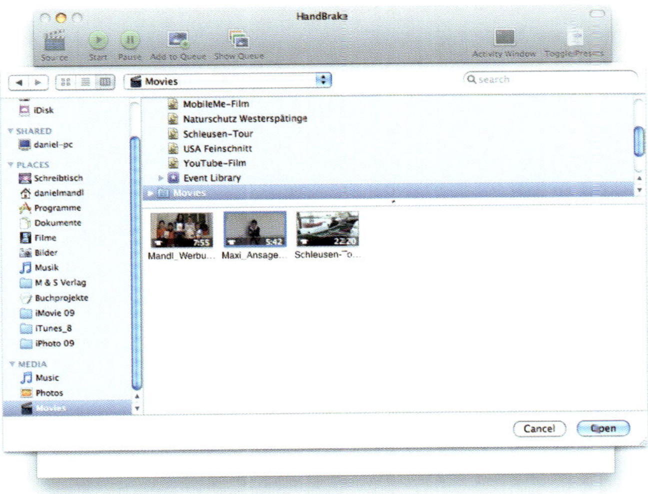

Zuerst wird die Quelle (Source) bestimmt ...

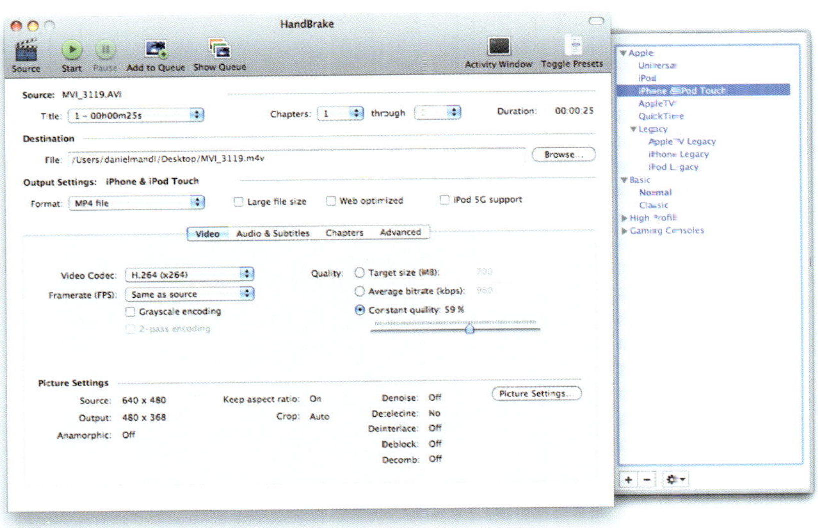

... und mit den korrekten Voreinstellungen ist es dann ein Leichtes, etwa einen AVI-Film in das gewünschte Format zu transferieren.

Es gibt einen nicht unerheblichen Unterschied zwischen den Begriffen »Dateiformat« und »Codec«. Wenn beispielsweise das Format *WMV* vorliegt, so bedeutet das noch lange keine Einheitlichkeit. Erst der *Codec* (Kunstwort aus *Co*dierer und *Dec*odierer) legt letztlich fest, wie eine Datei aufbereitet wird. Da hier jeder sein eigenes Süppchen kocht, kann es durchaus passieren, dass ein Programm problemlos eine *.wmv*-Datei öffnen kann, während es bei einer zweiten scheitert.

Ein Rundgang durch den »iTunes Store«

Ob Filme, Fernsehsendungen, Musikvideos, Spiele oder eben Podcasts – die Welt des virtuellen Shoppens wird im *iTunes Store* beständig ausgebaut. Mit *iTunes 9* erhielt der Store nun auch ein neues Outfit, das aus Sicht von Apple cool und übersichtlich erscheint, für den langjährigen Anwender jedoch erstmal eine Umgewöhnung in der Bedienung bedeutet (und der Autor »freut sich«, darf er doch all seine bislang vorliegenden Texte wieder umschreiben, weil nichts auf seinem ursprünglichen Platz blieb).

Die Kontaktaufnahme mit dem virtuellen »Plattenladen« *iTunes Store* ist einfach, denn Sie brauchen einzig einen Online-Zugang. Dieser sollte bestenfalls über eine Breitband-Verbindung erfolgen, denn mit Modem oder ISDN funktioniert die Übertragung von Musik und Videos ziemlich zäh und stellt Sie vor eine oftmals unnötige Geduldsprobe. Hat die Einwahl geklappt, so klicken Sie in der *Quellen*-Liste auf *iTunes Store* (iTunes Store) und die Übersicht springt um zum aufregenden Shopping-Erlebnis.

Schön bunt und mit allem ausgestattet, was das Herz begehrt – der »iTunes Store« erwacht zum Leben.

Wenn Sie die Quellen-Seitenleiste ausblenden möchten, etwa weil Sie nur mit einem kleinen Bildschirm arbeiten, so können Sie dies über die *iTunes-Einstellungen* | Rubrik *Store* erledigen. Dort finden Sie ganz unten die Option *Den iTunes Store im ganzen Fenster anzeigen.* Klicken Sie dann erneut in der Quellen-Liste auf *iTunes Store*, so nimmt der Store das gesamte *iTunes*-Fenster in Beschlag. Zum Umschalten zu Ihrer Mediathek brauchen Sie dann nur den *Schließen*-Knopf (✕) links oben zu drücken und Sie landen wieder in der üblichen Ansicht.

Ohne störende Seitenleiste können Sie sich voll und ganz dem Shopping-Erlebnis hingeben.

Das Navigieren funktioniert genauso wie in einem Internet-Browser: Alle Eintragungen, die Sie sehen, können angeklickt werden und verweisen auf weitere Unterseiten. Über die oben stehenden Symbole springen Sie *vorwärts* und *rückwärts* (◀ ▶) bzw. gehen zur *Ausgangsseite* (⌂) zurück. Rechter Hand finden Sie zum einen den Schnellzugriff (Rubrik *Alles auf einen Klick*) auf alle Ihre persönlichen Daten (*Account*), die erweiterte Suche, die Möglichkeit zum Erwerb von Gutscheinen (*Mit iTunes schenken*) usw., zum anderen die stets aktuell gehaltenen Ratings (*Top-Charts*), welcher Song, welches Album, welche *Filme* oder welche *TV-Sendungen* am häufigsten über die *Store*-Theke gereicht wurden.

Oben finden Sie die einzelnen *Store*-Rubriken wie *Musik*, *Filme*, *TV-Sendungen*, den *App Store*, *Podcasts*, *Hörbücher* sowie *iTunes U*. Fahren Sie den Mauszeiger über eine Rubrik, so erscheint ein kleines Dreieck, das auf Klick hin eine Spalte ausfährt und weitere Verweise aufführt. So können Sie schon einmal ohne umständliche Suche durch diverse Unterseiten die gewünschte Stilrichtung, ein bestimmtes Genre, aktuelle Neuerscheinungen oder die Top-Titel aufsuchen. Dort lässt es sich dann vortrefflich stöbern, um so vielleicht auch auf Dinge zu stoßen, die Sie sonst nie kennengelernt (oder gar gebraucht) hätten.

Die einzelnen Menüs der diversen Rubriken: Bei dieser enormen Auswahl wird wohl jeder fündig.

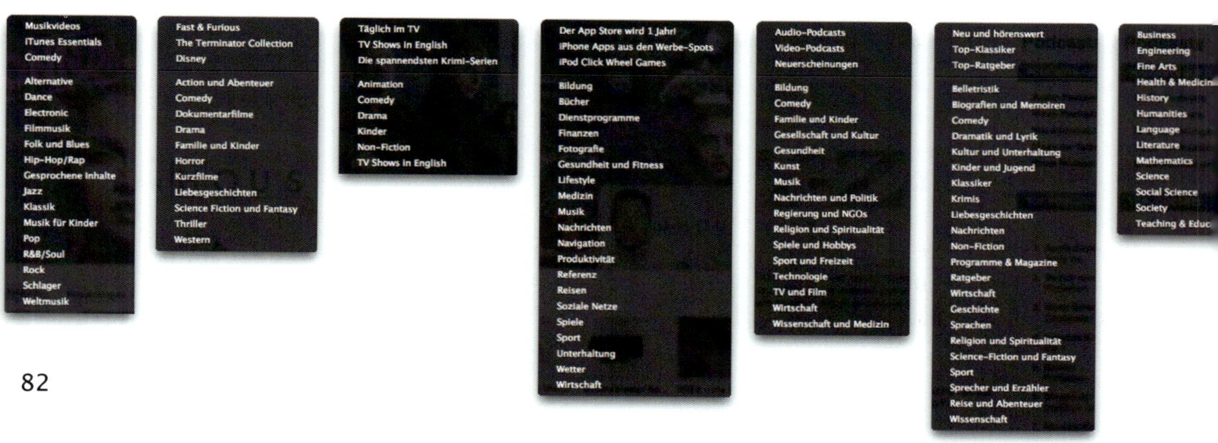

Eine Möglichkeit zum Suchen – nach Interpreten, Alben, Musik-Gruppen oder was auch immer – besteht über die direkte Eingabe über das rechts oben liegende Suchfeld () in der Kopfzeile der *iTunes*-Benutzeroberfläche. Schreiben Sie einfach einen Begriff hinein und bestätigen Sie Ihre Anfrage – die Suchergebnisse erscheinen binnen Sekunden. Meist werden schon beim Schreiben des gesuchten Interpreten etwaige Möglichkeiten eingeblendet, so dass Sie auch darauf zurückgreifen können.

Die Ergebnisse lassen nicht lange auf sich warten – vorausgesetzt dass »iTunes« mit dem Begriff was anfangen kann. Im Zweifel wird jedoch nachgehakt.

Aller Anfang ist jedoch eine einigermaßen gefüllte Geldbörse, denn schließlich gibt es (fast) nichts geschenkt. Spätestens dann, wenn Sie schon ein wenig im *iTunes Store* gestöbert haben, wird Ihnen das penetrante Dialog-Fenster zum Anmelden erscheinen. Sie haben zwar die Möglichkeit, dies erst dann zu erledigen, wenn Sie wirklich einen Kaufwunsch verspüren (einfach auf *Später* klicken), doch macht es wenig Spaß, wenn Sie nach jedem zehnten oder fünfzehnten Lied zum Reinhören wieder daran erinnert werden.

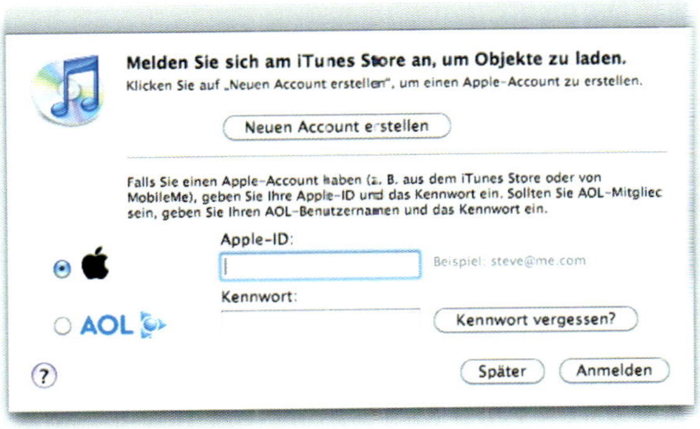

Bitte anmelden …

Sofern Sie schon eine *Apple-ID* besitzen oder AOL-Mitglied sind, so brauchen Sie nur Ihre Daten einzugeben und die Sache ist geritzt. Wenn nicht, heißt es Neu-Mitglied im Club der iTunes'ler zu werden und einen *neuen*

Account zu erstellen. Klicken Sie folglich auf den gleichnamigen Button und Sie werden in drei Schritten zum hoffähigen Einkäufer.

Die erste Stufe ist erklommen, indem Sie den *Allgemeinen Geschäftsbedingungen* zustimmen. Hierbei müssen Sie per Mausklick (um damit ein Häkchen zu setzen) den Eintrag *Ich habe die allgemeinen Geschäftsbedingungen gelesen und erkläre mich damit einverstanden* bestätigen. Es folgen die Eingabe einer E-Mail-Adresse sowie das Festlegen eines Passworts. Ersteres fungiert als Ihre *Apple-ID*, mit der Sie sich immer anmelden werden. Des Weiteren erhalten Sie hier auch die Möglichkeit, die schon erwähnten Newsletter für Neuerscheinungen sowie allgemeine Apple-News zu abonnieren.

Im zweiten Schritt werden Apple ID und Passwort festgelegt.

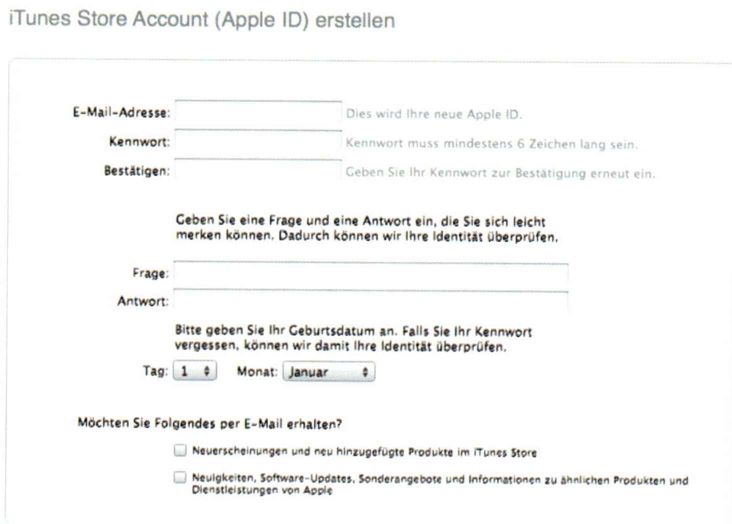

Danach heißt es dann Anschrift und – ganz wichtig – die Zahlungsmodalitäten abzuklären. Besitzen Sie eine Kreditkarte, müssen Sie deren Daten eintragen. Oder Sie nehmen *Click&Buy* in Anspruch, das als Bezahldienst das Lastschriftverfahren ermöglicht. Klicken Sie dann auf *Fertig*, wird Ihr *Account* eingerichtet und es stehen Ihnen ab sofort alle Möglichkeiten zum Kauf zur Verfügung. Sie merken dies auch daran, dass nun rechts oben statt des *Anmelden*-Buttons (Anmelden) ihre *Apple ID* (dmandl@mac.com) steht.

Möchten Sie später einmal Ihre Daten einsehen, so brauchen Sie nur in der Rubrik *Alles auf einen Klick* auf *Account* zu klicken und Sie können jederzeit Änderungen vornehmen. Wenn sich also Ihre Kreditkarten-Daten ändern, so betätigen Sie den Button *Zahlungsangaben bearbeiten* und aktualisieren die Nummer, mit einem Klick auf *Fertig* ist auch das für Sie erledigt.

Bewohner dieses Planeten, die noch keine Kreditkarte besitzen oder die für ein eigenes Konto noch zu jung sind, können dennoch im *iTunes Store* einkaufen: Und zwar über *Monatliche Geschenke*, E-Mail- bzw. druckbare *Geschenkgutscheine* oder *iTunes-Karten*. Die *iTunes-Karten* über 15, 25 oder 50 Euro können Sie direkt im *Apple Store* (`www.apple.com/de/thestore` bzw. `http://store.apple.com/de/browse/home/giftcards/itunes_cards`) oder bei ausgesuchten Apple-Händlern erwerben. Den 16-stelligen Code geben Sie dann im *iTunes Store* unter der Rubrik *Alles auf einen Klick | Einlösen* ein, so dass die Summe zum Einkauf freigegeben wird.

Damit es auch ja niemand übertreibt: Die iTunes-Karten verfügen über ein Budget zwischen 15, 25 und 50 Euro – ideal also für Kinder (und auch Eltern), die das Einteilen noch lernen sollen :-)

Ein ähnliches Vorgehen gilt bei den *monatlichen Geschenken* sowie bei den *Geschenkgutscheinen*, wobei Sie hier selbst als Käufer mit Ihrer *Apple ID* auftreten müssen. Bei Ersterem kaufen Sie sozusagen ein monatliches Budget (ähnlich einer Telefonkarte zum Abtelefonieren) zwischen 10 und 50 Euro, das der oder die Beschenkte dann einlösen kann. Wichtig ist hierbei, dass auch dieser über einen *Account* verfügen muss. Bei den *Geschenkgutscheinen* erwerben Sie dagegen einen richtigen Gutschein mit festgelegter Summe (ebenso zwischen 10 und 50 Euro), der dann als E-Mail oder als Papier-Ausdruck (auf dem eigenen Drucker) dem Empfänger ins Haus flattert. Mehr dazu können Sie ebenso in der Rubrik *Alles auf einen Klick | Mit iTunes schenken* nachlesen.

Das Einlösen geht leicht vonstatten: Entweder Sie erledigen dies in *iTunes* (Rubrik *Alles auf einen Klick*) bei *Einlösen*, oder – wenn der Empfänger per E-Mail benachrichtigt wurde – über *Jetzt einlösen*. Bei allen Varianten müssen Sie/oder der Empfänger den vorliegenden Code eingeben – der Betrag wird dann oben rechts neben Ihrer Account-ID eingeblendet ( ).

Virtuelles Shoppen per Mausklick

Wie schon weiter vorne erklärt, versteckt sich hinter jedem Eintrag oder Platten-Cover ein Link, der Sie weiter bringt. Klicken Sie nun auf ein Cover, so finden Sie auf der folgenden Seite eine Auflistung aller darauf befindlichen Titel, Albuminfos, etwaige Kundenbewertungen, die typische *Andere Hörer kauften auch*-Rubrik sowie – manchmal zumindest – so genannte *iTunes Essentials*. Letzteres sind – so drückt sich Apple vornehm aus – passende Musikempfehlungen der *iTunes Store*-Experten (wer das auch immer sein mag). Neben Titeln werden bei manchen Interpreten auch zusätzlich ein *Video* und/oder ein *Digital Booklet* angeboten, das es jedoch nur bei Kauf des gesamten Albums gibt. Letztere beiden erkennen Sie auf einen Blick an den Icons (für *Videos*, für *Digital Booklets*) neben den Titeln.

Alben mit Mehrwert – nicht alle Interpreten bieten jedoch Videos oder Booklets an.

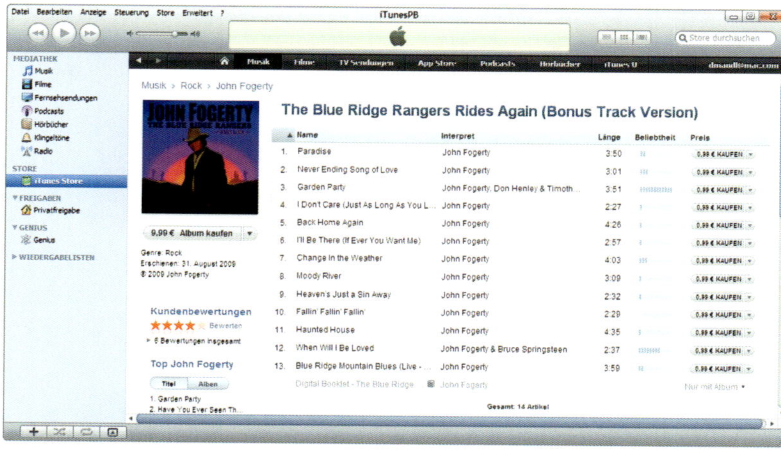

Ein weiteres Highlight im neuen *iTunes Store* mit der Versionsnummer 9 nennt sich *iTunes LP*, wobei das Kürzel »LP« wohl die gute alte Langspielplatte wieder zum Leben erwecken möchte. Und in der Tat: Es wird zwar kein haptisches Erlebnis geboten, doch erhält der Käufer Zusatzmaterial in Form von von Künstlern gestalteten Begleitinfos, animierten Songtetxen (während der Musikwiedergabe), Künstlerporträts mit Bildern und, und, und. Erkennbar ist ein Album mit *iTunes LP* sowohl am Logo als auch am eingeblendeten *LP*-Icon ( ).

Noch ist die Anzahl der iTunes LP-Alben gering, doch wird hinter den Kulissen sicherlich mit Kräften an einem Ausbau gearbeitet.

Doppelklicken Sie auf den Eintrag mit dem LP-Icon ( ), so können Sie wie bei einer Spielfilm-DVD aus verschiedenen Rubriken wie Song-Titel, Bilder, Hintergrundinfos oder Videos auswählen.

Wenn Sie ein Album mit *iTunes LP* über einen iPod touch, ein iPhone oder Apple TV erwerben, wird anfangs nur die Musik auf die Geräte geladen. Die Extras können Sie sich erst nachträglich beschaffen, wenn Sie über die Menüleiste *Store | Nach verfügbaren Downloads suchen* wählen. Das gilt im Übrigen auch für die Wiedergabe: *iTunes LP* können Sie nur am Mac oder PC genießen, wenn zum einen der Computer aktiviert wurde und zudem der Album-Titel von diesen Geräten aus auch in die Mediathek geladen wurde.

Das Geniale am virtuellen Shoppen im *iTunes Store* ist wirklich, dass man in jedes Album reinhören kann. Klicken Sie einen Musik-Titel doppelt an, so wird das Lied 30 Sekunden lang abgespielt. Ist zudem ein Video mit im Angebot, so lässt sich auch dieses einsehen, und zwar ebenso 30 Sekunden lang.

Fahren Sie mit der Maus über ein Cover, so wird unten rechts ein kleines *Info*-Symbol eingeblendet. Klicken Sie darauf, so erhalten Sie eine *Schnellübersicht* über den Inhalt. Auch dort können Sie in die Titel reinhören und auf Wunsch – wenn es denn gefällt – auf die zugehörige Albumseite mit den weiterführenden Informationen wechseln. Zum Ausblenden der *Schnellübersicht* brauchen Sie nur in den Schließen-Knopf oben links (×) zu klicken.

Zeit sparen mit der Schnellübersicht – an alles ist gedacht.

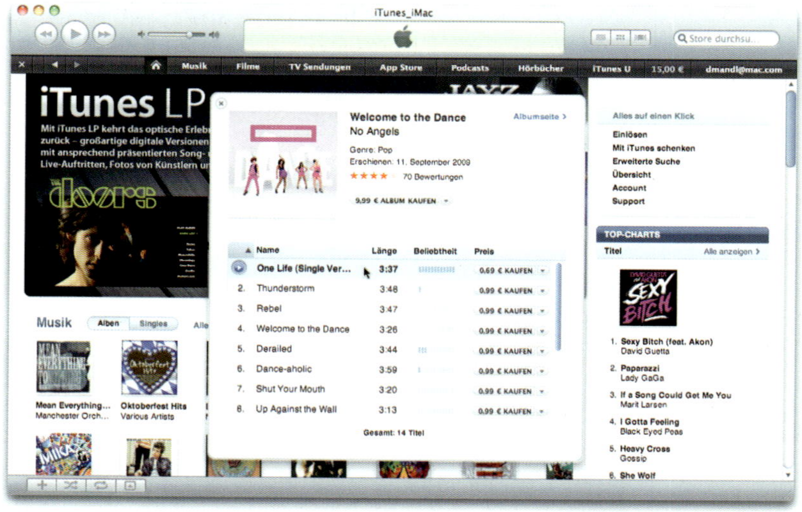

Gefällt Ihnen eine Hörprobe – egal ob Einzelsong oder ein ganzes Album –, doch Sie möchten vielleicht vor dem Kauf noch eine Nacht darüber schlafen, so lässt sich neuerdings direkt in *iTunes* eine *Wunschliste* anlegen. Dazu finden Sie jeweils neben den Buttons *Kaufen* bzw. *Album kaufen* ein kleines Popup-Menü (▾), das auf Klick hin weitere Optionen anbietet – unter anderem eben besagte *Wunschliste.* Wird nun ein Lied oder ein Album in diese Wunschliste gelegt, so kann diese später über Ihre angemeldete *Apple ID* (die ebenso ein Popup-Menü anbietet) aufgerufen werden.

Sowohl einzelne Lieder als auch ganze Alben lassen sich in die Wunschliste aufnehmen.

Die Wunschliste erreichen Sie schnell über Ihre Apple ID.

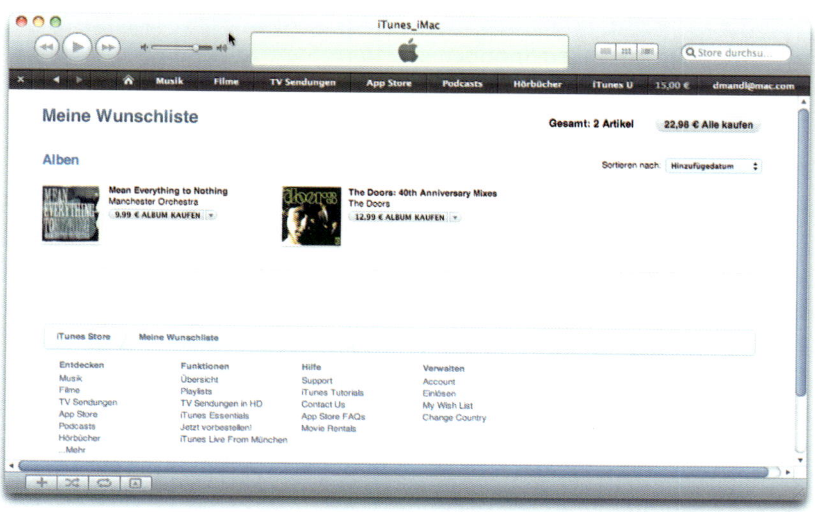

Möchten Sie Titel wieder aus der Wunschliste entfernen, so fahren Sie wieder mit dem Mauszeiger über das Cover und klicken Sie dann links oben auf das kleine *Löschen*-Symbol (×).

Zum Einkaufen standen bislang zwei Modelle parat: Der *1-Click-Einkauf*, bei dem die Lieder sofort geladen wurden, sowie der »Einkaufswagen«, in dem die Alben und Lieder erst gesammelt wurden, ehe Sie auf Bestätigung hin auf dem Rechner landeten. Letzterer wurde im Zuge der Store-Aktualisierung gestrichen und durch die neu hinzugekommene *Wunschliste* ersetzt. Mit anderen Worten: Klicken Sie auf *Kaufen* bei Einzeltiteln bzw. *Album kaufen*, so wird es ernst.

Nach einer Kaufentscheidung wird das Kennwort abgefragt und noch einmal vorsichtig nachgehakt, ob man denn wirklich diesen oder jenen Titel erwerben möchte. Bestätigt man wiederum mit *Kaufen*, so beginnt automatisch der Ladevorgang – ersichtlich auch in der Quellen-Liste am neu hinzugekommenen *Downloads*-Eintrag (Downloads 18). Alle geladenen Titel landen nun automatisch in Ihrer *Musik-Mediathek*. Gleichzeitig finden Sie alle Titel und Alben auch in der *Einkäufe-Wiedergabeliste* (Einkäufe) im *Store*. Wie in *Wiedergabelisten* üblich, handelt es sich hierbei nur um Verlinkungen – Sie können also die Stücke ruhigen Gewissen dort herauslöschen, falls die Liste zu lang wird (die Originale liegen weiterhin in Ihrer *Mediathek*).

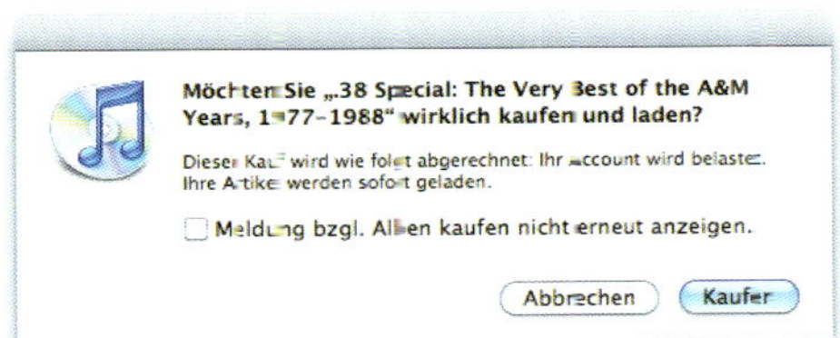

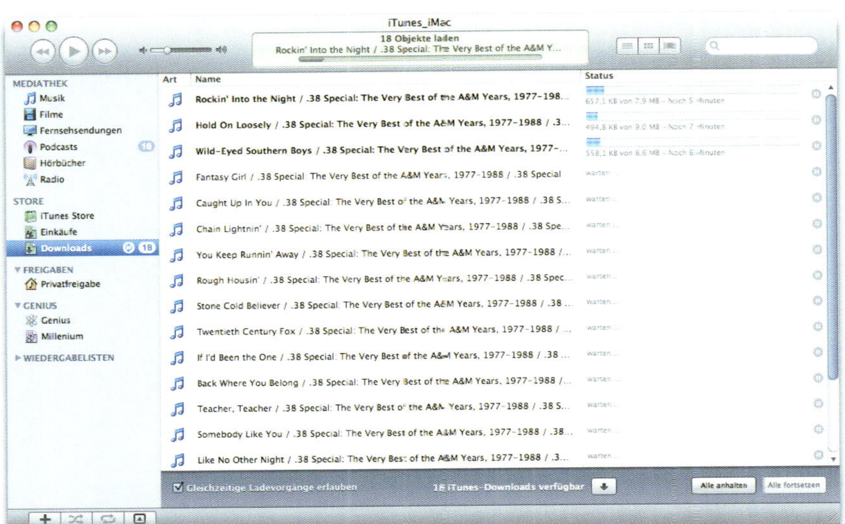

Der ganz normale Einkauf: Zuerst weisen Sie sich über Ihre Apple ID sowie den Passwort aus. Nach einer wiederholten Nachfrage, ob das denn wirklich ernst gemeint ist (man könnte ja auch aus Versehen auf die Tastatur fallen und dabei den Kaufvorgang einleiten) beginnt der Ladezyklus.

Die zuletzt geladenen Musik-Titel landen automatisch in der »Einkäufe«-Liste.

Sobald die Daten auf der Festplatte liegen, bedankt sich Apple artig für den Einkauf (und schickt bereits am nächsten Tag die Rechnung per E-Mail), regt aber auch gleich an, dass Sie eine Sicherheitskopie brennen sollten. Das lässt sich aber auch später noch nachholen. Zudem werden natürlich die *Cover* heruntergeladen und die Titel auf die *unterbrechungsfreie Wiedergabe* kontrolliert. Damit ist alles für Sie erledigt und Sie können nun ein kleines Päuschen einlegen, um Ihre Musik auch anzuhören.

Die Rechnung, bitte. Nach dem Kauf-Erlebnis folgt ganz schnell die Ernüchterung ...

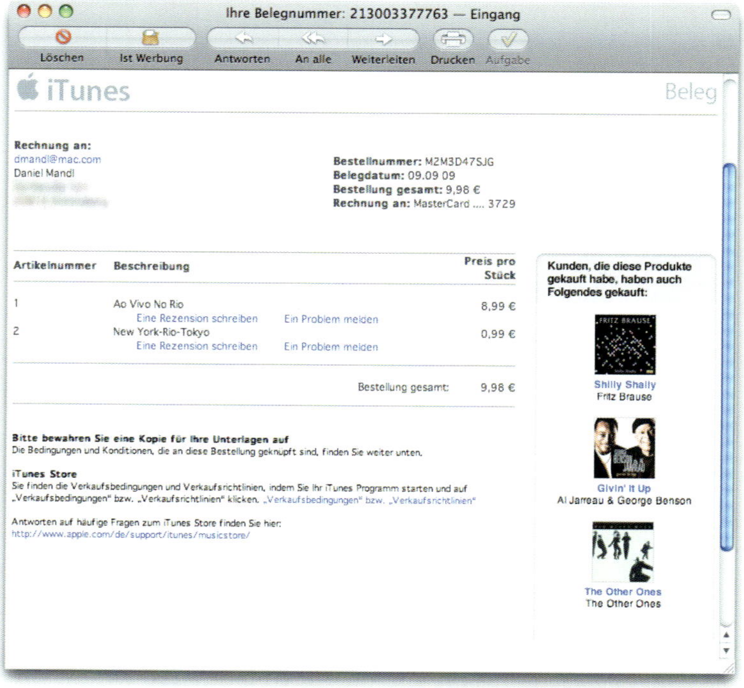

In seltenen Fällen kann es durchaus vorkommen, dass beim Laden der Musik-Daten der Wurm drin ist. Man erhält eine Fehlermeldung, die einem zwar keine Erklärung bietet, doch zumindest den Schweiß auf die Stirn treibt. Doch noch ist Holland nicht in Not. In der Liste *Status* werden jene Daten aufgeführt, die es nicht auf Ihren Rechner geschafft haben. Ganz rechts befindet sich zudem neben dem oder den Titeln ein Symbol ( ), mit dem Sie einen erneuten Ladevorgang anstoßen können. Das Gleiche funktioniert auch, indem Sie über die Menüleiste *Store* den Befehl *Nach verfügbaren Downloads suchen* aufrufen. Damit wird wieder der Kontakt zum *iTunes Store* hergestellt und die verbleibenden Daten werden auf den Rechner transferiert.

Klappt der Download dennoch nicht bzw. haben Sie größere Probleme mit einem Artikel, so können Sie zum einen auf der Apple-Support-Webseite (`www.apple.com/de/support/itunes/`) nach Antworten suchen. Das bietet sich unter anderem an, wenn Sie Fehlermeldungen mit einer Nummer (etwa Fehler -39 oder -3221) erhalten. Das können banale Ursachen wie beispielsweise eine nicht korrekte Datums- und Uhrzeitangabe auf Ihrem Mac/PC sein, aber auch auf tiefer gehende Probleme wie eine defekte Netzwerkinstallation oder eine fehlerhafte Firewall hindeuten. Finden Sie dort keine hilfreiche Antwort auf Ihre Frage, so lässt sich auch über den *iTunes Store* direkt Kontakt aufnehmen. In Ihren *Account*-Daten (im *iTunes Store* in der Rubrik *Alles auf einen Klick | Account* oder über die Menüleiste *Store | Meinen Account anzeigen*) finden Sie den Button *Einkaufsstatistik*, der auf Klick hin Ihre letzten Käufe auflistet. Am Ende der Seite finden Sie dort den Knopf *Ein Problem melden*, der Sie wiederum eine Seite weiter bringt. Direkt neben den Titeln taucht jetzt eben genannter Eintrag auf. Neben jenem Titel, der Probleme bereitet, sollten Sie nun auf *Ein Problem melden* klicken und im erscheinenden Dialog eine genaue Fehlerbeschreibung abgeben. Im Idealfall meldet sich daraufhin ein Store-Mitarbeiter und bietet eine Lösung mit ausführlicher Erläuterung an. Üblicherweise finden Sie dann (nach Überprüfung des Sachverhalts) über das *Store*-Menü und dem Befehl *Nach verfügbaren Downloads suchen* die korrekten Dateien.

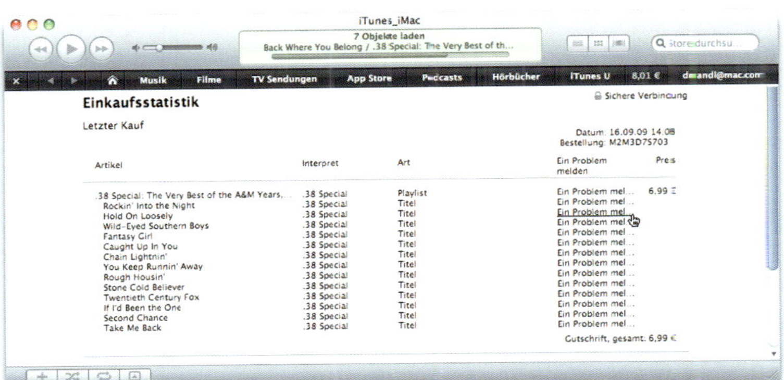

Auch innerhalb Ihres Accounts bzw. der Einkaufsstatistik lassen sich Probleme melden.

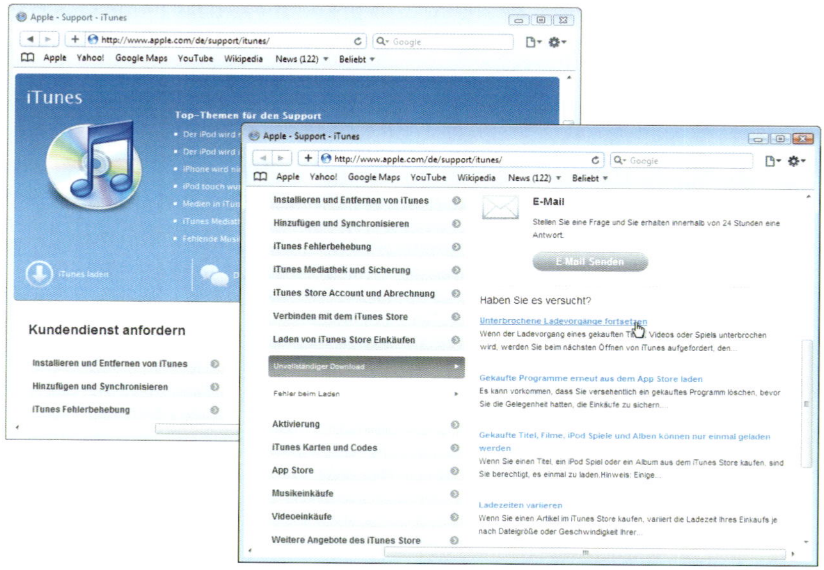

Apple bietet auf seinen iTunes-Support-Webseiten umfangreiche Lösungsvorschläge für bekannte Probleme.

Nach dem Kauf sollten Sie noch aus Ihren Alben neue Wiedergabelisten erstellen, damit Sie in *iTunes* auch weiterhin Ihre Ordnung behalten. Klicken Sie hierzu am besten Ihre *Einkäufe*-Wiedergabeliste an, markieren Sie die zusammengehörenden Titel eines Albums und wählen Sie dann aus dem *Ablage-/Datei*-Menü den Befehl *Neue Wiedergabeliste von Auswahl* (⌘-⇧-N/Strg-⇧-N). Bei Einzel-Titeln müssen Sie noch einen Namen vergeben, bei einem vollständigen Album wird der Name gleich korrekt eingetragen.

Aufgrund des bislang eingesetzten Kopierschutzes gestattete es Ihnen Apple, dass Sie die im *iTunes Store* gekaufte Musik auf bis zu fünf Computern (Mac oder PC) abspielen. Der Rechner, auf dem die Musik gekauft wurde, zählte selbstverständlich mit dazu. Kopierten Sie nun Ihre erworbenen Songs auf einen weiteren Rechner, so mussten Sie diesen erst über *Apple ID* sowie Ihr *Passwort* aktivieren (*Store*-Menü | *Computer aktivieren*). Im Falle des Verkaufs Ihres alten Rechners oder bei Neuinstallation Ihres Betriebssystems sollten Sie diesen *Account* auch wieder deaktivieren. Dies erledigen Sie über die Menüleiste *Store* und dem Befehl *Account auf diesem Computer deaktivieren*. Über die erneute Eingabe von *Apple ID* und *Passwort* wird der Rechner abgemeldet – ein Abspielen Ihrer *Store*-Musik ist danach nicht mehr möglich.

Mittlerweile haben sich Apple und die großen Musik-Labels auf einen Kopierschutz-freien Verkauf sowie einer zusätzlich besseren Qualität (statt AAC 128kBit/s nunmehr AAC 256 kBit/s) geeinigt, wobei Letzteres aber auch eine erhöhte Datenmenge beim Download mit sich bringt. Das heißt mit anderen Worten, dass eine Aktivierung des Computers als solches nicht mehr nötig ist – es sei denn, Sie erwerben auch Filme (kommt noch), denn da gilt nachwievor ein strenges Reglement.

Gehören Sie schon seit einigen Jahren zum Kreis der fleißigen *iTunes*-Konsumierer, so können Sie alte Lieder, die noch ein DRM aufweisen, nachträglich freischalten. In der Rubrik *Alles auf einen Klick* finden Sie daher den Unterpunkt *iTunes Plus*. Mit Klick darauf werden all Ihre bislang getätigten Käufe (Alben, einzelne Songs sowie Musik-Videos) aufgeführt, die noch zu DRM-Zeiten angeschafft und nun in einer Kopierschutz-freien Version vorliegen. Das Freischalten kostet allerdings (30 Cent pro Titel, 60 Cent pro Video und 30 Prozent des Albumpreises) und daher stellt sich die Frage des Jahres, ob Ihnen diese Option der Mehrpreis wert (geschweige denn gerechtfertigt) ist.

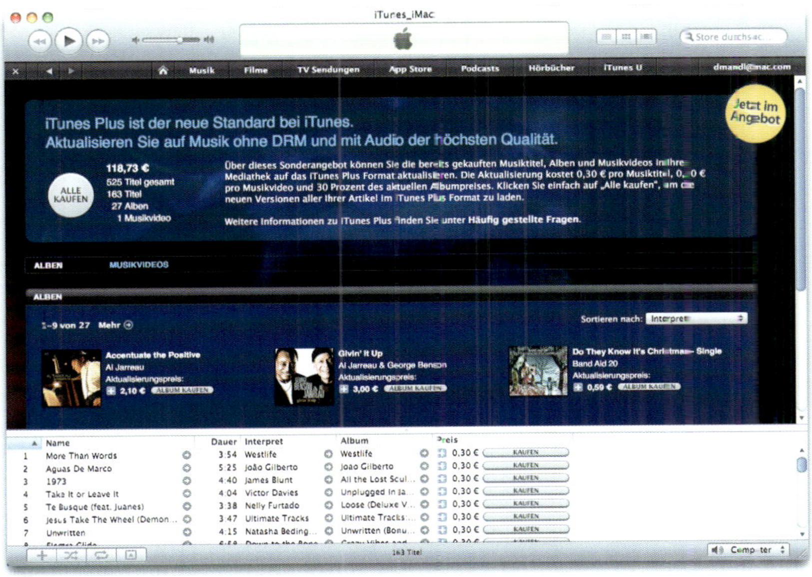

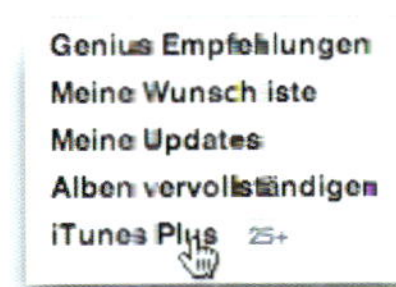

iTunes kennt sich aus: Alle Medien werden aufgeführt, die freigeschaltet und in höherer Qualität aktualisiert werden können. Mit der Zeit kommt da allerdings ein ganz schönes Sümmchen zusammen ...

Musikvideos im iTunes Store

Schon seit geraumer Zeit bietet der *iTunes Store* auch *Musikvideos* an, zu denen es ebenso Hör- bzw. Sehproben gibt. Diese finden Sie entweder beim Durchstöbern einzelner Musik-Alben als Zusatzangebot (erkennbar am dazugehörigen Icon) oder direkt, indem Sie über die oben stehende Rubrik *Musik* und dort über das Popup-Menü den entsprechenden Eintrag *Musikvideos* wählen. Dort wird Ihnen ein umfassendes Angebot offeriert.

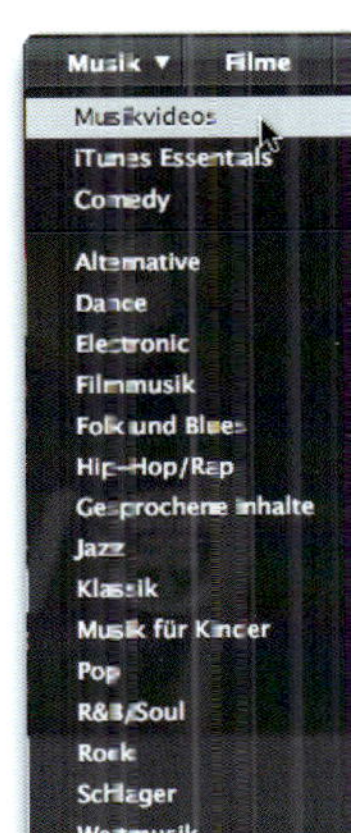

Ist ein Video in Sicht, das Ihnen zusagt, so klicken Sie entweder auf die *Vorschau*-Abbildung, um eine Seite weiter geleitet zu werden. Dort finden Sie wieder die Benutzer-Rezensionen, die von komisch über sachlich bis hin zu ausfällig reichen, aber dennoch oft lesenswert sind. Oder Sie wählen wieder die Schnellübersicht, indem Sie auf das kleine *Play*-Symbol (▸) klicken, das beim Überfahren des Covers mit der Maus erscheint.

Da kann schon mal ein Abend rumgehen, wenn man sich fasziniert durch die vielen Musikvideos klickt.

Wenn Sie sich besonders für einen Künstler interessieren, können Sie sich in ein so genanntes *Interpreten-Update* eintragen lassen. Auf diese Weise werden Sie per E-Mail mit News zu diesem Künstler versorgt. Dieses Feature finden Sie meist unten stehend über den Eintrag *Interpreten-Update*. Dazu müssen Sie wie eh und je Ihre *Apple ID* sowie das zugehörige *Passwort* eingeben. Nach einer erneuten Anfrage, ob Sie das auch wirklich wollen, wird dieser Interpret gespeichert und Sie können sich künftig auf E-Mails freuen. Möchten Sie später Ihre Entscheidung wieder rückgängig machen, so finden Sie über Ihren *Account* den Punkt *Meine Updates verwalten*. Darüber lassen sich nun einzelne oder alle Einträge löschen (nicht vergessen: auf *Änderungen sichern* klicken) und Ihr E-Mail-Postfach wird wieder ein wenig entlastet.

Möchten Sie zu bestimmten Künstlern auf dem Laufenden bleiben, so wählen Sie das »Interpreten-Update«. Über Ihren Account und dort unter »Meine Updates verwalten« lassen sich diese dann auch wieder entfernen.

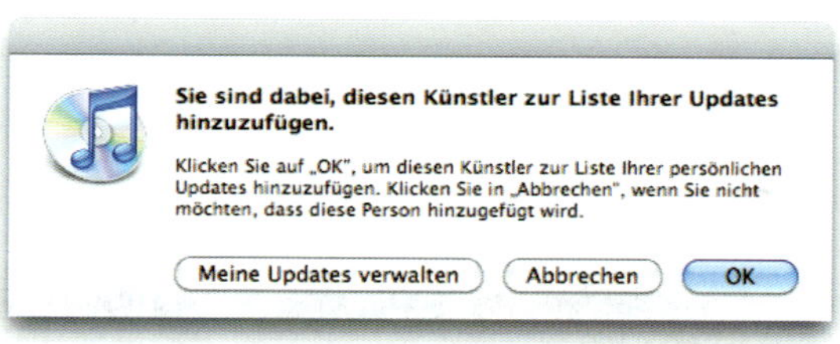

Zum Ansehen eines Videos müssen Sie nur auf den vorgesehenen Button *Vorschau* benutzen. Nach wenigen Sekunden wird das Video eingeblendet und Sie können sich ein Bild davon machen, was Sie wohl erwartet.

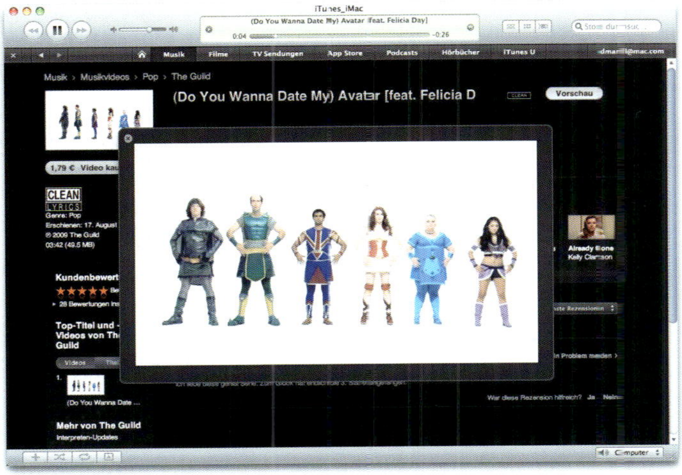

Zum Einschätzen der Qualität stehen Ihnen 30 Sekunden Zeit zur Verfügung.

Achten sollten Sie vielleicht noch auf die Spiel-Länge sowie den Daten-Umfang, die Sie direkt unterhalb des Vorschau-Bildes ablesen können. Spätestens dort sollten sich Modem- und ISDN-Nutzer überlegen, ob diese Form des Herunterladens nicht zu mühsam wird.

Über *Video kaufen* wird das Video dann geladen und Sie finden Ihr Schmuckstück in der *Musik-Mediathek* (und nicht in der *Filme*-Liste, wie Sie es vielleicht erwartet hätten). Zudem wird in der Rubrik *Wiedergabelisten* eine *intelligente Wiedergabeliste* namens *Musikvideos* angelegt, die als Kriterium den Eintrag »*Medienart*« »*ist*« »*Musikvideo*« aufweist.

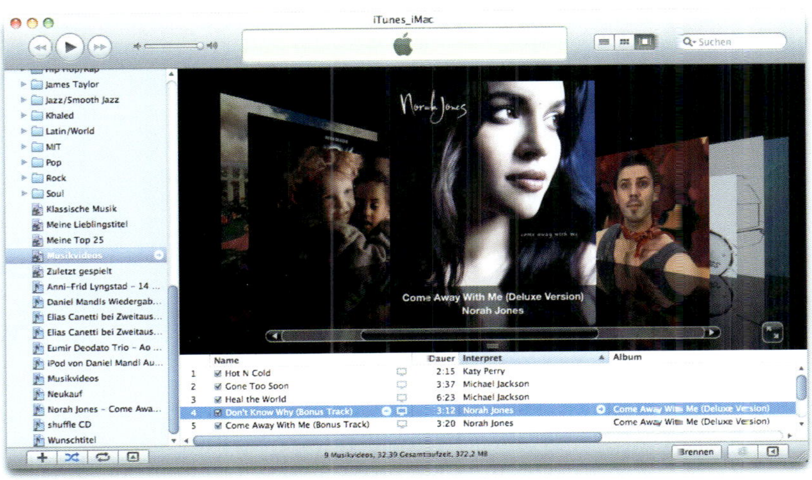

Zum Abspielen der Videos brauchen Sie diese nur doppelklicken – je nach Einrichtung der »iTunes-Einstellungen« (Rubrik »Wiedergabe | Musikvideos abspielen«) starten dann die Filme in der entsprechenden Größe.

Apple weist im Übrigen darauf hin, dass sich Musikvideos und Filme im Allgemeinen, die auf CD/DVD gebrannt werden, nicht über einen herkömmlichen DVD-Player wiedergegeben werden können. Es bleibt Ihnen also nichts weiter übrig, als eine Daten-CD oder -DVD (zumindest als Sicherheitskopie) anzufertigen. Wird danach die CD/DVD ins Laufwerk geschoben, so startet sie in *iTunes*. Die Daten darauf können nun in *iTunes* oder auch mit dem *QuickTime-Player* abgespielt werden.

Das Übertragen der *Musikvideos* auf iPod, iPhone oder AppleTV zeigen wir ein wenig später, wenn wir uns diesem Thema widmen.

Die Videothek ist Tag und Nacht geöffnet

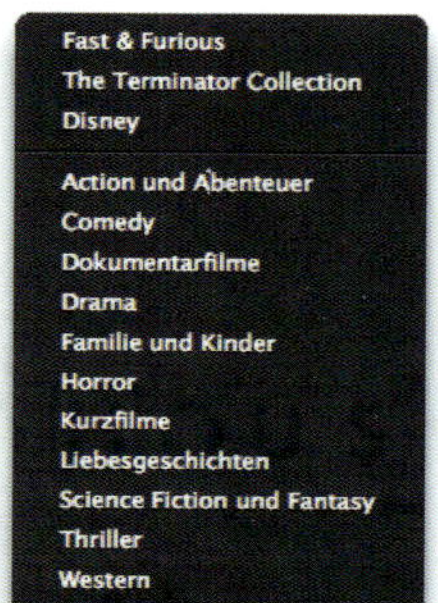

Nachdem Europa doch geraume Zeit warten musste, ist es nun endlich so weit: Auch *Filme* sind nun im Angebot des *iTunes-Store* – und zwar sowohl zum Kauf als auch zum Verleih. Und somit ist auch lang andauernde Ära der bislang sieben Pixar-Kurzfilme vorbei, die zwar nach wie vor toll animiert sind, aber nach drei Mal ansehen auch langweilig werden dürften. Der *Store* begann mit etwa 500 Filmen, das Angebot wird jedoch kräftig ausgebaut. Zu finden sind nunmehr die üblichen *Top-Charts (Filme gekauft* sowie *Filme geliehen)*, aus denen man sich schon einmal die ersten Anregungen holen kann. Weiterhin lässt sich hervorragend nach Genres wie Comedy, Action und Abenteuer, Dokumentarfilme usw. seine Suche einschränken.

Das Filme-Paradies ist eröffnet.

Wenn Sie nun also Lust auf einen geruhsamen Filme-Abend bekommen haben, so suchen Sie sich Ihr Wunschvideo und klicken auf *Film leihen*. Sind Sie noch nicht im *iTunes Store* angemeldet, so müssen Sie sich wieder mit Apple-ID und Passwort identifizieren und los geht's mit dem Download.

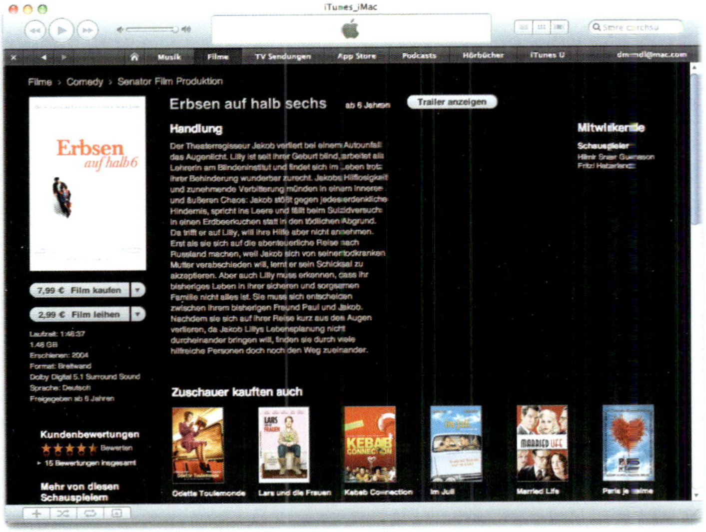

Bei allen angebotenen Filmen erhalten Sie Möglichkeit, über »Trailer anzeigen« eine Vorschau anzusehen. Sind Sie sich sicher, dass der ausgesuchte Film der aktuellen Stimmungslage entspricht, so klicken Sie auf »Film leihen«.

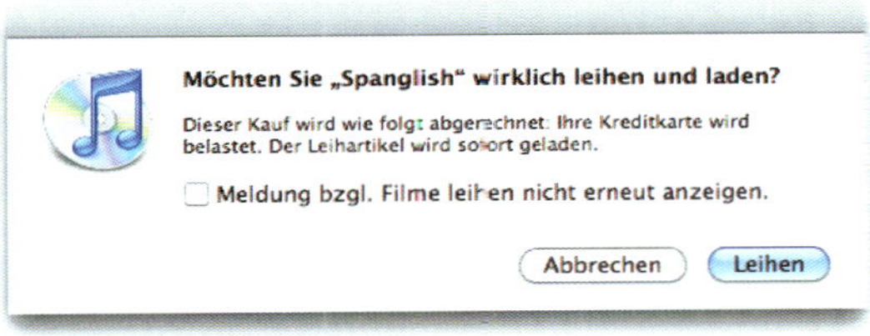

Nach der Identifizierung über Apple-ID und Passwort fragt Apple zur Sicherheit noch einmal nach, ob Sie den Film auch wirklich leihen möchten.

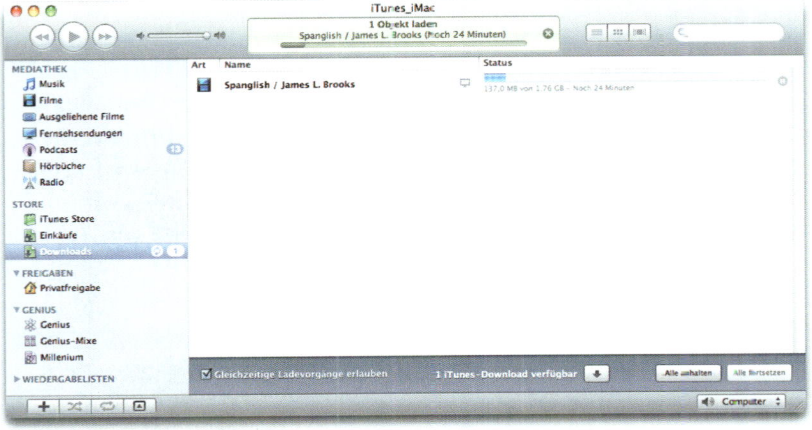

Der Download beginnt – hoffentlich mit einer schnellen DSL-Leitung im Rücken, denn im Gigabyte-Bereich sind andere Techniken wie Modem und ISDN hoffnungslos überfordert.

Apple ist, was das Thema »Filme« angeht, ziemlich rigide, denn dort besteht immer noch ein Kopierschutz. Sie müssen daher Ihren Computer zum Ausleihen aktivieren. Ist das noch nicht geschehen, so werden Sie automatisch mit einem Dialog konfrontiert. Dann heißt es also die Menüleiste *Store* anzusteuern und darüber den Befehl *Computer aktivieren* zu wählen. Erst danach erfolgt die Erlaubnis zum Leihen von Filmen.

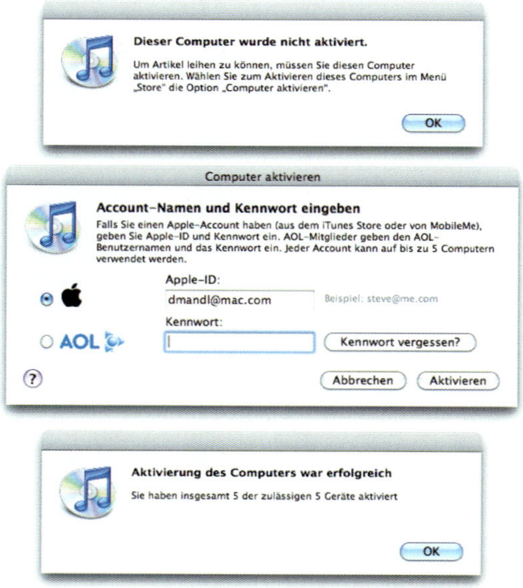

Bei nicht-aktiviertem Computer geht gar nichts. Befolgen Sie also Apples Wunsch (»Store | Computer aktivieren«) und klicken Sie dann erneut auf »Film leihen«. Nach einer Aktivierung erhalten Sie zudem eine Meldung, wie viele Computer bereits freigeschaltet sind.

Es lassen sich ingesamt fünf Computer (Mac oder Windows oder beides) gemeinsam aktivieren. Kommt ein Sechster hinzu (etwa weil Ihre Familie so groß ist oder Sie einfach zu viel Geld haben), dann muss zuvor ein Rechner wieder abgemeldet werden (Menü *Store* | *Account auf diesem Computer deaktivieren*). Apple ist jedoch einmal im Jahr großzügig und erlaubt es Ihnen, alle Rechner auf einmal zu deaktivieren (weil Sie beispielsweise zwei Rechner nicht mehr besitzen und bei diesen die Abmeldung schlicht vergaßen). Diese Prozedur erledigen Sie direkt über den *iTunes Store* | Liste *Alles auf einen Klick* | *Account*. Ist der Dialog aufgerufen, so finden Sie dort den Punkt *Computeraktivierungen*, der bei fünf aktivierten Rechnern einen *Alle deaktivieren*-Button aufweist. iPod und iPhone zählen im Übrigen nicht als Computer und brauchen deshalb auch nicht aktiviert werden.

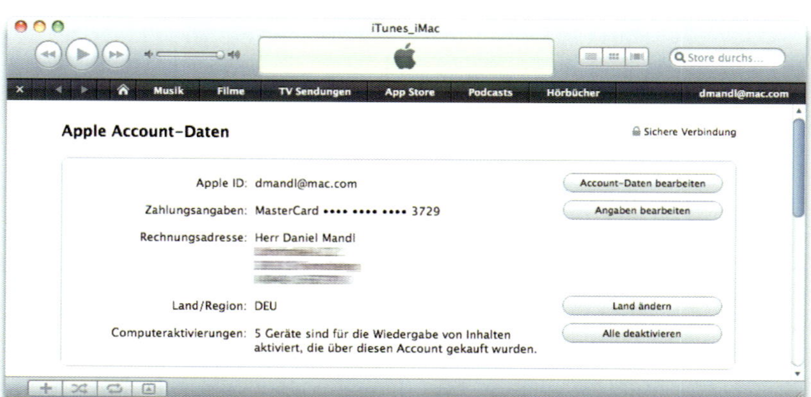

Wenn Sie mit der Vielzahl an aktivierten Computer einmal durcheinander kommen sollten, so können Sie sich über »Alle deaktivieren« wieder Klarheit verschaffen.

Als Voraussetzung zum Ausleihen behalten Sie bitte immer folgende Konditionen im Hinterkopf: Die Filme lassen sich grundsätzlich 30 Tage lang leihen. Sobald sich der Film nun auf Ihrer Festplatte befindet und Sie auf *Wiedergabe* klicken, beginnt die virtuelle Uhr zu ticken und Sie haben 48 Stunden Zeit, den Film fertig anzuschauen. In dieser Zeit können Sie den Film so oft ansehen, wie Sie möchten, doch nach Ablauf der Frist ist Schluss mit Lustig und der Film verschwindet aus Ihrer *iTunes-Mediathek*. Den Film können Sie weiterhin über Ihren Rechner auch auf Ihren iPod (touch, classic, nano) oder Ihr iPhone laden oder per Apple TV direkt auf den Fernseher übertragen – nach dem Transfer verschwindet der Film jedoch vom Rechner. Mit anderen Worten: Der Film befindet sich immer nur auf einem Gerät – sobald Sie ihn verschieben, verschwindet er aus der ursprünglichen Mediathek. Und noch etwas: Filme, die Sie direkt über Apple TV ausleihen, lassen sich nur darüber abspielen – ein Weitergeben an andere Geräte ist in diesem Fall nicht möglich. Apple gibt zudem den Hinweis, dass über diesen Weg die bestmögliche Videoqualität (HD-Qualität) erreicht wird.

Zum Anschluss Ihres iPod an ein Fernsehgerät gibt es verschiedene Kabel, die käuflich erworben werden können.

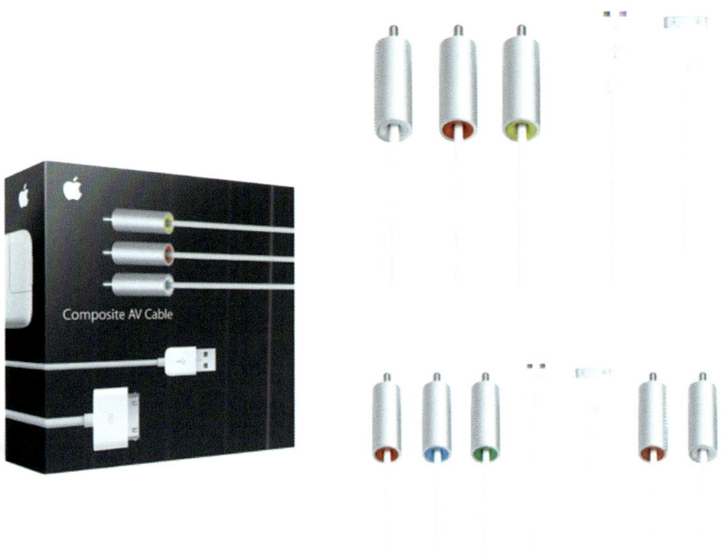

Über die Kabel verbinden Sie den iPod und Ihr Fernsehgerät. Hierbei stehen die zwei Versionen »Komponentenvideo« (für die Anschlüsse Y, Pb und Pr und den roten/weißen analogen Audioanschluss) und »Composite-Video« (Composite-Videoanschlüsse und den roten/weißen analogen Audioanschluss) zur Verfügung.

Ist der Ladevorgang beendet, so finden Sie Ihren Film in der Quellen-Liste unter der Rubrik *Ausgeliehene Filme* (Ausgeliehene Filme) – mit Cover, erklärendem Text sowie rechts oben der Zeituhr, die Sie stets auf dem Laufenden hält, wie es um Ihren Filmgenuss bestellt ist.

Die Rubrik »Ausgeliehene Filme«: Über »Weitere Infos« lässt sich (meist) eine ausführliche Kurzbeschreibung über den Film-Inhalt öffnen.

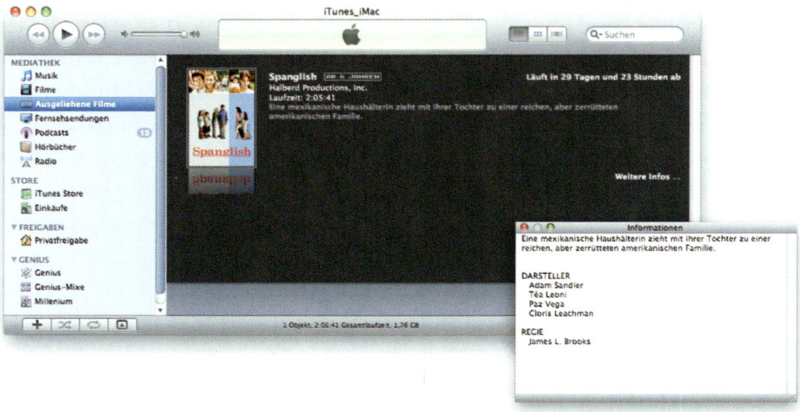

Der Kauf eines Filmes spielt sich im Großen und Ganzen genauso ab: Sie suchen sich Ihren Wunsch-Film, schauen bitte unbedingt den *Trailer* an (damit Sie auch wissen, was auf Sie zukommt) und klicken dann auf *Film kaufen*.

Das Komplizierteste am Shoppen ist immer das Entscheiden. Danach heißt es sich zuerst auszuweisen, ehe der Download beginnt.

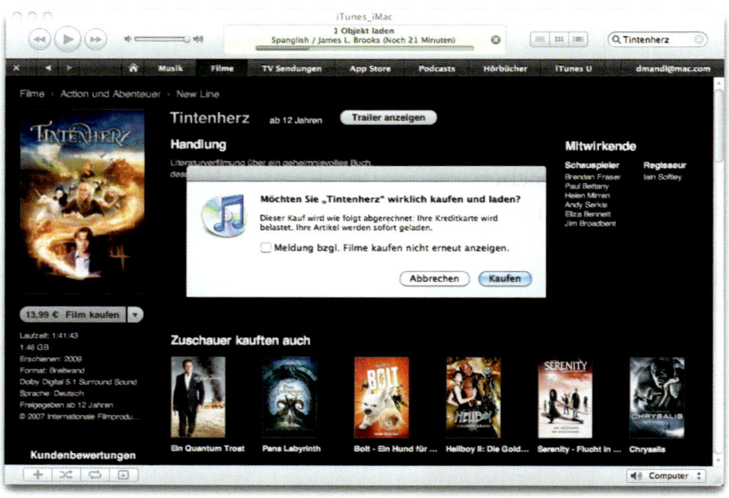

Nach einigen Minuten Wartezeit liegt dann der Film unbeschadet in der Abteilung »Filme«.

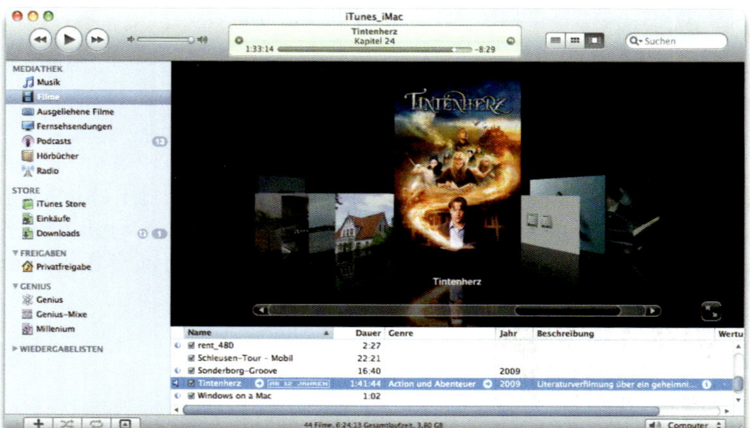

Wenn Sie nun vergeblich nach Filmen im *HD*-Format (bei Apple jedoch bislang nur bis 720p) suchen, so hat das seinen Grund. Zum einen stehen HD-Filme nur beim Kauf über *Apple TV* zur Verfügung, so dass Sie hier die beste Qualität erwerben können. Diese Filme lassen sich jedoch nicht auf den Mac/PC übertragen, sondern lassen sich ausschließlich über *Apple TV* wiedergeben. Wenn Sie dennoch auf HD-Qualität bestehen, so müssen Sie sich in die Rubrik TV-Sendungen begeben. Dort lässt sich manche Staffel/Sendung entweder in *Standard Definition* oder in *High Definition* kaufen – jedoch mit dem klitzekleinen Unterschied, dass Letztere wesentlich teurer sind.

Was sich bei Musik-Alben als überlegenswerter Zusatz *iTunes LP* nennt, heißt bei Filmen *iTunes Extras*. Auch in diesem Fall wird Mehrwert in Form von Film-Fotos, Interviews, nicht verwendeten Szenen oder ein Make of geboten. Diese Art der Präsentation erkennen Sie ebenso wieder am zugehörigen Logo (siehe Seitenleiste) sowie am -Symbol. Auch hier gilt das Gleiche wie bei *iTunes LP*: Die Zusatz-Informationen können nur am Computer wiedergegeben werden. Dazu müssen Sie das -Symbol doppelklicken, um das Hauptmenü zu öffnen.

So viel also zur Bequemlichkeit des virtuellen Shoppens. Aber jetzt kommt's ganz dicke: Obwohl der Film Ihr Eigentum ist, können Sie diesen nicht auf eine DVD brennen, um ihn beispielsweise am heimischen DVD-Player anzusehen (eine reine Sicherungskopie ist möglich, aber eben nur als Daten-DVD). Ein Abspielen ist daher nur über *iTunes*, *Apple TV* oder einen *iPod* (der natürlich videotauglich sein muss) möglich. Schuld daran ist (neben Apple und den entsprechenden Film-Konzernen) das Format, denn der Film wird als geschützte MPEG-4 Videodatei auf den Rechner geladen, die ein Vervielfältigen als Video-DVD sowie ein Umkonvertieren in ein anderes Format verhindert. Auch das Abspielen auf verschiedenen Rechnern gelingt nur, wenn diese zuvor auf den Benutzer-Account des Käufers aktiviert werden. Das geschieht automatisch, wenn Sie den Film das erste Mal ansehen möchten.

Das Betrachten selbst ist dann ein Kinderspiel – entweder im *iTunes*-Fenster oder Bildschirmfüllend. Bewegen Sie Ihren Mauszeiger, so taucht wieder eine Navigationsleiste auf, über die Sie zum einen die Sprache wählen als auch über den direkten Weg die diversen Kapitel anspringen können.

Auf Wunsch stehen verschiedene Möglichkeiten zum Navigieren parat.

Das Ergebnis lässt sich dann entweder direkt in »iTunes« oder Bildschirmfüllend bewundern.

Mehr über den Transfer von Filmen auf iPod, iPhone & Co finden Sie weiter hinten im Buch.

TV-Sendungen… – damit's nicht langweilig wird

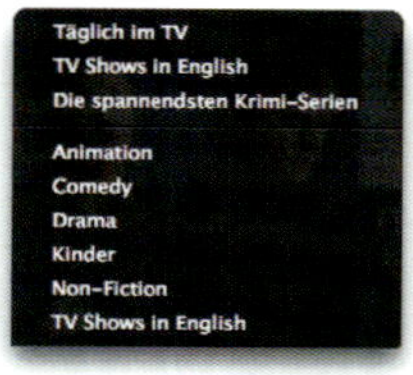

Die Rubrik *TV-Sendungen* wartet mit allerlei Shows und Folgen auf. Von »Wickie und die starken Männer« über »Der Bulle von Tölz« bis hin zu Schmonzetten á la »Rückschläge – Anna und die Liebe« ist wohl für alle Belange etwas dabei. Sie können dabei eine gesamte Staffel (bestehend aus mehreren Folgen) oder einzelne Episoden kaufen. Die Vorgehensweise zum Erwerb ist wie üblich gleich geblieben.

Sendungen über Sendungen – Fernsehfreaks kommen hier voll und ganz auf ihre Kosten.

Klicken Sie auf ein Cover, so wird der besagte Titel mitsamt Inhaltsangabe, Kundenbewertungen und allerlei zusätzlichen Gimmicks angezeigt. Ein Doppelklick auf eine Folge startet wiederum die 30-sekündige Vorschau. Denken Sie dabei auch an die *iTunes-Einstellungen* | Rubrik *Wiedergabe*, über die Sie die Art und Weise der Präsentation (*im iTunes-Fenster*, *Bildschirmfüllend* etc.) bestimmen können.

Gefällt Ihnen die Auswahl und Sie sind sich auch ganz sicher, dass Sie hier zuschlagen wollen, dann klicken Sie wieder auf die entsprechenden Buttons *Staffel kaufen* bzw. *Kaufen* (bei einzelnen *Folgen*). Bitte denken Sie daran, dass die herunterzuladenden Dateien meist mehrere Hundert Megabyte bis zu einigen Gigabyte schwer sind und eine schnelle Datenleitung daher Pflicht ist. Den Verlauf des Ladens können Sie wieder im *Download*-Fenster beobachten und die Sendung schließlich und letztendlich in der Rubrik *Fernsehsendungen* (Fernsehsendungen) bewundern.

Zugegeben besticht unsere Fernseh-Abteilung mit dürftiger Ausstattung. Als passionierte Nicht-Fernseher wollen wir uns aber nicht zum Konsumieren verführen lassen.

Als Besonderheit weist der *iTunes Store* bei einigen TV-Sendungen den so genannten *Staffelpass* aus. Hierbei erwerben Sie sowohl aktuelle als auch künftige Folgen, die sofort nach Erscheinen auf Ihren Rechner geladen werden (im Zweifel können Sie auch immer selbst nachsehen, und zwar über die Menüleiste *Store* | *Nach verfügbaren Downloads suchen*). Weiterhin existiert auch ein *Multi-Pass*, über den Sie eine bestimmte Zahl an Episoden kaufen. Letztere bezieht sich dabei nicht auf Sendungen, die üblicherweise als Staffeln erscheinen. Von Interesse hierbei sind auch in den *iTunes-Einstellungen* | Rubrik *Store* die beiden Optionen *Automatisch nach verfügbaren Downloads suchen* sowie *Gekaufte Inhalte automatisch laden*, die genau auf diese Art des Sendungen-Kaufs zugeschnitten sind.

Auch bei TV-Sendungen gilt die Devise, dass Inhalte nicht als Video-DVD, sondern nur als Sicherheitskopie (*Ablage/Datei* | *Mediathek* | *Auf Sicherungsmedium sichern* bzw. *Sicherheitskopie auf Speichermedium*) gebrannt werden können.

Podcasts – Unterhaltung für die Massen

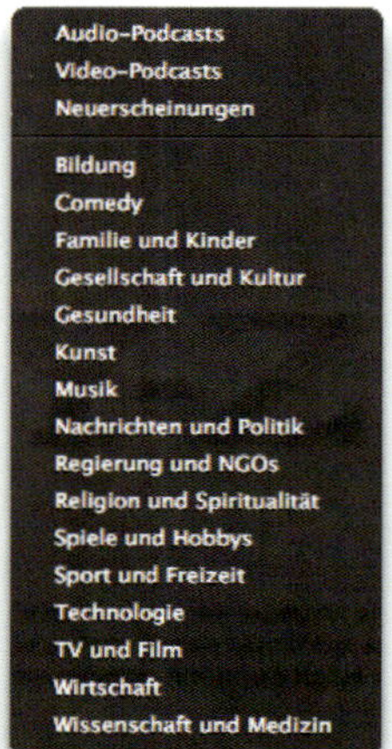

Die Welt ist Dank Internet & Co. kommunikativer geworden. Jeder möchte nun jedem alles mitteilen, ob es nun um Tipps zum Reinigen angebrannter Töpfe oder um das Meditieren auf zwei Fingern geht. Die »Offenheit« steht an erster Stelle und die Menschen reden sich um Kopf und Kragen. Fakt ist: *iTunes* hält auch in diesem Genre blendend mit und bietet Ihnen eine Auswahl aus zig Tausenden Podcasts an.

Podcasts sind im Grunde Audio-Dateien, die sowohl von Institutionen wie Medienhäusern als auch von Privatpersonen und kleineren Sendern zur Verfügung gestellt werden. Man könnte sie auch mit Radiosendungen der Neuzeit vergleichen, die auf der Festplatte landen und unabhängig von festgelegten Zeiten angehört werden können. Ein weiterer Vorteil: Diese Art der Unterhaltung ist kostenlos, was sich natürlich in den immens steigenden Download-Zahlen zeigt.

Der »iTunes Store« trumpft mit Tausenden von Podcasts auf.

Neben den reinen Audio-Podcasts gibt es auch *Video-Podcasts*, die zur auditiven Seite auch ein visuelles Erlebnis versprechen. Diese erkennen Sie am kleinen *Video*-Symbol ( ), das rechts neben dem Titelnamen in der Liste angezeigt wird. Die meisten Podcasts (Audio wie Video) bestehen zudem aus fortlaufenden Dokumentationen, welche als so genannte *Episoden* veröffentlicht werden.

Das Prozedere zum Herunterladen ist – typisch Apple – simpel und schnell zu erledigen. Am Anfang steht die Suche nach Ihren Wunsch-Kandidaten, die über *Kategorien*, die Eingabe eines Such-Begriffes oder über die Hauptseiten-Highlights (Neuerscheinungen, Tipps der Redaktion, Topaktuell etc.) erfolgt. Sie sollten auch immer einen Blick auf die *Top-Podcasts* werfen, also jene Beiträge, die am häufigsten geladen werden.

Einmal aufgerufen lassen sich nun entweder einzelne Episoden (*Episode holen*) laden, das Podcast insgesamt abonnieren (per Klick auf *Abonnieren*) oder direkt – über einen Doppelklick – in *iTunes* anhören bzw. ansehen.

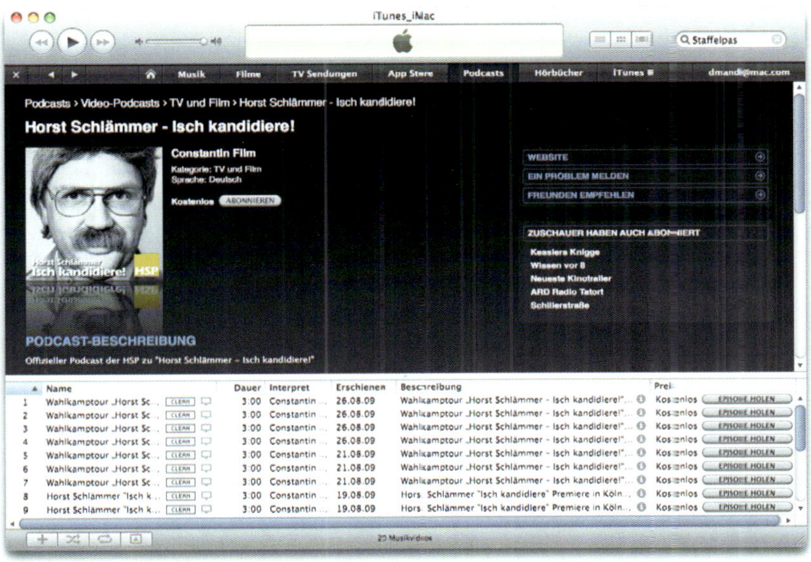

Die ganze Welt der Podcasts steht Ihnen kostenlos zur Verfügung.

Beim *Abonnieren* wird der Beitrag in der Abteilung *Podcasts* abgelegt und gleichzeitig die aktuelle *Episode* geladen. Hierzu müssen Sie sich allerdings zuerst einschreiben (*Abonnieren*). Nach dem Laden finden Sie dann Ihre Auswahl vor, wobei Sie frühere Episoden auch noch nachträglich laden (*Holen*) können – die künftigen *Podcasts* werden von nun an automatisch bezogen. Hierzu wird jedes Mal, wenn Sie mit dem Internet verbunden sind und *iTunes* geöffnet haben, der entsprechende Server abgefragt. Liegt eine neue Episode vor, so startet ganz von allein der Download, den Sie über die Liste *Geladene Dateien* nachvollziehen können.

Zuerst müssen Sie virtuell unterzeichnen, dass Sie den Podcast auch wirklich abonnieren möchten.

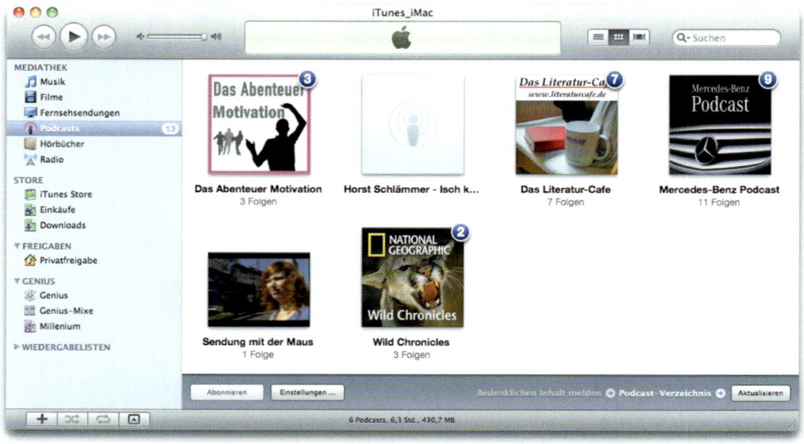

Die einzelnen Podcasts stehen zur Begutachtung bereit. Beiträge, die noch nicht angesehen wurden, werden mit einem blauen Punkt (●) bzw. der Anzahl dieser Beiträge – je nach Art der Darstellung – hervorgehoben.

Möchten Sie ein Abonnement wieder beenden, so markieren Sie die jeweilige Sendung und klicken auf den unten stehenden *Abo beenden*-Knopf – die Sache ist somit für Sie erledigt. Auch das Löschen ist simpel, indem Sie bei markiertem Podcast einfach die *Entfernen*-Taste betätigen – nach einer weiteren Bestätigung ist dieses gelöscht.

Neben dem *Abo beenden*-Knopf finden Sie noch den Punkt *Einstellungen*. In diesem Dialog steuern Sie letztlich, wann nach neuen Episoden gesucht werden soll, welche geladen und wie viele davon erhalten bleiben sollen. Je nach den definierten Einstellungen wird nun *iTunes* tätig.

Die »Podcast-Einstellungen« sorgen für einen reibungslosen Nachschub.

Die »Hörbuch«-Abteilung

In Zusammenarbeit mit dem Hörbuch-Downloadanbieter *Audible* hat Apple einen zuverlässigen Partner, der über eine umfangreiche Sammlung an Hörbüchern, Audiomagazinen und gesprochenen Zeitungs- und Zeitschriftenartikeln aus den verschiedensten Themen-Gebieten verfügt. Unterteilt in zig Kategorien wie beispielsweise *Belletristik*, *Comedy*, *Sprachen*, *Ratgeber*, *Sprecher und Erzähler* und vieles weitere mehr lässt sich dort hervorragend stöbern und dabei auch Neues entdecken.

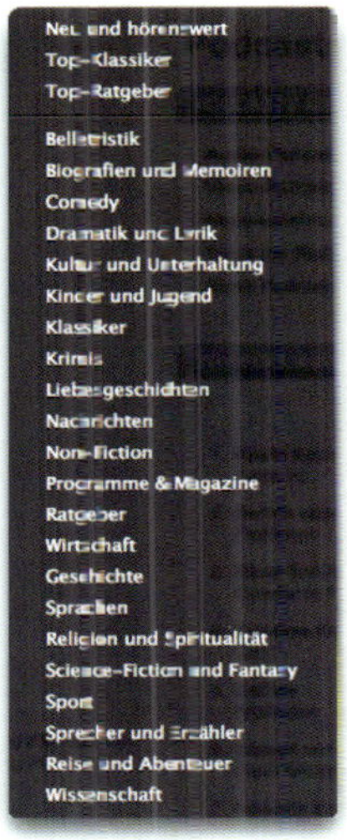

Hier wird nicht gesungen, sondern gesprochen – die Hörbuch-Abteilung im iTunes Store.

Haben Sie einen Titel gefunden, der Sie anspricht, so klicken Sie wieder auf die Vorschau-Abbildung und Sie gelangen auf die Seite zum Buch. Dort wird wie eh und je eine Beschreibung wiedergegeben, Sie stoßen auf die Benutzer-Rezensionen oder können sich alle Hörbücher des Interpreten anzeigen lassen. Wichtig ist wieder der *Vorschau*-Button, der eine Hörprobe von bis zu 90 Sekunden zum Besten gibt. Letzteres besitzt unseres Erachtens einen hohen Stellenwert, gefällt doch nicht jede Stimme, so dass das Vorlesen auch zur Belastung werden kann.

Achten Sie auch immer auf die neben der Buch-Abbildung dargestellten Informationen wie Sprecher und Länge des Hörbuches.

Der Einkauf – mal wieder – dürfte mittlerweile schon Routine für Sie sein. Einfach auf *Hörbuch kaufen* drücken und die Sache nimmt ihren Lauf. Die Artikel finden Sie dann in Ihrer *Hörbücher-Mediathek*. Mit einem Doppelklick auf den Hörbuch-Titel beginnt die Reise ins »gesprochene Land«. Übrigens: Selbst wenn Sie vorzeitig Ihren Hörbeitrag beenden, merkt sich *iTunes* diese Stelle und Sie können später genau da wieder einsteigen, wo Sie ihre Audio-Sitzung unterbrachen.

Neben dem *iTunes Store* lassen sich Hörbücher auch direkt über die Webseite `www.audible.de` laden. Dazu müssen Sie ebenso einen Account anlegen und Ihren Rechner für *Audible* aktivieren.

Bei Hörbüchern handelt es sich um Dateien, die mit einem Kopierschutz versehen sind. Das heißt, Sie können diese Dateien auf bis zu fünf Computern abspielen. Auch hier gilt wieder das eiserne Gesetz, dass Sie – sollten Sie Ihren Rechner weitergeben oder sonst wie aus dem Verkehr ziehen – zuvor auf diesem Rechner wieder den *Account deaktivieren (Store | Account auf diesem Computer deaktivieren)*. Bei *Audible* gekaufte Hörbücher lassen sich auf bis zu drei Computern abspielen. Nehmen Sie eine Rechnerwechsel vor, so bedeutet es für Sie, einen der bisherigen Accounts zu deaktivieren. Dies erledigen Sie in *iTunes* über *Erweitert | Audible Account deaktivieren.*

Um zu erkennen, welche Bücher wo erstanden wurden, brauchen Sie sich nur die Endungen der Dateien ansehen. Markieren Sie dazu ein Hörbuch und wählen Sie *Ablage/Datei | Informationen* (⌘-I/Strg-I). während im *iTunes Store* gekaufte Dateien die Endung ».m4b« aufweisen, tragen die Audible-Hörbücher die Endungen ».aa« oder ».aax«.

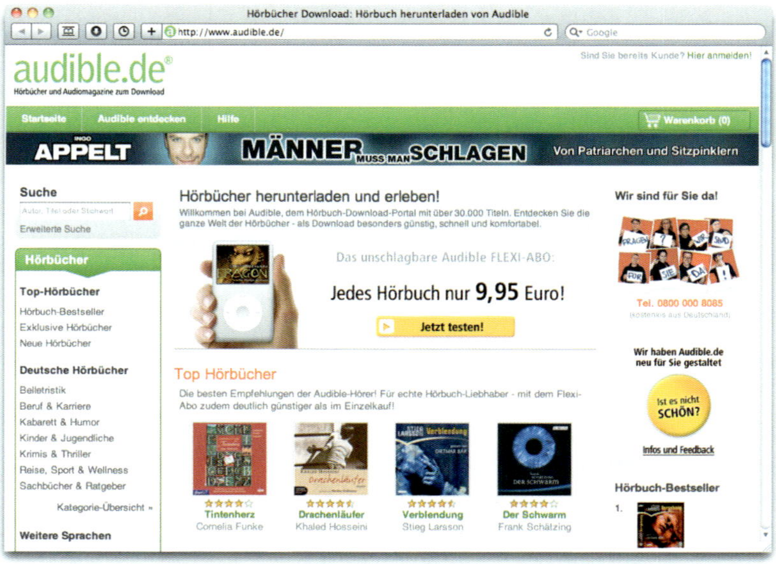

Den Hörbuch-Anbieter »Audible« legen wir Ihnen ebenso ans Herz.

Möchten Sie nun ein Hörbuch auf CD brennen, so müssen Sie zuvor eine Wiedergabeliste davon anlegen. Dazu packen Sie den Titel aus der *Hörbücher-Mediathek* und ziehen ihn in die *Wiedergabelisten*-Leiste. Oder Sie markieren den Hörbuch-Titel und wählen *Ablage/Datei | Neue Wiedergabeliste von Auswahl* (⌘-⇧-N/Strg-⇧-N). Ist die *Wiedergabeliste* dann ausgewählt, so erscheint unten rechts der Button zum *Brennen*. Auch hier gilt wieder, dass die Titel nur als Audio-CDs gebrannt werden können (wenn nötig auch mehrere, wenn die Kapazität einer einzigen CD nicht ausreicht) – die Erstellung einer MP3-CD ist nicht gestattet.

Selbstverständlich lassen sich auch bereits vorhandene Hörbücher auf CD/DVD in *iTunes* importieren. Gehen Sie am besten vor dem Einlegen der CD/DVD online, so dass *iTunes* bei der *Gracenote*-Datenbank eine Titel-Abfrage starten kann. Ebenso wie bei Musik-CDs werden Sie dann gefragt, ob Sie den Inhalt importieren möchten – klicken Sie im Dialog auf *Ja. iTunes* beginnt dann augenblicklich mit dem Import.

Meist werden die importierten Titel in der Quellen-Liste unter der Rubrik *Musik* aufgeführt. Um diese nun in die Hörbuch-Abteilung zu bugsieren, markieren Sie die entsprechenden Titel und rufen Sie dann über das *Ablage-/Datei*-Menü die *Informationen* auf. Über den Reiter *Optionen* stellen Sie dann bei *Medienart* den Eintrag *Hörbuch* ein – die Titel sollten nun allesamt in die Hörbücher-Mediathek verschoben werden.

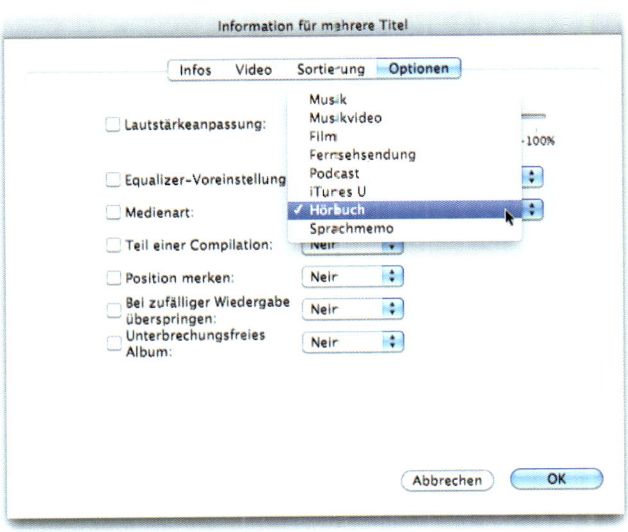

Das Zuordnen der gewünschten Medienart wird über die »iTunes-Einstellungen | Reiter Optionen« erledigt.

Für den mobilen Zeitvertreib – die iPod-Spiele

Der Mensch hat wohl von Natur aus einen angeborenen Spieltrieb, so dass es für den iPod mittlerweile eine stattliche Anzahl an Spielen gibt. 49 Spiele sind zwar im Vergleich zu zig Tausenden an Apps für iPod touch und iPhone ein Tropfen auf dem heißen Stein – aber immerhin. Bitte bedenken Sie, dass nur manche der iPods für diesen Zeitvertreib in Frage kommen: iPod nano (3. und 4. Generation), iPod classic sowie iPod (5. Generation). Apple hat dazu extra einen Verweis (»Welchen iPod habe ich?«) auf die Support-Seiten zum Bestimmen von iPod-Modellen gesetzt. Weiterhin sollte Ihnen auch bewusst sein, dass sich die Spiele nicht im Programm *iTunes* bedienen lassen und diese ein Datenvolumen von bis zu 50 Megabyte aufweisen, so dass Sie bestenfalls über einen Breitband-Internetzugang verfügen sollten.

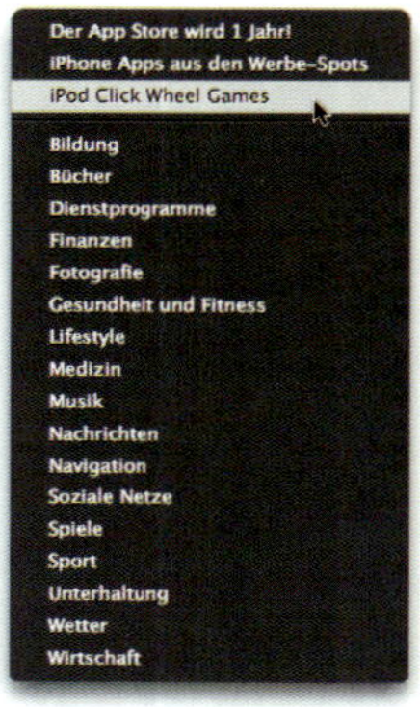

Um an die Spiele für iPods mit Click Wheel zu gelangen, klicken Sie im iTunes Store auf die Rubrik »App Store« und wählen aus dem aufspringenden Menü den Eintrag »iPod Click Wheel Games«. In diesem virtuellen Spielzeugladen finden Sie mittlerweile zahlreiche Spiele.

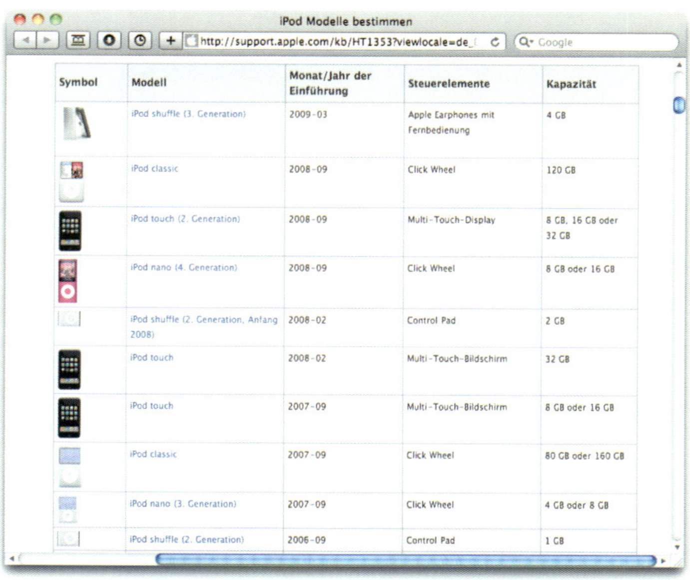

Symbol	Modell	Monat/Jahr der Einführung	Steuerelemente	Kapazität
	iPod shuffle (3. Generation)	2009-03	Apple Earphones mit Fernbedienung	4 GB
	iPod classic	2008-09	Click Wheel	120 GB
	iPod touch (2. Generation)	2008-09	Multi-Touch-Display	8 GB, 16 GB oder 32 GB
	iPod nano (4. Generation)	2008-09	Click Wheel	8 GB oder 16 GB
	iPod shuffle (2. Generation, Anfang 2008)	2008-02	Control Pad	2 GB
	iPod touch	2008-02	Multi-Touch-Bildschirm	32 GB
	iPod touch	2007-09	Multi-Touch-Bildschirm	8 GB oder 16 GB
	iPod classic	2007-09	Click Wheel	80 GB oder 160 GB
	iPod nano (3. Generation)	2007-09	Click Wheel	4 GB oder 8 GB
	iPod shuffle (2. Generation)	2006-09	Control Pad	1 GB

Zum Herausfinden, welchen iPod Sie besitzen, eignen sich hervorragend die Apple-eigenen Support-Seiten. Die Abbildung zeigt einen Ausschnitt der ellenlangen Tabelle zum Bestimmen der iPod-Modelle.

Wird ein Spiel angeklickt, so finden Sie auf der Folgeseite neben den allgemeinen Informationen (Spiele-Inhalt und -Verlauf, besondere Merkmale, Systemanforderungen) auch eine *Vorschau*, die ein simuliertes Spiel in Echtzeit zeigt. Der Kauf selbst läuft genauso wie bei Musik oder Musikvideos ab. Ihren Kauf finden Sie dann in Ihrer *Mediathek* unter *Programme*.

Bevor Sie kaufen, sollten Sie sich auf jeden Fall schlau machen, was das Spiel zu bieten hat.

Sollte bei Ihnen in der *Quellen*-Liste der Punkt *Programme* unauffindbar sein, so öffnen Sie die *iTunes-Einstellungen* (⌘-,/Strg-,) und aktivieren Sie unter *Allgemein* bei *Anzeigen* die Option *Programme*. Fehlt auch auf dem *iPod* die Rubrik *Spiele*, so aktivieren Sie diese über *Einstellungen -> Hauptmenü* und stellen Sie sowohl bei *Extras* als auch bei *Spiele* die Option auf *Ein*. Danach steht einem abwechslungsreichen Spiele-Vergnügen nichts mehr im Weg.

Mehr zum Thema *iPod* und dem Abgleich in *iTunes* erfahren Sie weiter hinten.

Der App Store mit rekordverdächtiger Auswahl

Das muss man sich mal auf der Zunge zergehen lassen: Im Juli 2008 öffnete der *App Store* seine Pforten und begann mit circa 500 Programmen. Im Januar 2009 waren es bereits 15000 Softwaretitel und Apple pries den 500-millionsten Download. Mittlerweile (Stand: Oktober 2009) sind über zwei Milliarden Apps über die Ladentheke gegangen und es stehen mehr als 85000 Anwendungen zur Verfügung. »Hut ab« für so viel Erfolg, vielleicht schaffen wir ja auch eine Milliarde Verkäufe mit diesem Buch ;-)

Der *App Store* ist ausschließlich für das iPhone und den iPod touch gedacht, die anderen iPod-Modelle müssen hier leider draußen bleiben. Und auch hier sei wieder gesagt, dass die Anwendungen nicht in *iTunes* benutzt werden können.

Bei derlei Vielfalt fällt die Auswahl schwer. Nichtsdestotrotz findet man wohl für alle Belange eine geeignete Software.

Der Aufbau des *App Store* folgt den üblichen Gesetzmäßigkeiten. Unterteilt in *Kategorien* (etwa Finanzen, Lifestyle, Fotografie usw.) und *Top-Apps* (gekauft oder kostenlos) lässt sich schon einmal die Vielfalt ein wenig einschränken. Wird auf ein App-Cover geklickt, geht's eine Seite weiter und man findet zur Software ausreichende Informationen: Beschreibung des Programms, Features im Überblick, Sprachen und Systemvoraussetzungen. Aus unserer Sicht sehr nützlich sind in diesem Fall auch die Benutzerrezensionen, da hier sozusagen aus der Praxis berichtet wird und man schon einmal den Sinn und Nutzen des ins Auge gefassten Programmes erkennen kann.

Ausführliche Beschreibungen über die Funktionsvielfalt helfen bei der Konfiguration der Softwaretitel.

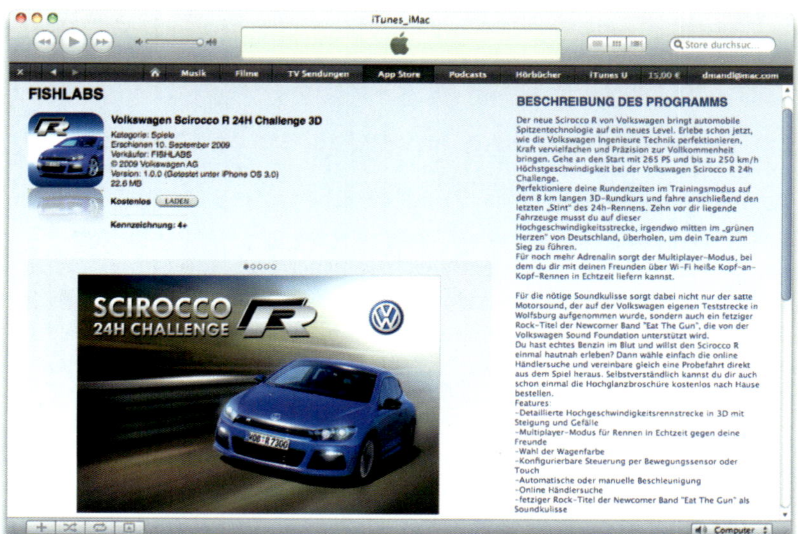

Bei den meisten Apps lässt sich auch durch einzelne Seiten und Ansichten klicken.

Wenn Sie sich vor dem Kauf über weitere Raffinessen erkundigen möchten, so sollten Sie auf jeden Fall den Besuch auf der Webseite des Software-Entwicklers in Erwägung ziehen. Zu jedem Programm finden Sie rechts unten die zugehörigen Webadressen zu den Entwickler-Websites.

Bei allen Programmen finden Sie unterhalb des Programm-Logos eine Bewertung bzw. Kennzeichnung in Form einer Zahl (zum Beispiel »4+«). Hierbei handelt es sich um eine Spielebewertung, die allerdings keiner Benotung gleichkommt, sondern sich um Leib und Seele der spielenden oder anwendenden Nutzer kümmert. So gibt die »4+« etwa Entwarnung (kein anstößiges Material), die »9+« deutet leichte Schweinereien an und ist daher für Kinder unter 9 Jahren nicht geeignet, die »12+« ist nichts für Kinder unter 12 (extreme Darstellungen von Cartoon-, virtueller oder reeler Gewalt, gelegentliche Darstellung von anzüglichem Inhalt). Den Hauptpreis zieht jedoch die »17+« (Achtung, jetzt wird's interessant) mit häufig verwendeten und extrem anstößigen wie unflätigen Begriffen, schreckenerregendem und anzüglichem Inhalt sowie Darstellungen von sexuellen Aktivtäten, Nacktheit, Alkohol, Drogen usw. Da fragt man sich dann schon, was man sich da eigentlich auf sein iPhone oder seinen iPod touch holt.

Programmbewertungen

4+

Programme in dieser Kategorie enthalten kein anstößiges Material.

9+

Programme in dieser Kategorie enthalten möglicherweise leichte oder nur gelegentlich vorkommende Darstellungen von Cartoon-, virtueller oder reeller Gewalt sowie leichte und nur gelegentlich vorkommende Darstellungen von für Erwachsene konzipiertem oder schreckerregendem Inhalt, die unter Umständen nicht für Kinder unter 9 Jahren geeignet sind.

12+

Programme in dieser Kategorie enthalten möglicherweise auch gelegentlich leicht unflätige Begriffe, häufig vorkommende oder extreme Darstellungen von Cartoon-, virtueller oder reeller Gewalt, leichte und nur gelegentlich vorkommende Darstellungen von für Erwachsene konzipiertem oder anzüglichem Inhalt sowie simuliertes Glücksspiel, die unter Umständen nicht für Kinder unter 12 Jahren geeignet sind.

17+

Sie müssen mindestens 17 Jahre alt sein, um dieses Programm kaufen zu können.
Programme in dieser Kategorie enthalten möglicherweise auch häufig verwendete und extrem anstößige bzw. unflätige Begriffe, häufig vorkommende und extreme Darstellungen von Cartoon-, virtueller oder reeller Gewalt und häufig vorkommende, extreme Darstellungen von für Erwachsene konzipiertem, schreckerregendem und anzüglichem Inhalt sowie Inhalt mit Darstellungen von sexuellen Aktivitäten, Nacktheit, Alkohol, Tabak und Drogen, die nicht für Kinder unter 17 Jahren geeignet sind.

Die Spielebewertungen geben Rechenschaft über den Inhalt und sollten von Erziehungsberechtigten berücksichtigt werden.

Haben Sie sich dann mit einer Anwendung angefreundet und Sie sind sich auch ganz sicher, dass dieses Programm Sinn macht, dann heißt es entweder *Laden* (bei kostenlosen Apps) oder *Kaufen*. Danach heißt es sich wieder zu identifizieren und der Download kann beginnen. Ihre heruntergeladenen Anwendungen finden Sie dann in der Mediathek in der *Programme*-Abteilung.

Streng nach iPod- und iPhone-Generation unterteilt: Die Software-Titel im »Programme«-Ressort.

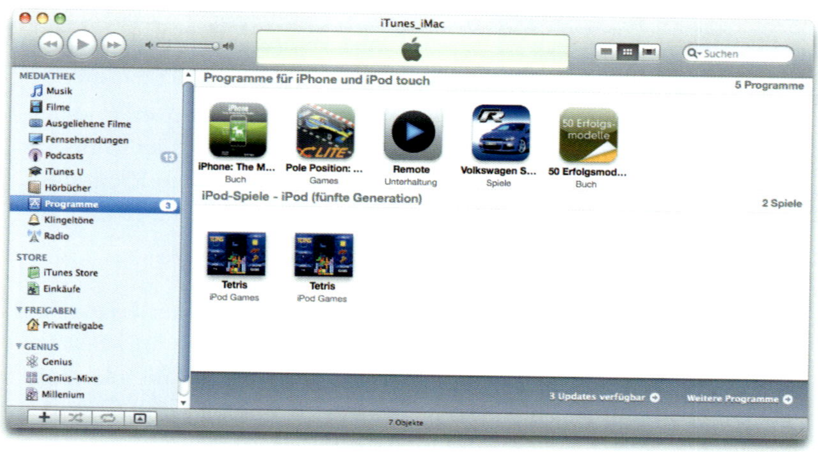

Wie die Anwendungen nun auf iPhone und iPod kommen, erklären wir weiter hinten im Buch.

iTunes U – für Schüler, Studenten und Wissbegierige

Um es gleich vorwegzunehmen: Die Umgangssprache in *iTunes U* ist Englisch. »U« steht für »University« und ist als Teil des *iTunes Store* für alle Belange im Education-Bereich zuständig. So lassen sich dort über 100.000 Beiträge als Audio- wie Video-Datei ( ) entdecken, die in erster Linie dem Wissenszuwachs und der Aus-und Weiterbildung dienen sollen – Spiel, Spaß und Tamtam bleiben draußen. Manche Beiträge werden auch als *Digital Booklet* ( ), also als PDF zum Blättern am Bildschirm angeboten.

Der Vorteil ist klar: Damit können Interessierte zu jeder Zeit und von überall aus auf Wissen zugreifen –mobiles Lernen ist daher angesagt. Und genauso, wie Sie beispielsweise ein Hörbuch erwerben, lassen sich die Beiträge in dieser Sparte herunterladen (natürlich kostenlos). Selektieren Sie über Kategorien vor oder stöbern Sie einfach wie ein Entdecker durch die umfassende Auswahl. Jeder Klick auf einen Beitrag eröffnet weiterführende Informationen. Über die entsprechenden Buttons lassen sich dann die einzelnen Lektionen, Filme und so weiter in die eigene Mediathek transferieren. Unter *iTunes 8* landeten Videobeiträge dabei in der Abteilung *Filme*, Audio-Dateien sowie die Digital Booklets in der *Musik*-Rubrik. *iTunes 9* erhält hingegen einen eigenen Eintrag in der Quellen-Liste unter dem Namen – wie soll es anders sein – *iTunes U* (iTunes U). Ja, so einfach kann Fortbildung sein.

Jetzt wird's akademisch: Aus aller Welt lassen sich dort Beiträge von Universitäten, Museen und öffentlichen Institutionen finden.

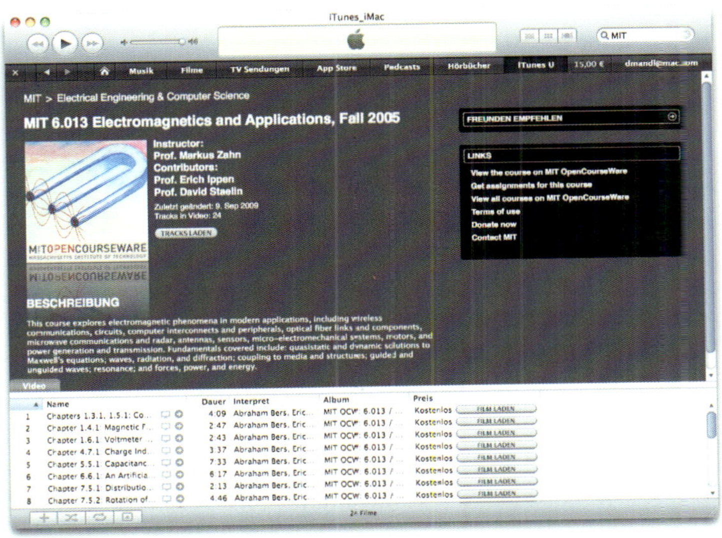

Wollten Sie nicht schon immer mehr über Elektrizität und Magnetismus erfahren? Und überhaupt: Was hält eigentlich unsere Erde zusammen? Der Herr, der aussieht wie Woody Allen, erteilt einen anschaulichen Unterricht im bildschirmfüllenden Format.

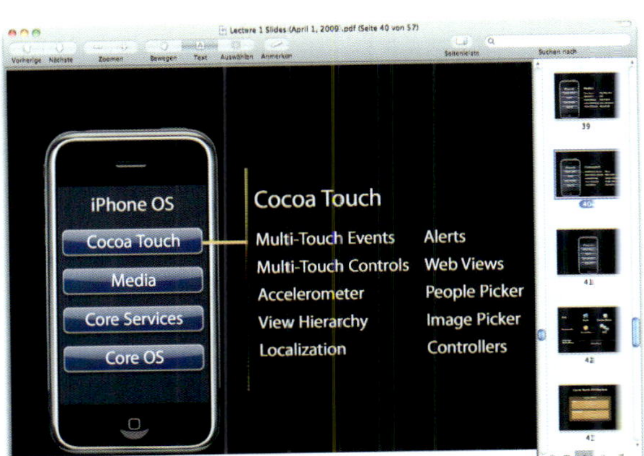

Digital Booklets sind Dateien, die mit dem Programm »Vorschau« oder dem Adobe Reader geöffnet, gelesen und als PDF auch gerne weitergegeben werden können.

iMix – der persönliche Musik-Cocktail für alle

Beim Stöbern im *iTunes Store* ist Ihnen sicherlich auch schon der Begriff *iMix* über den Weg gelaufen. Dies ist ein weiteres Highlight in *iTunes*' Funktionsvielfalt, womit alle Anwender aufgerufen sind, ihre eigenen »Best Of«-Listen zu erstellen und der Öffentlichkeit darzubieten. *iMixe* können Sie entweder ganz gezielt ansteuern, indem Sie über den Button *Musik* eine Kategorie aufrufen und dort unter der Rubrik *Musik auf einen Klick* nachsehen, oder sich bei etwaigen Interpreten inspirieren lassen, bei denen ein passender *iMix* aufgeführt ist.

Wenn man die Anzahl der »iMixe« betrachtet, erkennt man, dass eine nicht unbeträchtliche Zahl von Anwendern diese Art des Austausches schätzt.

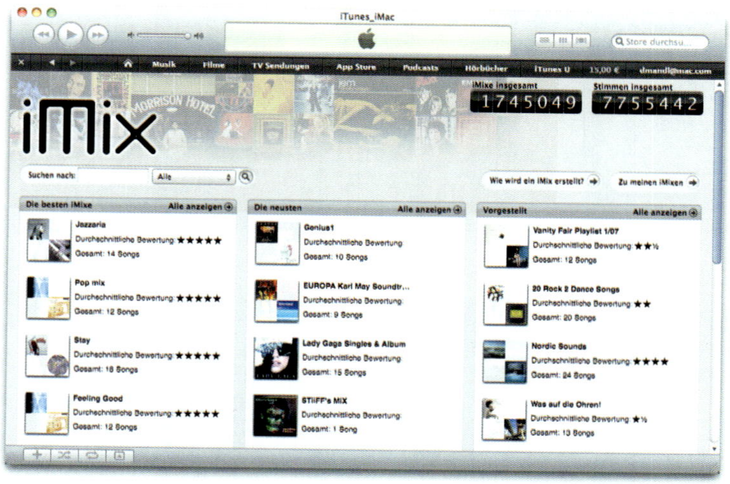

Ein *iMix* besteht aus selbst zusammengestellten Musik-Titeln. So bauen einige *Store*-Nutzer zu Themen-Schwerpunkten ganz spezielle *Wiedergabelisten*, die sich dann beispielsweise »Musik der achtziger Jahre«, »Chill Out & Lounge Tunes«, »Nordic Sounds« oder auch nur »Musik eines 54-jährigen« nennen.

Wenn Sie sich trauen, ist das ja vielleicht auch was für Sie, denn ein eigener *iMix* ist schnell zusammengestellt: Sie müssen nur eine neue Wiedergabeliste anlegen und darauf dem Thema des *iMixes* entsprechend Ihre favorisierten Musik-Titel ziehen. Einzige Voraussetzung für eine fehlerfreie Veröffentlichung: Die Titel müssen im *iTunes Store* existent sein, will heißen, sie müssen dort auch verkauft werden. Ist alles arrangiert, durchgehört und für gut befunden, so wählen Sie aus der Menüleiste den Punkt *Store* und dort wiederum den Befehl *iMix erstellen*.

Sind Sie online und bestätigen Sie den Dialog, nimmt *iTunes* mit dem *Store* Kontakt auf und Sie müssen sich mit *Apple ID* und *Passwort* identifizieren. Danach erhalten Sie die Möglichkeit, den Titel (von der Wiedergabeliste übernommen) nochmals zu überarbeiten und einen Kommentar, also eine möglichst klare Beschreibung abzugeben. Ist dies alles getätigt und sind Sie sich ganz sicher, dass Sie sich keine »Buh«-Rufe einfangen, dann klicken Sie auf *Veröffentlichen*.

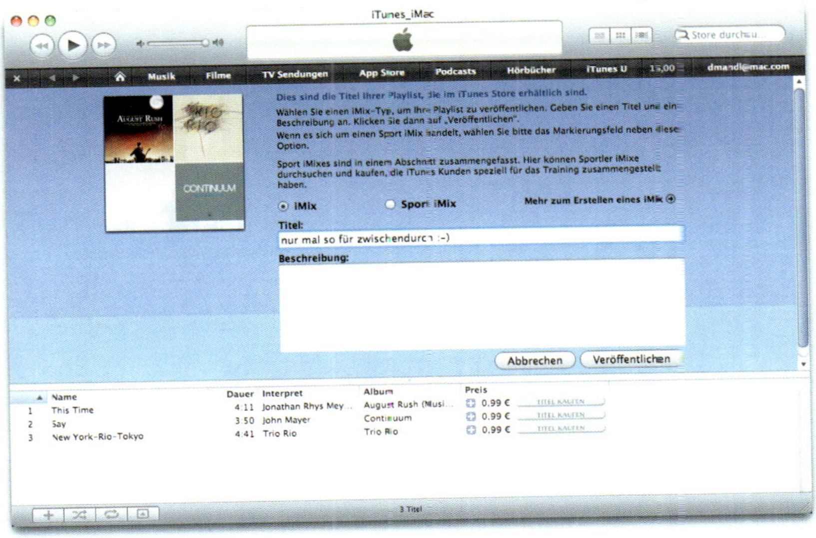

»iMix« veröffentlichen leicht gemacht – wenn gewünscht, lässt sich auch eine Beschreibung abgeben. Der iMix steht dann ein ganzes Jahr lang zur Verfügung.

Das Volksradio »iTunes«

Selbstverständlich hat auch *iTunes* ein Radio eingebaut, mit dem Sie – eine DSL-Leitung mit bestenfalls Flatrate vorausgesetzt – so lange den Sendern lauschen können, bis die Leitungen glühen. Sie müssen auf jeden Fall online sein, damit *iTunes* mit den jeweiligen Radio-Stationen Kontakt aufnehmen kann.

Klicken Sie auf den *Radio*-Button (Radio), so finden Sie eine stattliche Anzahl an Einträgen diverser Musikrichtungen. Drücken Sie auf das kleine Dreieck links neben den Musik-Stilen (etwa ▸ Jazz), so wird eine Reihe von Radio-Sendern eingeblendet. Markieren Sie nun einen dieser Sender und drücken links oben auf die *Wiedergabe*-Taste (▶) bzw. tätigen einen Doppelklick darauf, so können Sie nach wenigen Sekunden Musik hören. Die angegebene *Datenrate* (z. B. 128 kBit/s) zeigt dabei die Wiedergabe-Qualität an – je höher diese ist, desto besser.

Sollte bei Ihnen die Datenrate nicht mitangezeigt werden (so war es zumindest bei uns der Fall), so rufen Sie über die Menüleiste *Darstellung/Anzeige* die *Darstellungsoptionen* (⌘-J/Strg-J) auf und aktivieren Sie über den Dialog die Spalte *Datenrate*.

Nebenbei dem Radio lauschen bringt oftmals ein wenig Abwechslung in den Alltag. Für die arbeitende Bevölkerung: Lassen Sie sich aber nicht erwischen.

Die Darstellungsoptionen für die Rubrik »Radio«: Alles da, wenn auch ein wenig karg.

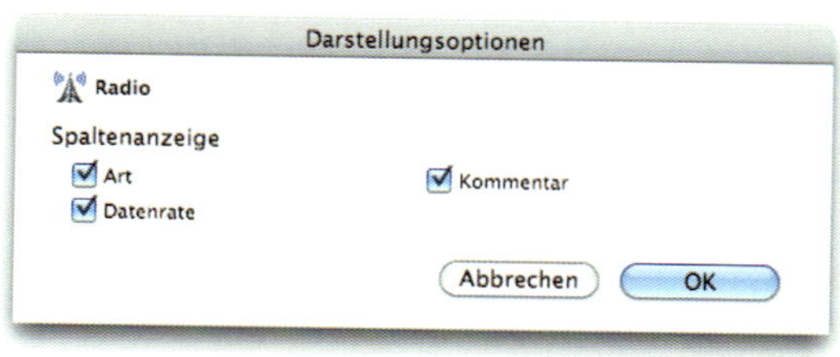

Im Fall des Radios wird die Musik in Echtzeit auf Ihren Rechner übertragen. Während also der Sender seinen Inhalt wiedergibt, versucht *iTunes* immer eine Verbindung mit der Radiostation aufrecht zu erhalten und neue Musik nachzuladen. Bei langsameren Internet-Zugängen und gleichzeitiger Sender-Auswahl mit hoher *Datenrate* kann es folglich zu Abbrüchen des Streams kommen. In derartigen Fällen sollten Sie einmal Folgendes ausprobieren: In den *iTunes-Einstellungen* finden Sie über den Reiter *Erweitert* die Option *Zwischenspeicher für Streams.* Diesen sollten Sie einmal auf *Groß* stellen (so wird mehr Musik zwischengespeichert). Hilft das nicht, versuchen Sie es mit einer Radio-Station mit geringerer Datenrate.

Auf die in *iTunes* angebotenen Radio-Stationen sind Sie selbstverständlich nicht beschränkt – gerade dann, wenn Sie lieber deutschsprachige Sender hören möchten. Über Webseiten wie `www.mikesradioworld.com`, `www.surfmusik.de`, `www.liveradio.de`, `www.radio-locator.com` oder `www.apfelwiki.de/Main/DeutscheRadiostreams` lassen sich Hunderte weiterer Sender finden. Sie müssen nur darauf achten, dass diese als *MP3-Stream* abgespielt werden, damit *iTunes* damit umgehen kann. Wenn Sie ohne *iTunes* agieren möchten, so besuchen Sie einmal die Webseite `www.lastfm.de` – auch dort lässt es sich über Stunden kurzweilig aushalten.

Über das Internet gefundene Radio-Stationen werden in Ihrer *Musik-Mediathek* untergebracht. Dort liegen diese als Einträge wie Musik-Titel vor – allerdings mit einem Sende-Symbol ( ) versehen. Damit Sie hier den Überblick behalten, bietet es sich an, eine eigene *Wiedergabeliste* dafür einzurichten (etwa *Meine Radiostationen*, *Lieblingssender* etc.). Ziehen Sie danach immer, wenn neue Stationen hinzukommen, die Sender aus der *Musik-Mediathek* darauf, so haben Sie alle Stationen versammelt und können diese jederzeit per Doppelklick oder über die *Wiedergabe*-Taste starten. Das gilt im Übrigen auch für die von Apple zur Verfügung gestellten Radio-Stationen: Da diese ab und an aktualisiert werden, kann es passieren, dass auf einmal Ihr Lieblingssender aus der Radio-Liste gestrichen wird. Haben Sie diesen zuvor auf Ihre *Wiedergabeliste* gezogen, so ist er in Sicherheit.

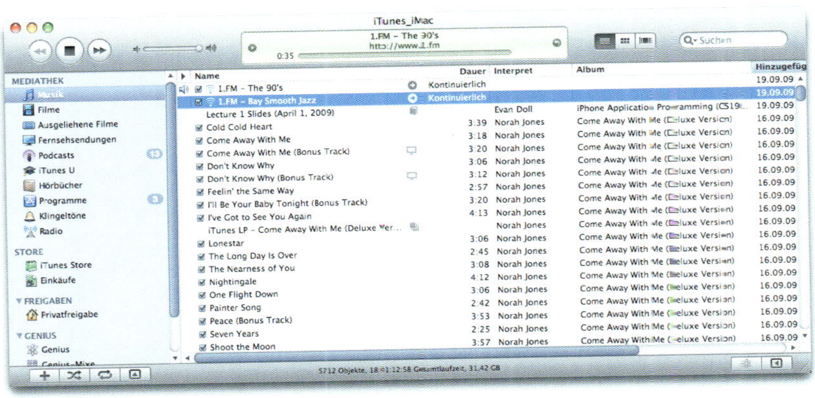

Radio-Sender externer Webseiten finden Sie in der Musik-Mediathek.

Mit *iTunes* lassen sich leider die Radio-Streams nur abspielen ein Aufzeichnen ist nicht vorgesehen. Aber was *iTunes* nicht kann, das bewerkstelligen verschiedene Share- und Freeware-Programme wie *RadioLover*, *iNet Stream Archiver* oder etwa *Streamripper* mit links. Diese Programme und weitere (etwa *Audio Hijack Pro*) finden Sie über die URLs `www.versiontracker.com`, `www.download.com` oder `www.chip.de` (Reiter *Downloads*).

Sollten sich zu Anfang oder am Ende eines Musikstückes irgendwelche störenden Beiwerke befinden, so denken Sie an die *Titel-Informationen* (Musik-Titel markieren und ⌘-I/Strg-I wählen): Über den Reiter *Optionen* lässt sich dort über *Starten bei* bzw. *Stoppen bei* der Musik-Anfang und/oder Ende neu justieren.

Klingeltöne für Handy & Co.

Egal, wo Sie sich aufhalten (das passiert selbst in der Kirche oder während der Piano-Stellen in Klassik-Konzerten) – von irgendwoher bimmelt und schallt es und verrät zielstrebig den Handy-Besitzer, dem hoffentlich das Blut vor lauter Peinlichkeit gefriert. Sie sehen schon, so richtig begeistert sind wir nicht von derlei Beschallung, aber wenn es denn bimmeln soll, dann wenigstens mit Stil. Und über Stil lässt sich bekanntlich streiten …

Eigentlich gingen wir ja davon aus, dass uns hierbei der *iTunes Store* gut versorgt und für alle Altersstufen und Charaktere etwa bereithält. Dachten wir zumindest – doch nach mehreren Fehlermeldungen und einem Nichtauffinden von Klingelton-freundlicher Musik dämmerte es uns, dass es so etwas im deutschsprachigen Store noch nicht gibt. Der entsprechende Befehl *Store | Klingelton erstellen* ist somit – vorerst – hinfällig und wir müssen eine andere Variante verwenden.

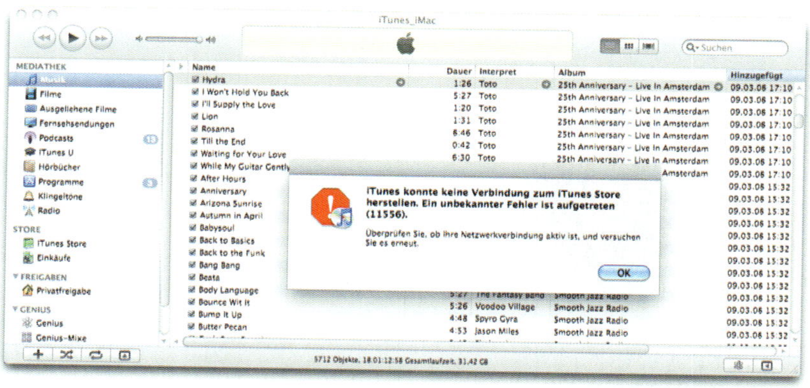

Keine Chance auf einen Klingelton – »iTunes« verweigert sich mit einer Fehlermeldung, die uns allerdings nicht so richtig zufrieden stellt.

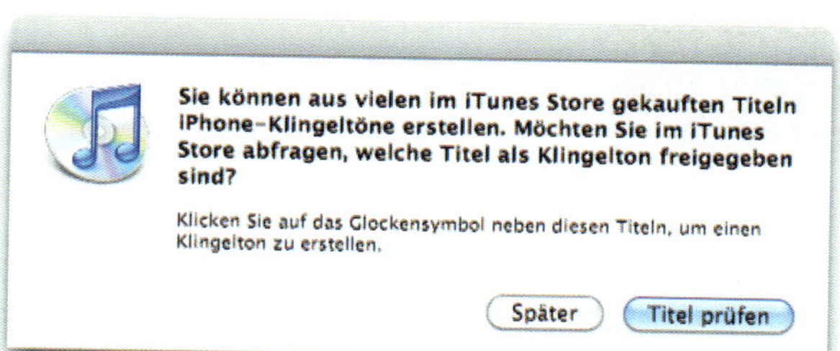

Wenn Sie in der Mediathek über die »Darstellungsoptionen« die Spalte »Klingelton« einblenden, bekommen Sie eigentlich eine recht positiv stimmende Meldung. Aber selbst nach der Prüfung blieb die Spalte traurigerweise leer.

Wir weichen daher auf die Anwendung *GarageBand* (nur Mac OS X) aus. Nach dem Start des Programms wählen Sie die Vorlage *iPhone-Klingelton*, klicken auf *Auswählen* und vergeben daraufhin einen aussagekräftigen Namen.

Um im Hauptfenster dann an Ihre Musik zu gelangen, betätigen Sie den Button zum *Einblenden der Medienübersicht* (▣) rechts unten und wählen anschließend die Rubrik *Audio*. Nun werden alle in *iTunes* verfügbaren Musiktitel eingeblendet und Sie können sich schon mal auf die Suche nach

Ihrem Wunsch-Song begeben. Einzige Voraussetzung hierbei: Es darf sich nicht um einen geschützten Titel (mit DRM) handeln. Der Song wird dann mit der Maus gepackt und in die *Timeline* unterhalb der schon vorgegebenen Spur gezogen. Lassen Sie die Maustaste wieder los, so wird eine Audiospur des Songs angelegt. Die schon vorliegende Spur lässt sich nun anklicken und über die Entfernen-Taste löschen.

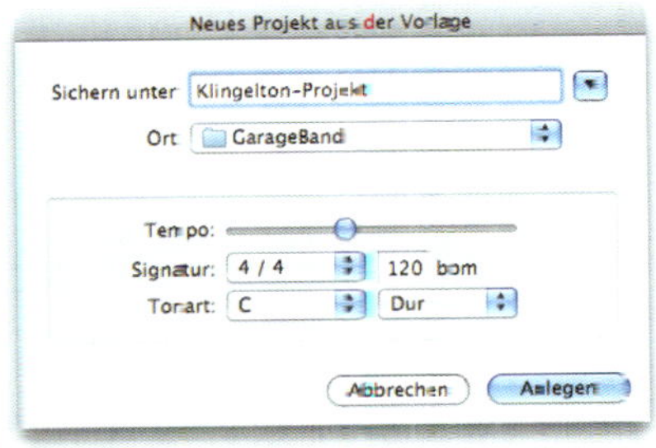

Klicken Sie im Start-Fenster auf »iPhone-Klingelton« und dann auf »Auswählen«. Im folgenden Dialog vergeben Sie dann einen Titel mit Wiedererkennungswert.

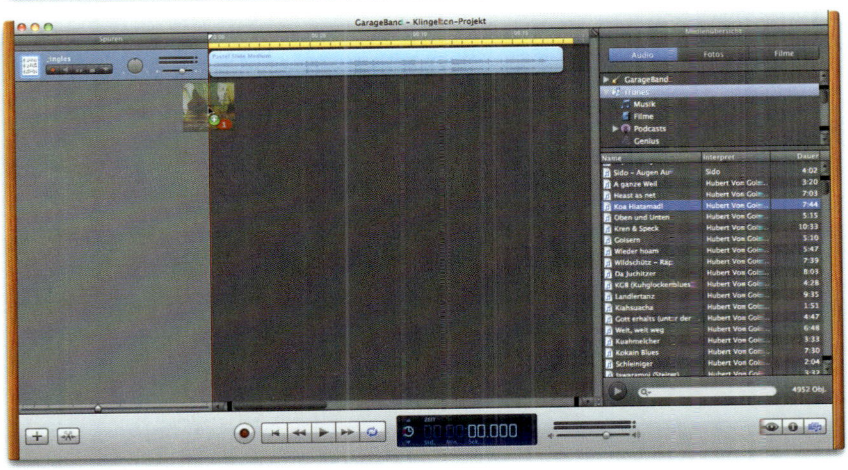

Erster Schritt zum Klingelton-Glück: Ein Song wird in die Timeline gezogen.

Der oben liegende, gelbe Balken unterhalb des Beat-Lineals zeigt den *Cycle-Bereich* an. Der Begriff ist ein wenig verwirrend und bedeutet eigentlich eine Art Wiederhol-Bereich. Die Länge dieses Balkens entspricht anschließend der Länge des Klingeltons, wobei dieser nicht länger als 40 Sekunden dauern darf. Wird diese Funktion nicht angezeigt, so klicken Sie zuerst auf die Taste zum Einblenden des *Cycle*-Bereiches ( ). Der *Cycle-Bereich* lässt sich nun verschieben (mit der Maus packen und bewegen) und sowohl verlängern als auch verkürzen (mit dem Mauspfeil an den Enden ansetzen und mit gedrückter Maustaste ziehen).

Die gelbe Linie markiert jenen Bereich, der beim Abspielen ständig wiederholt wird. Anstatt der Takte blenden Sie besser die Zeiteinteilung über »Steuerung | Zeit in LCD-Anzeige einblenden« ein.

Klicken Sie dann auf die *Wiedergabetaste* (▶), so hören Sie immer und immer wieder den Ausschnitt, den der *Cycle*-Bereich abdeckt. Zum Nachbessern können Sie nun wieder den Balken verschieben oder in der Länge ändern. Sitzt und passt letztlich alles, so wählen Sie *Bereitstellen | Klingelton an iTunes senden* und wenig später finden Sie Ihren Sound in der *iTunes-Mediathek* in der Rubrik *Klingeltöne*. Von dort aus geht's dann auf das iPhone, sobald Sie es an den Rechner anstöpseln.

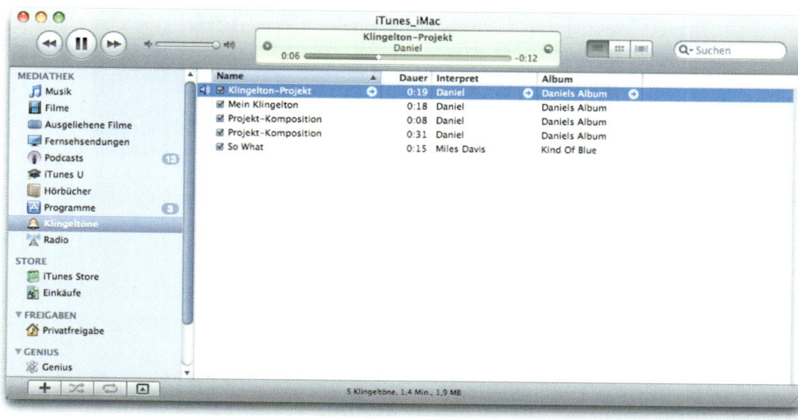

Unser Klingelton-Projekt wurde in Sekundenschnelle an iTunes gesendet.

Wenn Ihnen die händische Variante mit Verschieben und auf Länge bringen zu kompliziert erscheint, dann blenden Sie nach dem Einladen Ihres Wunschtitels einfach den Cycle-Bereich aus und wählen gleich *Bereitstellen | Klingelton an iTunes senden*. Da dieses Vorgehensweise natürlich nicht gestattet ist, gibt es eine Fehlermeldung, die Ihnen jedoch die Möglichkeit anbietet, den Ausschnitt automatisch anfertigen zu lassen. Klicken Sie dazu auf den Button *Anpassen* und wählen Sie erneut *Bereitstellen | Klingelton an iTunes senden* – alles weitere übernehmen *GarageBand* und *iTunes*.

Warum kompliziert, wenn es auch einfach geht? Der Haken daran ist nur, dass Sie es eben dem Zufall überlassen, wie der Klingelton im Nachhinein klingt.

Eine weitere Variante kann sowohl von Windows- als auch von Mac-Anwendern vorgenommen werden. Suchen Sie sich wieder einen Song und beachten Sie beim Durchhören genau jene Stelle, die Sie gerne hätten und die nicht länger als etwa 30 Sekunden dauert – und vor allem: merken Sie sich die Zeiten, wann dieser Bereich beginnt und wann es endet. Danach rufen Sie bei markierter Datei die *Informationen* (⌘-I/Strg-I) auf und dort den Reiter *Optionen*. Bei *Starten bei* sowie *Stoppen bei* schreiben Sie nun die Anfangs- wie End-Zeiten ein (etwa: 0:25 -> 0:45) und bestätigen mit *OK*. Danach konvertieren Sie das Lied in das *AAC*-Format, indem Sie zuvor in den *iTunes-Einstellungen* | Reiter *Allgemein* | *Importeinstellungen* den AAC-Codierer auswählen und wieder die Dialoge bestätigen (auf *OK* klicken).

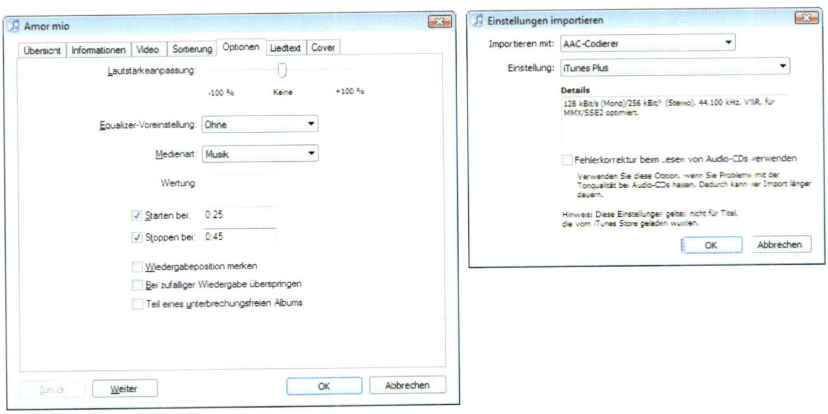

Zuerst bestimmen Sie die Start- und End-Zeiten und stellen in den Import-Einstellungen den AAC-Codierer ein.

Über das Kontext-Menü (Rechtsklick auf die entsprechende Musik-Datei) wählen Sie nun die Option *AAC-Version erstellen* (die konvertierte Datei liegt ganz oben, wenn Sie im Vorschau-Fenster den Reiter *Hinzugefügt* auswählen). Das Lied packen Sie nun mit der Maus und ziehen es einfach auf den *Desktop* (Schreibtisch). Nun heißt es das bestehende Suffix (die Endung) zu ändern, und zwar von ».m4a« in ».m4r«.

Sollte bei Ihnen keine Endung eingeblendet werden, so markieren Sie unter Mac OS X die Datei und wählen im Finder die *Informationen* (⌘-I). Dort finden Sie in der Abteilung *Name & Suffix* die Optionen *Suffix ausblenden*. Entfernen Sie dort einfach den Haken. Unter Windows Vista rufen Sie hingegen die *Systemsteuerung* auf und wählen daraus die *Ordneroptionen*. Über den Reiter *Ansicht* und die erweiterten Einstellungen suchen Sie nach dem Eintrag *Erweiterungen bei bekannten Dateitypen ausblenden* und entfernen ebenso den Haken – bei beiden Varianten sollte nun die Endung erscheinen.

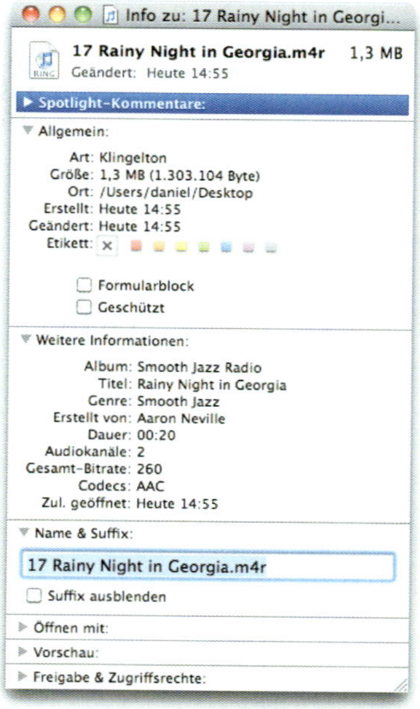

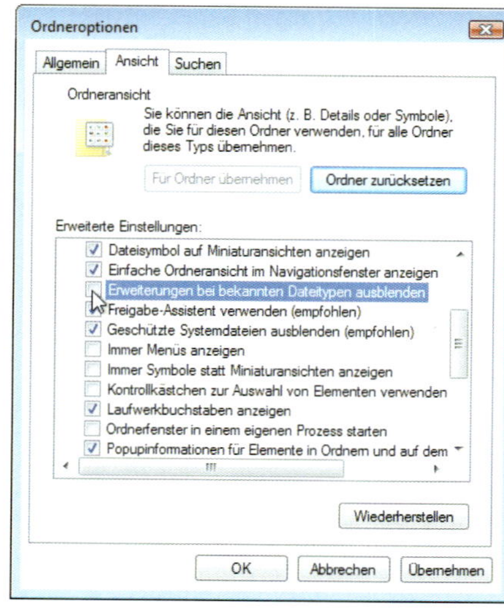

Was unter Mac OS X im Finder die Datei-Informationen erledigen, bewerkstelligen Sie unter Windows über die Systemsteuerung und dort in den »Ordneroptionen«.

Nach dem Umbenennen werden unter beiden Betriebssystem-Versionen die Änderungen angemahnt, aber da bleiben Sie bitte cool und bestehen auf Ihr Tun. Ist das vollbracht, so heißt es zuerst die »alte« (und gekürzte – nicht das Original) Musik-Datei aus *iTunes* zu entfernen und danach die neu geschaffene in die *Mediathek* zu befördern. Und – oh Wunder – Ihr Lied ist nun in der Rubrik *Klingeltöne* zu finden und kann auf ein iPhone transferiert werden. Ihren Originalsong müssen Sie nun wieder auf die reguläre Abspielzeit ändern (*Informationen* | Reiter *Optionen* und bei *Starten bei* und *Stoppen bei* die Haken entfernen) und die Welt ist wieder in Ordnung.

iTunes DJ – die Party-Jukebox

In der *Quellen*-Liste unter dem Punkt *Wiedergabelisten* finden Sie die Funktion *iTunes DJ* (iTunes DJ – vormals *Party-Jukebox* genannt), die im Grunde eine ganz normale *Wiedergabeliste* ist, nur dass sie als Zufallsgenerator dient. Sollte bei Ihnen kein Eintrag zu finden sein, dann denken Sie wieder an die *iTunes-Einstellungen*, Reiter *Allgemein*, und aktivieren Sie bei *Anzeigen* den entsprechenden Punkt.

Sie können darin genau festlegen, aus welcher *Quelle* sich die Lieder speisen und wie viele Songs abgespielt werden sollen. Letztere Angaben nehmen Sie über die *Einstellungen* unterhalb der Übersicht vor. Bei *Quelle* legen Sie dazu entweder die gesamte *Musik-Mediathek*, einen bestimmten Ordner oder eine bestimmte Wiedergabeliste fest. Danach stellen Sie über die *Einstellungen* ein, welche Anzahl an bereits wiedergegebenen bzw. noch abzuspielenden Titeln dargestellt werden sollen. Waren Sie bei der Vergabe von Bewertungen (*Wertung*) fleißig, so lassen sich Songs mit höherer Wertung öfter abspielen, wenn Sie die entsprechende Option aktivieren.

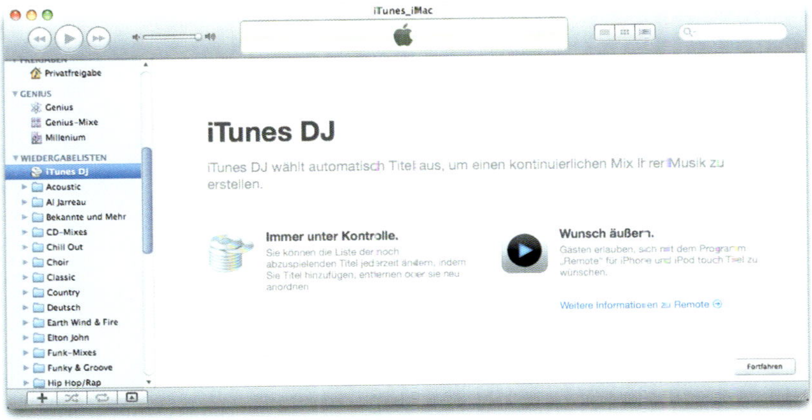

Der Eintritt zur Wohnzimmer-Disco: Die Kurzinfos geben schon einmal einen kleinen Überblick, was da auf Sie zukommt.

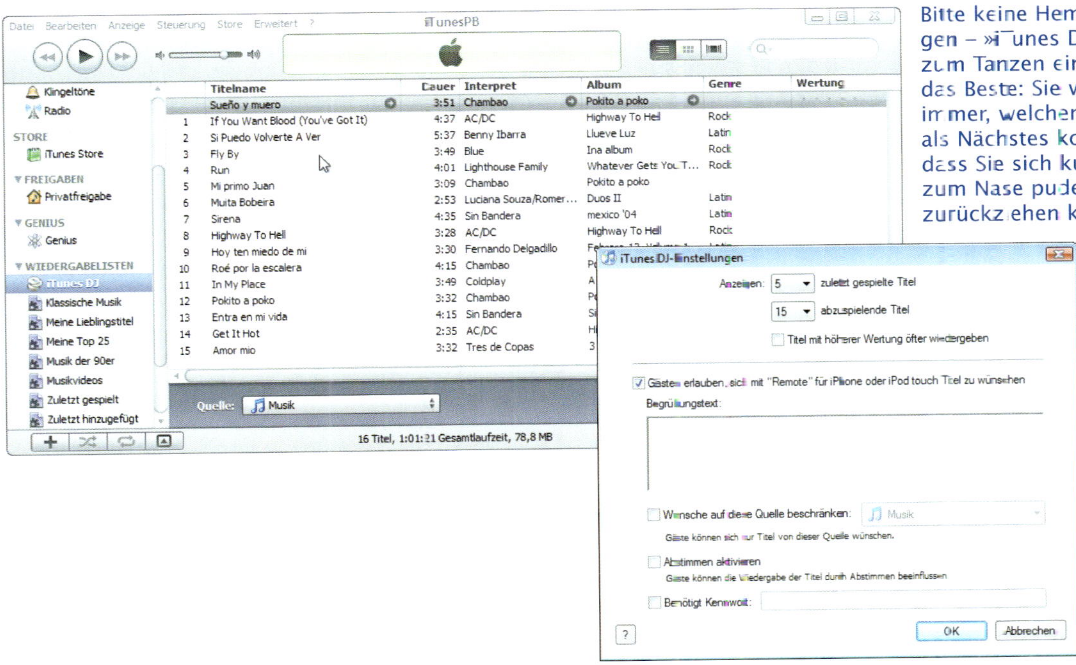

Bitte keine Hemmungen – »iTunes DJ« lädt zum Tanzen ein. Und das Beste: Sie wissen immer, welcher Song als Nächstes kommt, so dass Sie sich kurzfristig zum Nase pudern zurückziehen können.

Sind Sie wirklich mal unzufrieden mit der Musik-Auswahl, so klicken Sie einfach auf *Aktualisieren* und die »Karten« werden neu gemischt. Oder Sie wechseln schnell in eine andere *Wiedergabeliste*, markieren ein oder mehrere Songs und fügen über das *Kontext*-Menü (bei gedrückter *ctrl-Taste* mit der Maus klicken bzw. per Rechtsklick) kurzerhand Stücke, auf die Sie gerade Lust haben, der Jukebox hinzu.

Mit neuen Songs schnell mal die Party aufmischen – über die Wahl neuer Lieder sowie das Kontext-Menü (»Nächster Titel in iTunes DJ«).

Der Clou an *iTunes DJ* ist jedoch die Möglichkeit, dass sich auch externe Besucher an der Musikauswahl beteiligen dürfen. Voraussetzung hierfür ist jedoch das kostenlose Programm *Remote*, das Sie über den *iTunes App Store* laden können, sowie ein funktionierendes Wi-Fi-Netzwerk (Wi-Fi steht für *Wireless Fidelity*). Das heißt, Sie (oder eben Ihre Besucher) müssen sich zuerst in ein bestehendes *WLAN-/Airport Express-/Airport Extreme*-Netzwerk per iPod touch oder iPhone einbinden – danach können Sie die Musik auf Ihrem Rechner/Apple TV bzw. einem Gast-Computer (in unserem Falle eben *iTunes DJ*) – steuern und beeinflussen. Der zweite Schritt besteht darin, dass Sie in den Einstellungen zu *iTunes DJ* die Option *Gästen erlauben, sich mit Remote für iPhone oder iPod touch Titel zu wünschen* aktivieren – auf Wunsch auch mit einem Begrüßungstext, der Beschränkung auf eine bestimmte Quelle (und damit Musik-Auswahl), der Möglichkeit der Abstimmung durch die Gäste oder einem Passwort, damit nicht jeder in Ihrer Party mitmischen kann.

Über die »iTunes DJ-Einstellungen« gestatten Sie es Ihren Gästen, dass diese in Sachen Musik-Auswahl auch ein Wörtchen mitzureden haben.

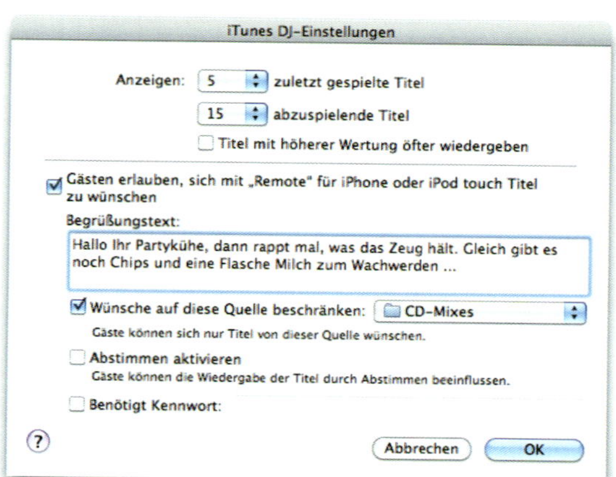

Das kleine Programm »Remote« ermöglicht iPhone und iPod touch Zugriff auf Computer und Apple TV.

Danach heißt es sich mit einem bestehenden Wi-Fi-Netzwerk (des Gastgebers) zu verbinden (in den *Einstellungen* bei iPod touch und iPhone). Danach starten Sie das Programm *Remote* (auf iPhone/iPod Touch), das automatisch den Kontakt zum Computer aufbaut und die in Frage kommenden Wiedergabelisten aufzeigt. Nach der Wahl der gewünschten Mediathek müssen Sie noch im Programm *iTunes* die auf dem iPhone/iPod touch gezeigte, vierstellige Zahlenkombination eingeben und die Sache ist perfekt.

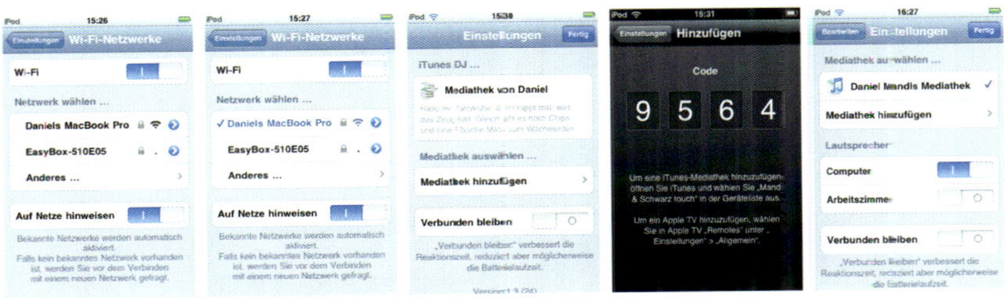

Die Reihenfolge der Schritte in Bildern für iPhone und iPod touch – wie üblich sehr benutzerfreundlich, wenn man jemanden hat, der einem das Vorgehen verrät ;-)

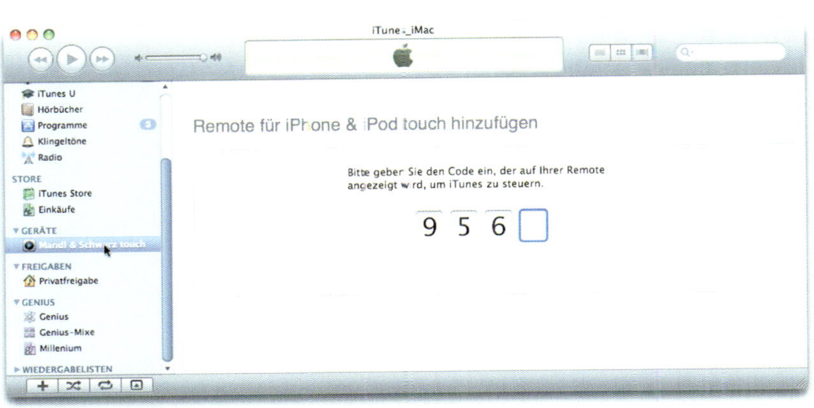

Damit alles mit rechten Dingen zugeht, müssen Sie in iTunes zur Identifizierung den vom iPhone/iPod touch generierten Zahlencode eingeben …

… und dann suchen Sie sich ein Lied aus und drücken auf »Wiedergabe« – der Titel spielt nun wie von Geisterhand in »iTunes« ab. Wow, sagt da der erstaunte Erstanwender und möchte am liebsten den Mac umarmen.

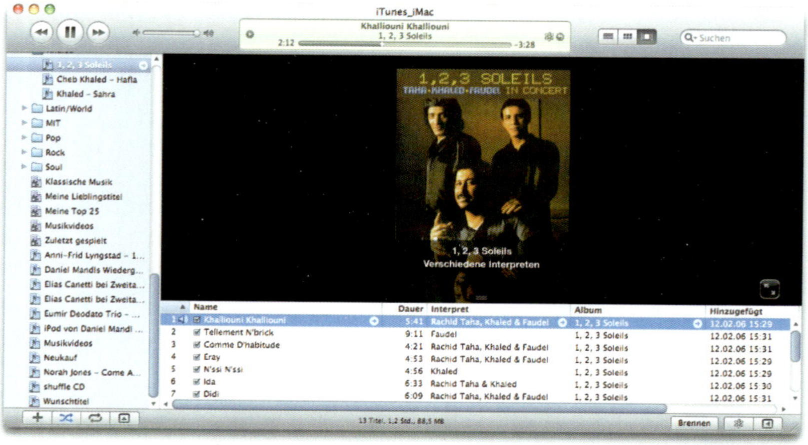

Während *iTunes DJ* auf dem Rechner läuft und die Musik vorgibt, haben Sie oder eben Gäste auch die Möglichkeit, über das iPhone/den iPod touch eigene Wunschtitel vorzuschlagen. Dazu wird auf dem iPhone/iPod touch einfach ein Song ausgesucht und dann auf *Titel wünschen* getippt. Das Lied wird danach automatisch in *iTunes DJ* als nächster Song eingebaut.

Wird auf dem iPhone/iPod touch ein Song angetippt, so erscheint eine Liste mit dem Eintrag »Titel wünschen«. Wird dem Folge geleistet, so taucht der Titel wie von Geisterhand in »iTunes DJ« als Folgelied auf.

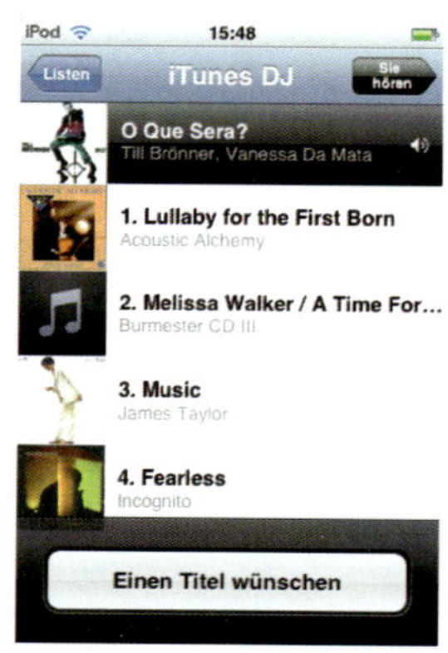

Genius – Wiedergabelisten mit Stil

Und wieder taucht so eine Technik auf, die einen auf der einen Seite zwar fasziniert, auf der anderen Seite aber auch ein wenig unheimlich erscheint. *Genius* analysiert Ihren gesamten Musikbestand und Sie können sich dann – ähnlich *iTunes DJ* – von *iTunes* unterhalten lassen. Der Unterschied besteht nun darin, dass der erste gewählte Song sozusagen die Folgetitel bestimmt. Hören Sie also Hardrock, so werden auch die nachfolgenden Lieder rockig sein (Sie brauchen also gar nicht erst in Versuchung kommen, Ihr Haar wieder zu richten). Und wenn Sie noch immer nicht genug bekommen können, so werfen Sie mal einen Blick in die *Genius*-Seitenleiste (zu öffnen über den Knopf [ ]): Dort finden Sie nämlich ähnliche Titel, die sich noch nicht in Ihrem Besitz befinden und ratzfatz über den *iTunes Store* gekauft werden können. Na wenn das keine raffinierte Verkaufsform darstellt …

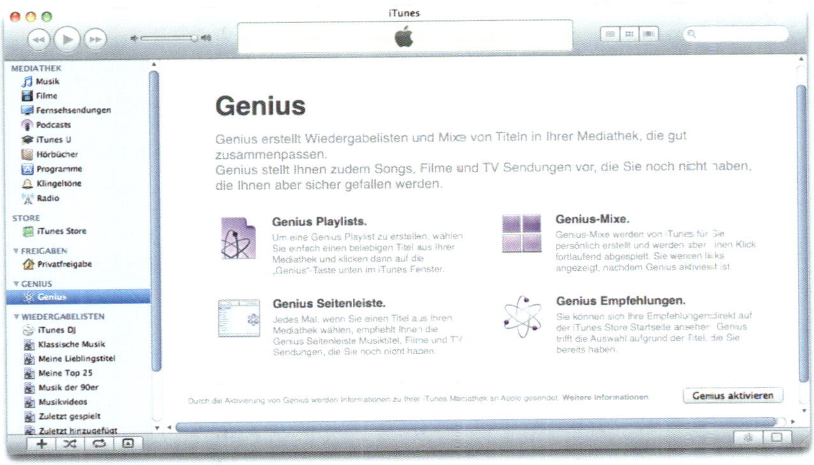

Was ist Genius? Bevor es richtig beginnt, müssen Sie diese Funktion aktivieren.

Um in den Genuss von *Genius* zu gelangen, müssen Sie diese Raffinesse freischalten, und zwar über den Button *Genius aktivieren* (Sie müssen dazu online sein). Weiterhin müssen Sie über einen *iTunes Store-Account* verfügen, sich darüber identifizieren und selbstverständlich die allgemeinen Geschäftsbedingungen akzepzieren.

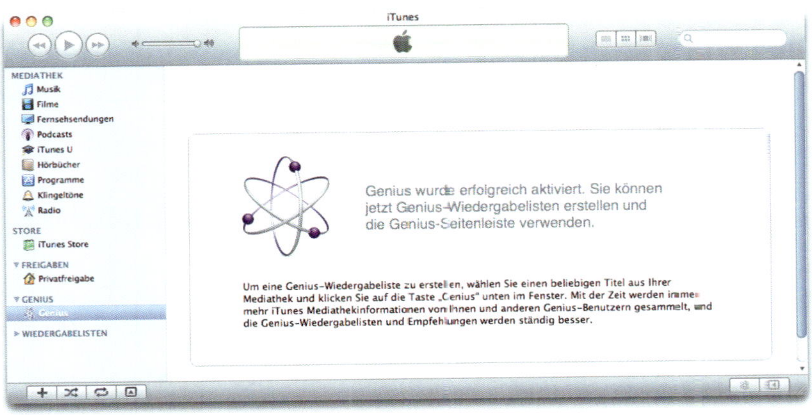

Und dann gehts los: Zuerst wird Ihre Mediathek durchforstet, analysiert und hoffentlich seriös behandelt. Danach werden diese Daten an Apple gesandt . .

Das Ganze funktioniert dann Folgendermaßen: Sie starten – je nach Stimmung und Lust – ein Musikstück und klicken dann auf den Button *Genius starten* ([ ]). *iTunes* listet dann diesem Musikstück entsprechend in etwa gleich geartete Lieder auf. Gefällt Ihnen die Auswahl, so lässt sich daraus auch gleich eine Wiedergabeliste abspeichern (Option *Wiedergabeliste sichern*). Ist noch dazu die *Genius*-Seitenleiste ausgeklappt, so werden Ihnen ähnliche Songs auch aus dem *iTunes Store* vorgestellt, in die Sie wie üblich gleich reinhören können. Gefällt das Angebotene, so lässt sich natürlich auch Geld ausgeben. Und wer tut das nicht gerne? Also kaufen Sie, was das Zeug hält, kaufen Sie den *iTunes Store* leer ;-)

Sehr clever: Und wir meinen hier nicht nur »Genius« als ausgeklügelter Musikspezialist, sondern auch die Idee mit den offerierten Songs aus dem Store zum sofortigen Konsum.

Neu in *iTunes 9* ist weiterhin das Feature *Genius-Mixe* (Genius-Mixe). Diese Funktion durchstöbert ebenso Ihre Musik-Sammlung und stellt dabei völlig selbstständig – nach Genres wie Pop, Jazz, Rock, Classic etc. geordnet – eigene Musik-Mixe zusammen. Einmal gestartet, spielen Genius-Mixe bis in alle Ewigkeit, da sie ständig aktualisiert und mit passenden Songs gefüttert werden. Wer also auf die Schnelle mal Unterhaltung braucht und nicht in seinen umfangreichen Beständen herumsuchen möchte, der sollte auch dies einmal ausprobieren.

iTunes wühlt sich durch Ihr Musik-Archiv und baut Ihnen – ohne dass Sie selbst einen Finger rühren müssen – passende Wiedergabelisten zusammen.

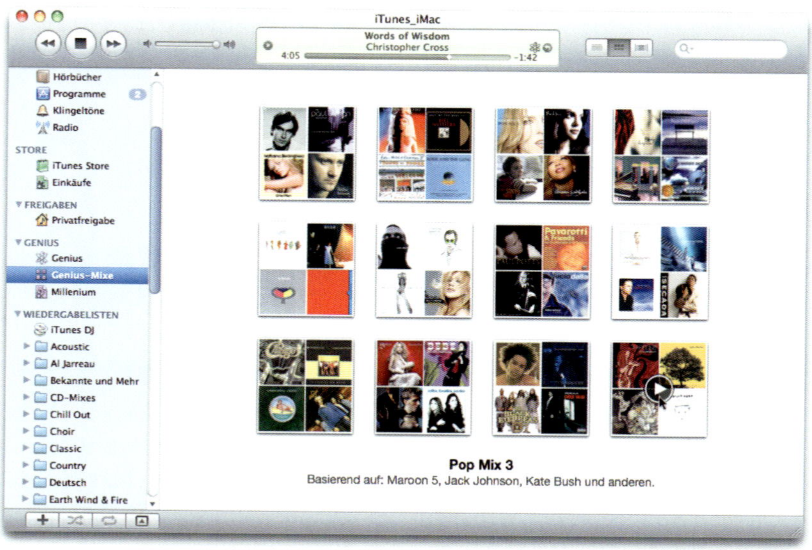

»iTunes teilen« – Musik hören über das lokale Netzwerk

Stehen in Ihrem Haushalt mehrere Computer, so lässt sich in einem lokalen Netzwerk auch auf externe *iTunes*-Mediatheken zugreifen. Sind alle Rechner auf dem aktuellen Stand und besitzen die neueste Version von *iTunes*, so lässt sich dies schnell bewerkstelligen. Voraussetzung ist dazu eine Computer-zu-Computer-Vernetzung zu einem lokalen Netzwerk via *Ethernet* oder per WLAN (*AirPort*) sowie das Aktivieren von *Personal File Sharing* (unter Mac OS X 10.4 Tiger), *Windows Sharing* (falls sich ein Windows-Computer im Netzwerk befindet), *File Sharing* (unter Mac OS X 10.5 Leopard) bzw. *Dateifreigabe* unter Mac OS X 10.6 Snow Leopard (so viele verschiedene Begriffe für ein und dieselbe Funktion!). Diese Dienste finden Sie in den *Systemeinstellungen* in der Rubrik *Internet & Netzwerk* bzw. *Internet & Drahtlose Kommunikation* und dort unter *Sharing/Freigaben*. Unter Windows suchen Sie die *Systemsteuerung* und dort das Netzwerk- und Freigabecenter auf, über das sich per Assistent ein Netzwerk einrichten lässt.

In *iTunes* öffnen Sie zuerst die *Einstellungen* und suchen dort die Rubrik *Freigabe* auf. Dort lässt sich nun die Option *Nach freigegebenen Mediatheken suchen* aktivieren und auch die Erlaubnis zur Freigabe der eigenen *Mediathek* (*Meine Mediathek im lokalen Netzwerk freigeben*) erteilen. Im ersten Fall macht sich Ihr Rechner automatisch auf den Weg und fahndet nach einem *iTunes*-Verwandten. Die zweite Option wiederum überlässt es Ihnen, ob Sie Ihr vollständiges *iTunes*-Archiv (*Gesamte Mediathek freigeben*) oder nur bestimmte Teile davon (*Ausgewählte Wiedergabelisten freigeben*) zur Verfügung stellen möchten. In letzterem Fall können Sie dann genau jene Listen aktivieren, die auf dem anderen Rechner angezeigt werden sollen.

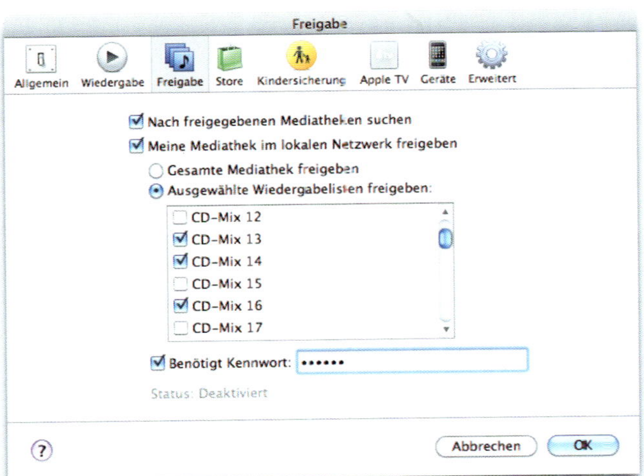

Für den Anfang muss man ja nicht gleich alles preisgeben …

In der Rubrik *Allgemein* tragen Sie nun bei *Mediathek-Name* jenen Namen ein bzw. übernehmen den schon bestehenden, der beim Zugriff auf Ihre Daten im *iTunes*-Fenster des Netzwerk-Rechners erscheinen soll. Und sind Sie eher misstrauischer Natur, so können Sie selbstverständlich ein *Kennwort* festlegen (wieder in der Rubrik *Freigabe*), das Sie nur Eingeweihten mitteilen. Bestätigen Sie Ihre Einstellungen, so hebt Apple kurz einmal den Zeigefinger.

Das war ja klar, dass Sie Ihre Musik nicht RTL und Pro 7 zur Verfügung stellen.

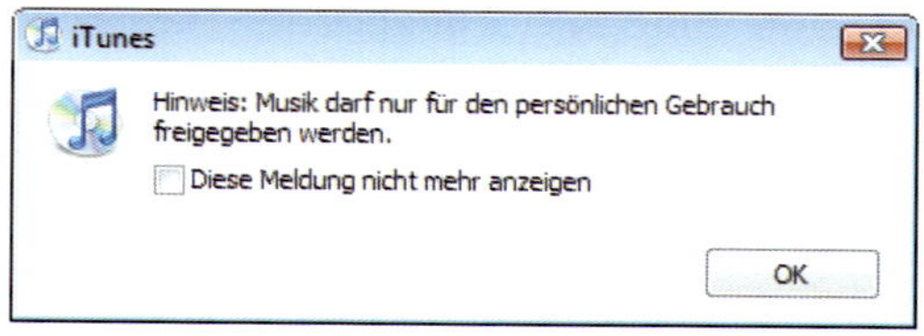

Sind alle Vorkehrungen getroffen und startet ein zweiter Anwender seine *iTunes*-Applikation, so dauert es auch gar nicht lange und in der *Quellen*-Liste erscheint der neue Punkt *Freigaben*. Als einzige Einschränkung gilt hier: Das Importieren aus der Mediathek sowie das Brennen einer Audio-, MP3- oder Daten-CD ist nicht möglich – im Gegensatz zur *Privatfreigabe*, über die Sie im nächsten Abschnitt mehr erfahren.

Klappt auf Anhieb: Zwei vernetzte Rechner teilen sich die Inhalte von »iTunes«.

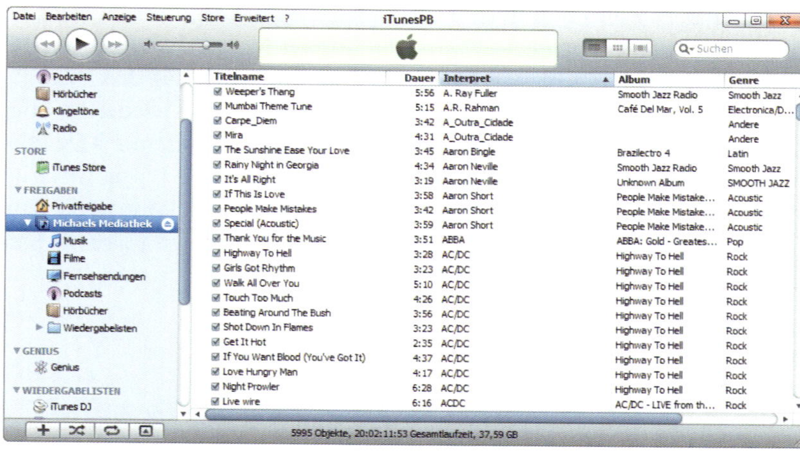

Stößt man auf eine geschützte und mit Passwort versehene *Mediathek* (erkennbar am kleinen Schloss-Symbol auf dem *Freigaben*-Icon – Maxi Music), so heißt es erst einmal den Kennwort-Test (funktioniert Ihr Gedächtnis noch?) zu bestehen. Nach der Eingabe heißt es dann ebenso »Musik marsch«.

Ohne Kennwort nix los – seien Sie also immer nett zu lokalen Netzwerk-Teilnehmern, denn sonst groovt das Büro ohne Sie.

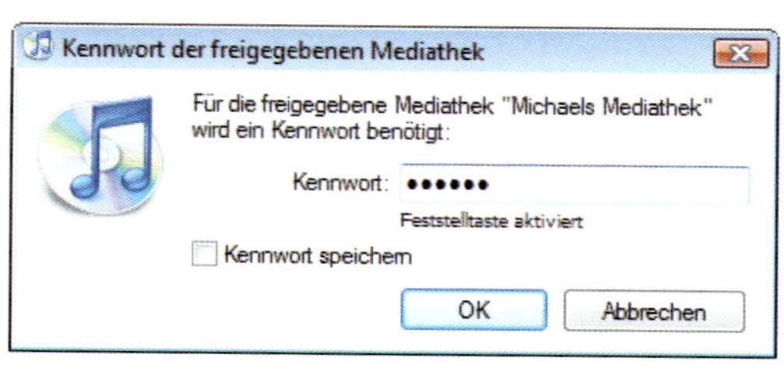

Das *Abmelden* geht ebenso schnell vonstatten: Entweder ein Netzwerk-Teilnehmer drückt auf den *Auswerfen*-Button rechts neben der gemeinsam genutzten Wiedergabeliste (⏏) oder Sie selbst erledigen das mit Ihrer freigegebenen Bibliothek, indem Sie schlicht in den *iTunes-Einstellungen* Ihre Erlaubnis widerrufen und den restlichen Zuhörern den Saft abdrehen – nach einer kurzen Nachricht verschwinden im Handumdrehen Ton und/oder Bild.

Die Privatfreigabe – Mediatheken Zuhause verwalten

Während Sie bei regulär freigegebenen Mediatheken über ein lokales Netzwerk Musik und/oder Filme nur anhören und anschauen können, dient die Privatfreigabe zum Organisieren und Verwalten mehrerer Mediatheken, wobei Sie in diesem Fall auch Medien importieren können. Das erleichtert auch den Umgang mit Mediatheken, die einerseits identisch sein sollen, andererseits aber auf verschiedenen Rechnern liegen. Voraussetzung zur *Privatfreigabe* ist ein *iTunes Store*-Account.

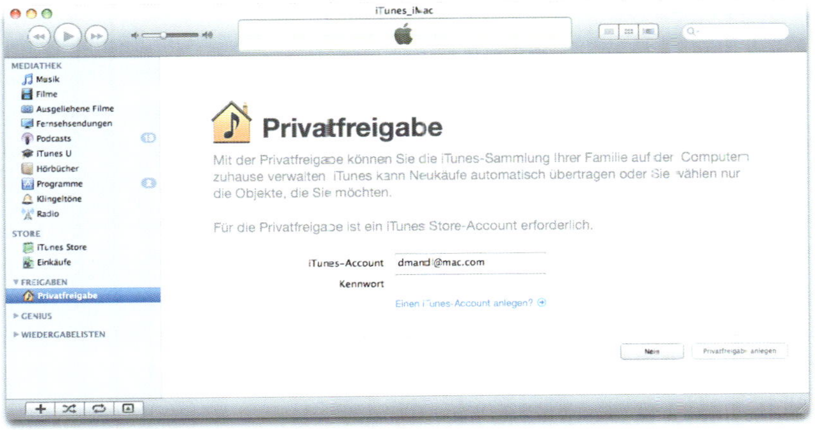

Klicken Sie das erste Mal auf »Privatfreigabe«, so müssen Sie sie mit Apple ID und Passwort aktivieren.

Jene Mediatheken, aus denen Sie nun Titel importieren möchten, müssen nun alle erst freigeschaltet werden, indem Sie entweder in der Quellen-Liste auf *Privatfreigabe* klicken oder den Menübefehl *Erweitert | Privatfreigabe aktivieren* wählen. Geben Sie nun auf allen diesen Rechnern Ihren *iTunes Store-Account* ein (und zwar immer denselben). Bitte denken Sie daran, dass Sie dazu online sein müssen. Sobald diese Schritte vollzogen wurden, erscheint wieder unter dem Punkt *Freigaben* in der Quellen-Liste die gewünschte Mediathek.

Erscheint die aktivierte Mediathek, so lassen sich alle Medien importieren ... auf Wunsch auch automatisch (das gilt zumindest für Einkäufe, die über den iTunes Store getätigt wurden).

Sobald Sie nun die neu erscheinende Mediathek markieren, so wird dessen Inhalt angezeigt und alle Arten von Medien lassen sich nun in die eigene Mediathek ziehen. Alternativ lassen sich auch die einzelnen Titel markieren und Sie klicken auf *Importieren*, so dass diese flugs in die eigene Sammlung wandern. Betätigen Sie noch dazu den Button *Einstellungen*, so können Sie dort jene Rubriken aktivieren, die im Falle eines Einkaufs im *iTunes Store* automatisch übertragen werden sollen. Das spart im Grund viel Zeit, denn *iTunes* wird künftig immer versuchen, alle zur *Privatfreigabe* gehörenden Mediatheken mit den aktuellen Neueinkäufen zu versorgen.

Ausschalten lässt sich die *Privatfreigabe* natürlich auch: Wählen Sie wieder aus der Menüleiste den Punkt *Erweitert* und daraus den Befehl *Privatfreigabe deaktivieren.*

Wider den bösen Buben – die Kindersicherung

Kindersicherung

Inhalte, auf die Kinder keinen Zugang erhalten sollen, können in den *iTunes-Einstellungen* unter *Kindersicherung* deaktiviert werden – diese tauchen dann gar nicht erst in *iTunes* auf. Das wären zum Beispiel die diversen Quellen wie *Podcasts, Radio, iTunes Store* oder *Freigegebene Mediatheken.*

Werden nun einzelne Punkte aktiviert, so verschwinden die entsprechenden Inhalte aus *iTunes*. Sinn macht das Ganze aber nur, wenn Sie gleichzeitig in das Schloss-Symbol ( ) links unten klicken und dieses damit »verschließen« ( ). Auf diese Weise können in der *Kindersicherung* nur Änderungen vorgenommen werden, wenn das Administrator-Kennwort eingegeben wird.

Was tun mit unartigen Kindern? Podcasts, Radio, iTunes Store oder die gemeinsame Nutzung streichen.

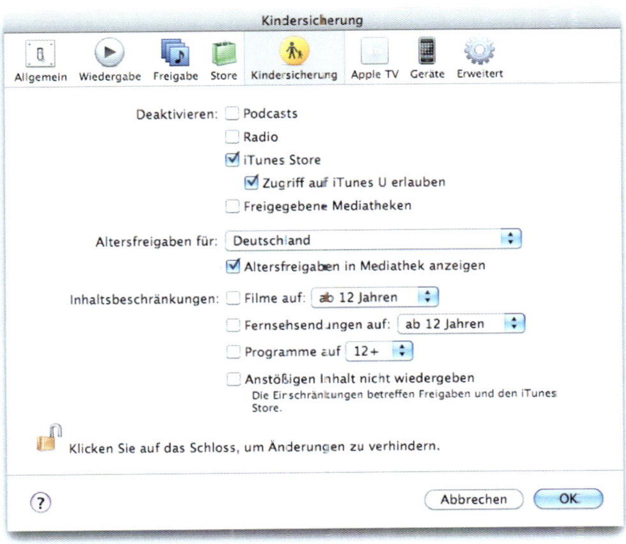

Stellen Sie unter *Altersfreigaben* den Eintrag *Deutschland* ein, so lassen sich verschiedene Medien automatisch auf das Alter von Kindern beschränken. Dies gilt unter anderem für *Filme*, *Fernsehsendungen* und *Programme/Spiele*. Bleibt noch die Option *Anstößigen Inhalt nicht wiedergeben*: Apple weist in diesem Fall darauf hin, dass sich damit Artikel, die mit »Explicit« (EXPLICIT) ausgezeichnet sind, im *iTunes Store* nicht mehr durchsuchen, kaufen oder abonnieren lassen. Befinden sich hingegen schon derlei Titel in der eigenen Mediathek, so werden diese ohne Einschränkung abgespielt.

Last, but not least: Die beste Kontrolle besteht immer noch darin, dass Eltern zusammen mit ihren Kindern auf Internet- oder *iTunes*-Pirsch gehen. Stößt man dennoch auf Inhalte, die nicht ganz dem »normalen« Denken oder den Ansichten der Masse entsprechen, so sollte man darüber reden. So wächst Vertrauen und Ehrlichkeit und alle wissen schließlich, dass die Kinder letztlich von den Bienen und Störchen kommen … Sie wissen schon, was ich meine, gell?

iPod/iPhone, Apple TV & iTunes – das perfekte Gespann

Egal, für welchen *iPod* Sie sich letztlich entscheiden oder bereits besitzen – die Zusammenarbeit bzw. der Abgleich funktioniert meist ohne Probleme und man möchte nach wenigen Tagen dieses Gespann nicht mehr missen. Auch *Apple TV* bietet das ein oder andere Highlight, erfordert jedoch ein wenig Geschick, ehe es mit *iTunes* kooperiert. Mehr zu *Apple TV* erfahren Sie im letzten Abschnitt dieses Kapitels unter der Überschrift »Mit Apple TV die Musik- und Film-Welt erkunden«.

Ist der *iPod* frisch aus der Verpackung genommen und vorsichtig ausgepackt, sollten Sie auf jeden Fall einen zumindest kurzen Blick auf die beigelegte Dokumentation werfen. So machen Sie sich schon einmal vertraut mit den Bedien-Elementen, wie Sie ihn einschalten, zurücksetzen oder mit Hilfe des iPod-Displays navigieren. Danach steht der erste Kontakt mit *iTunes* an. Sobald Sie den iPod mit dem Rechner verbinden oder diesen in ein Dock stecken, startet *iTunes*. Und Sie müssen Ihren iPod taufen (aber bitte ohne Wasser oder Champagner-Flasche). Eigentlich ist es ja egal, wie Sie ihn letztlich benennen, doch denken Sie immer daran: Sollten Sie mal den iPod Verwandten oder Freunden vorführen, so treffen Sie nicht unbedingt jedermanns Geschmack, wenn er sich etwa »Mein Schnuffel« oder »Zicken-Pod« nennt.

Schick: Die aktuellen iPod- und iPhone-Modelle machen mächtig was her. (Bilder: © Apple)

Nach dem Akzeptieren des Softwarelizenzvertrages sowie der Anmeldung über den *iTunes Account* (falls noch nicht geschehen, können Sie dies nun ebenso erledigen) möchte Apple seine iPods registriert wissen. Möchten Sie keine privaten Daten weitergeben, so klicken Sie einfach auf *Abbrechen* und Sie gelangen zum Konfigurations-Dialog.

Wie aufregend: Es geht los ...

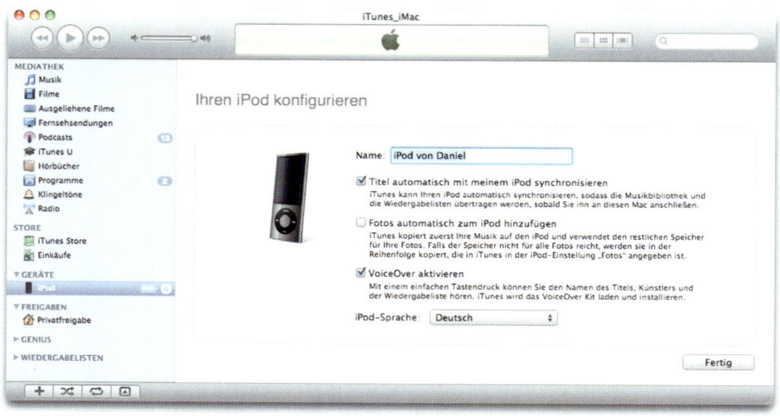

Als Erstes erfolgt die Namensvergabe: Und ich taufe dich auf den Namen ...

Im *iPod konfigurieren*-Dialog lässt es sich bereits einrichten, ob der iPod sowohl Musik-Titel (*Titel und Videos automatisch mit meinem iPod synchronisieren*), Bilder (*Fotos automatisch zum iPod hinzufügen*) als auch Anwendungen aus dem App Store (*Programme automatisch synchronisieren*) automatisch abgleichen soll. Bei den aktuellen Modellen *iPod Shuffle* (ab 3. Generation) sowie *iPod nano* (ab 5. Generation) lässt sich weiterhin die Funktion *VoiceOver aktvieren* einschalten, über die Sie sowohl die Namen von Musik-Titeln, der Künstler als auch der Wiedergabelisten hören können. Bei letzterer Funktion müssen Sie meist erst noch das *VoiceOver Kit* (die ausführende Software) laden. Möchten Sie die Optionen lieber deaktivieren, so ist das kein Beinbruch, schließlich können Sie das alles auch später manuell nach eigenen Wünschen übernehmen.

Klicken Sie auf *Fertig*, so beginnt bereits der Transfer der Daten auf den iPod. Am Anfang werden grundsätzlich die Musik-Titel übertragen, danach folgen Bilder, Adressen & Co. – je nach Auswahl. Der Abgleich erfolgt nun direkt im *iTunes*-Fenster, das verschiedene Reiter – je nach iPod/iPhone-Modell – aufweist.

Die »Übersicht«

Wird der iPod an den Mac angestöpselt, so taucht er in der *Quellen*-Liste unter der Rubrik *Geräte* auf. Dort angeklickt, gelangen Sie automatisch in die »Abgleich-Zentrale«. Der erste Reiter – *Übersicht* – führt dabei das angeschlossene iPod-Modell mit seinen technischen Daten auf: Name, Kapazität, Softwareversion sowie Seriennummer sind auf einen Blick erkennbar. Das mag auch für Garantiefälle hilfreich sein.

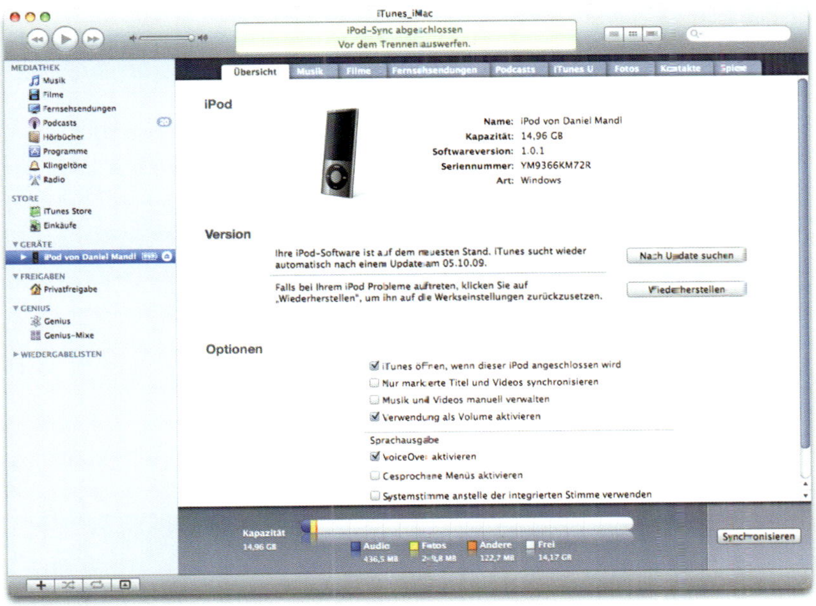

Die Zentrale zum Schalten und Walten mit den jeweiligen Themen-Reitern. In der Beispiel-Abbildung wird ein iPod nano (5. Generation) gezeigt.

Sie können im Übrigen auch mehrere iPods gleichzeitig an Ihren Mac anschließen. In der Quellen-Liste werden dann alle iPods unter dem Punkt »Geräte« aufgeführt.

Aufgrund der relativ kleinen Speicher-Kapazität sowie des Nichtvorhandenseins eines Displays bekommt der *iPod shuffle* nur zwei bzw. vier Reiter (*Einstellungen* und *Inhalte bzw. Übersicht*, *Musik*, *Podcasts* und *iTunes U*) in *iTunes* zugewiesen. Über *Maximale Lautstärke begrenzen* können Sie im Zweifel die *Wiedergabe-Lautstärke* herabsetzen und durch Mausklick auf das *Schloss*-Symbol ( ) vor Veränderung schützen. Weiterhin lässt sich beim *iPod shuffle* der Speicher-Platz bestimmen, sofern Sie ihn als externe Festplatte (*Verwendung als*

Volume/Festplatte aktivieren) benutzen möchten. Für ältere *iPod shuffle*-Modelle gilt hier: Ob *mehr Titel* zum Musik hören oder *mehr Daten* zum Daten-Transport – über den Reiter *Inhalte* und dort per Klick auf den Button *Einstellungen* finden Sie den entsprechenden Regler. Ziehen Sie ihn einfach in die gewünschte Richtung und der *iPod shuffle* passt sich dem an. Die aktuelle Modell-Generation richtet sich automatisch ein – je mehr Musik aufgespielt wurde, desto kleiner ist folglich der Festplatten-Platz.

Nur zwei bzw. vier Reiter: Der iPod shuffle hält eine Sonderstellung im iPod-Fuhrpark, schließlich besitzt er keinen Bildschirm, dafür aber neuerdings ein eingebautes Sprachrohr (eine virtuelle Stimme).

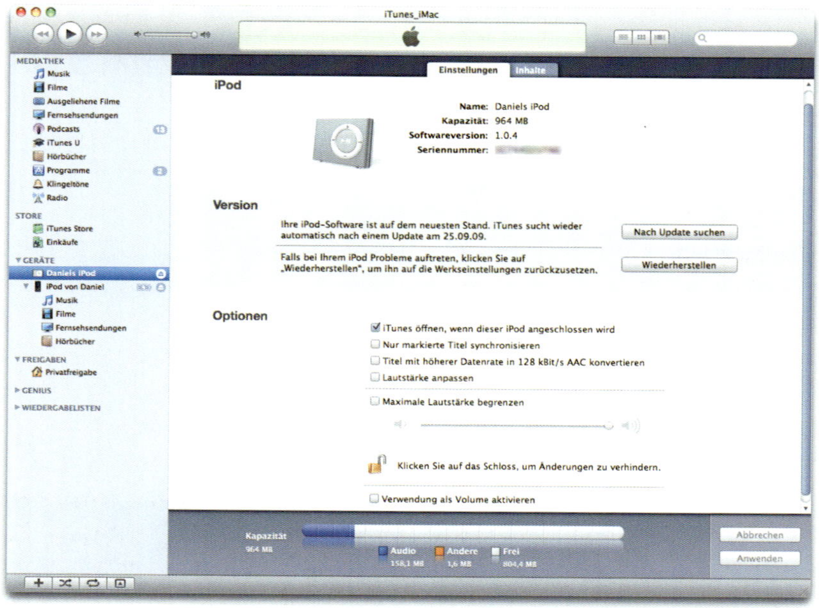

Über die Einstellungen im Reiter »Inhalte« passen Sie die Ladekapazität (ob mehr Musik oder Daten) an.

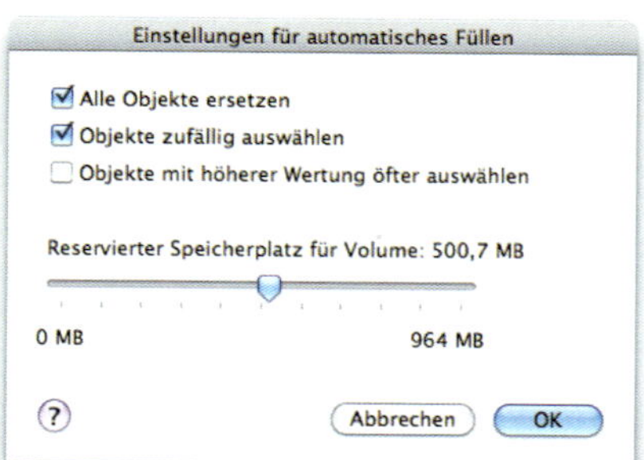

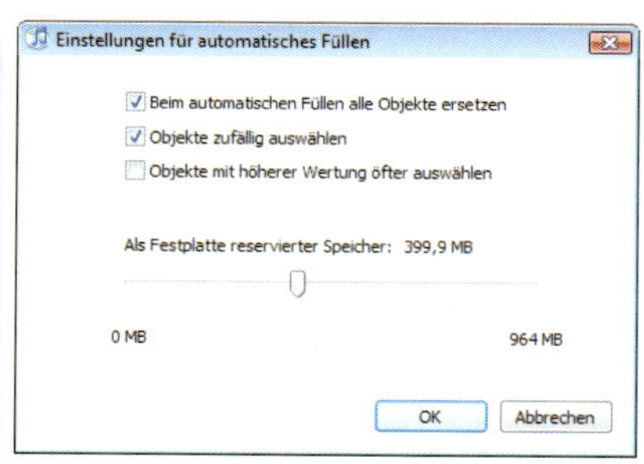

iPods mit veralteter Software lassen sich – eine bestehende Online-Verbindung vorausgesetzt – hier ebenso auf Vordermann bringen. Bei *Version* finden Sie die nötigen Informationen dazu sowie den *Nach Update suchen*- bzw. *Aktualisieren*-Knopf, der auf Betätigung hin die aktuelle Software lädt.

Ist in den *iTunes-Einstellungen* in der Rubrik *Allgemein* die ganz unten stehende Option *Automatisch nach neuen Software-Updates suchen* aktiviert, so wird von ganz alleine überprüft, ob diese dem neuesten Stand entspricht. Voraussetzung ist bei dieser Funktion jedoch eine bestehende Online-Verbindung.

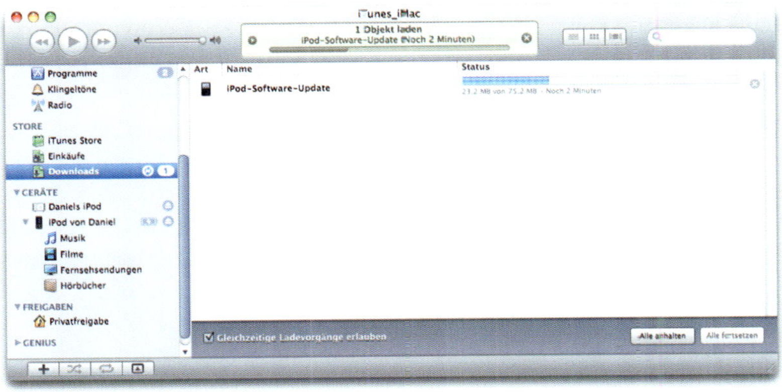

iTunes nimmt Kontakt mit Apples Server auf und lädt das Update herunter. Danach erfolgt automatisch die Aktualisierung.

Direkt darunter finden Sie den Button zum *Wiederherstellen* eines iPod. Diesen Schritt sollten Sie nur angehen, wenn Ihr iPod wirklich Probleme bereitet (beispielsweise ständig hängen bleibt) oder Sie ihn künftig an einem Rechner mit anderem Betriebssystem betreiben möchten, da hierbei alle Daten auf dem iPod gelöscht werden und er auf die Werkseinstellungen zurückgesetzt wird – Sie erhalten in diesem Sinne Ihren iPod als »neues« Gerät zurück.

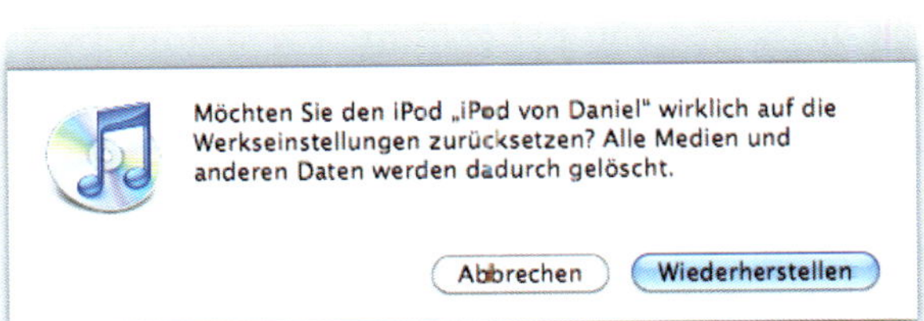

Apple kündigt es an: Alle Daten werden rigoros gelöscht. Wenn Sie danach Ihren iPod an den Mac anschließen, müssen Sie wieder einen Namen vergeben und alle Daten erneut übertragen.

Die in der *Übersicht* unten stehenden Optionen bedeuten Folgendes: Möchten Sie, dass Ihr *iTunes* selbstständig startet, wenn ein iPod angeschlossen wird, so markieren Sie den ersten Eintrag (*iTunes öffnen, wenn dieser iPod angeschlossen wird*). *Nur markierte Titel und Videos synchronisieren* bezieht sich auf die kleinen Markierungsfelder (☑) vor den Musik-Titeln, Videos, Hörbüchern etc. Befinden sich in den Kästchen keine Haken, so werden diese Medien bei der Synchronisierung übergangen.

Über *Musik und Videos manuell verwalten* (bzw. nur *Musik manuell verwalten*) schalten Sie den automatischen Abgleich ab. Auf den ersten Blick rührt sich erst einmal nichts, auf den zweiten sehen Sie sich nun aber veranlasst, alles selbst zu organisieren, was bei umfangreichen Daten-Beständen bzw. einem iPod classic mit beispielsweise 160 Gigabyte zum Geduldsspiel werden kann. Sie müssen also sowohl Musik, Hörbücher, Podcasts als auch Ihre Videos etc. künftig selbsttätig aus der *iTunes-Mediathek* auswählen und Ihren iPod damit füttern.

Im Grunde können Sie Ihren iPod von diesem Zeitpunkt wie eine zweite *iTunes*-Anwendung betrachten und müssen sie auch so bedienen. Ziehen Sie Einzellieder darauf, so befinden sich diese in der Rubrik *Musik*, von wo aus Sie wiederum eigene Wiedergabelisten innerhalb des iPod anlegen können. Oder Sie ziehen mehrere Wiedergabelisten aus Ihrer *iTunes-Mediathek* auf Ihren iPod, so dass diese ebenso dort angelegt werden – die zugehörigen Lieder werden dann automatisch kopiert.

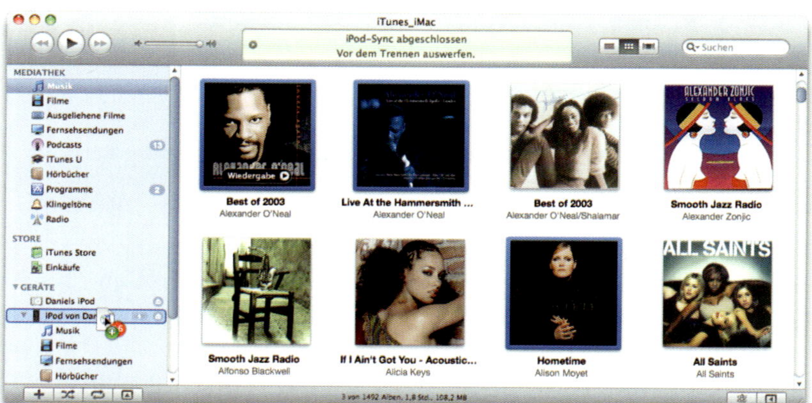

iPod füllen per Drag & Drop – die Einzellieder, Wiedergabelisten oder ganze Ordner werden einfach auf die iPod-Liste gezogen und so auf dessen Speicher kopiert.

Bei Verwendung mehrerer iPods mit Ihrem Rechner merkt sich *iTunes* im Übrigen die Einstellungen. Es ist somit kein Problem, einen *iPod touch* automatisch zu synchronisieren, während Sie ein älteres *iPod shuffle*-Modell manuell verwalten.

Verfügen Sie über einen iPod mit großer Kapazität, so bietet es sich an, diesen als mobile Festplatte zu verwenden. Bitte beachten Sie hierbei, dass diese Funktion leider nicht auf dem iPod touch und iPhone möglich ist. Die Option *Verwendung als Volume/Festplatte aktivieren* finden Sie in der *iPod-Übersicht*. Wird diese nun eingeschaltet, so zeigt sich auf Ihrem Schreibtisch oder in der Seitenleiste des Mac OS X-Fensters ein *iPod*-Icon bzw. über *Start | Computer* (Windows) der *Wechseldatenträger*. Markieren Sie es (in der Seitenleiste) oder doppelklicken Sie es (auf dem Schreibtisch/als Wechseldatenträger), so öffnet sich das zugehörige Fenster und Sie könnten – je nach freiem Speicherplatz – fleißig Daten darauf kopieren. Packen Sie einfach einen Ordner mit Arbeits-Dateien oder eine Bilder-Sammlung und ziehen Sie diese in das Fenster – der Kopier-Vorgang beginnt sogleich. Einziger Nachteil hierbei: Sie müssen das iPod-Volume jedes Mal separat auswerfen, auch wenn die Synchronisierung weiterhin über *iTunes* automatisch läuft und Sie es vom Programm trennen.

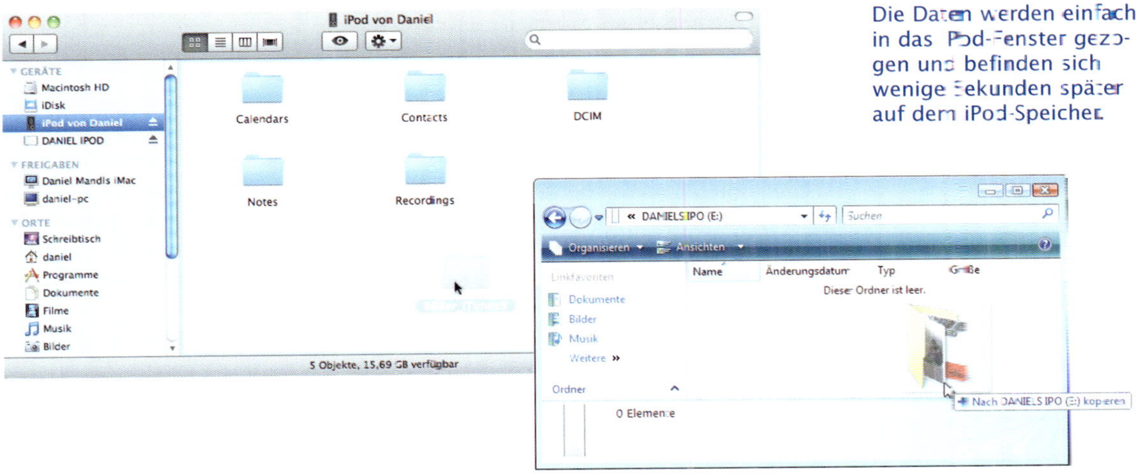

Die Daten werden einfach in das iPod-Fenster gezogen und befinden sich wenige Sekunden später auf dem iPod-Speicher.

Ein Abgleich der *iTunes-Bestände* (Musik, Video, Foto) funktioniert immer nur vom Rechner aus auf den iPod. Einzig in *iTunes* gekaufte Artikel lassen sich vom iPod aus auf einen Rechner kopieren, der jedoch wiederum freigeschaltet (Apple-Account) sein muss. Der einfache Zugriff auf die vielen Musik-Titel ist von Apple nicht vorgesehen.

Auf Ihrem *iPod-Volume* finden Sie weiterhin den Ordner *Notes*. Legen Sie darin einfache Text-Dokumente mit der Endung *.txt* ab, so lassen sich diese auch am *iPod* lesen. Text-Dokumente lassen sich schnell und einfach mit dem Programm *TextEdit* (Mac OS X) erstellen, indem Sie über das *Format*-Menü den Befehl *In reinen Text umwandeln* (⌘-⇧-T) wählen. Unter Windows erledigen Sie das über Programme wie *WordPad*. Einzige Einschränkung hierbei: Die Texte dürfen nicht länger als 4096 Zeichen sein. Und bitte beachten Sie: Beim Konvertieren in reinen Text gehen alle Formatierungen verloren.

Zurück zur *Übersicht*: Optisch gut gelungen ist die *Kapazitäts*-Anzeige am unteren Rand des *iTunes*-Fensters. Auf einen Blick werden verbrauchter wie noch freier Speicherplatz erkennbar, weiterhin kann auch die Art des Speicher-Inhalts binnen Sekunden identifiziert werden: *Audio* (Musik-Titel, Hörbücher etc.), *Video* (Filme, Musikvideos, TV-Sendungen), *Fotos* (Bilder aus *iPhoto*, dem Benutzer-Bilderordner oder Cover-Bilder), *Programme* (Software aus dem *App Store*, *Spiele*), *Andere* (Kontakte, Kalender, Podcasts). Rechts davon liegen noch die beiden Knöpfe *Abbrechen* und *Anwen-*

den bzw. nur *Synchronisieren.* Ersterer dürfte klar sein, während der Zweite nach Änderungen innerhalb der Medien-Reiter eine sofortige Aktualisierung (erneuter Abgleich) des iPod anwirft.

Die Kapazitäts-Anzeige zeigt die Verteilung der Medien-Arten sowie den freien Speicherplatz an.

Einstellungen für die »Musik«-Synchronisierung

Dieser Bereich steht allen iPod/iPhone-Modellen zur Verfügung, denn dort wird der Musik-Abgleich definiert. Standardmäßig ist die Funktion *Musik synchronisieren* aktiviert, ebenso die Optionen *Die ganze Musikmediathek* sowie *Musikvideos einbeziehen.* Hierbei werden nach dem Anschließen des iPod/iPhone an den Rechner automatisch alle Lieder und angelegten Wiedergabelisten übertragen. Sind seit dem letzten Abgleich neue Lieder hinzugekommen oder wurde die ein oder andere Wiedergabeliste verändert, so werden auch diese berücksichtigt.

Wenn Sie es bevorzugen, nur bestimmte Wiedergabelisten auf iPod/iPhone zu übertragen und abzugleichen, so wählen Sie die Option *Ausgewählte Wiedergabelisten, Interpreten und Genres.* Dabei wird ein weiterer Bereich freigeschaltet und Sie können nun bei den gewünschten Listen einen Haken setzen. In diesem Fall werden nur die von Ihnen ausgesuchten Wiedergabelisten übertragen und synchronisiert.

Entweder wird der gesamte Bestand …

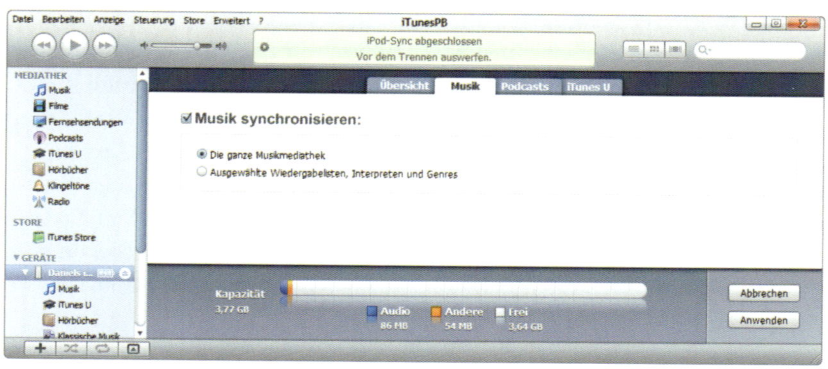

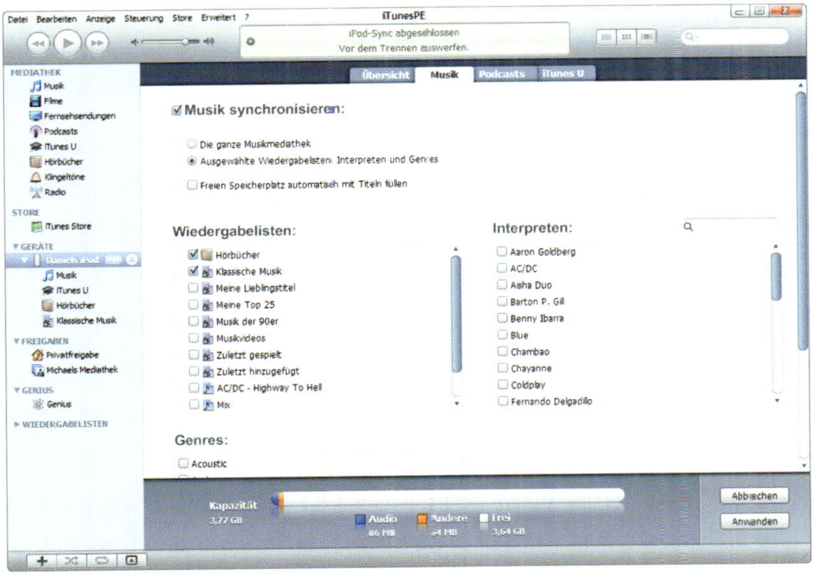

... oder nur ein Teil davon übertragen. In diesem Fall zählen einzig Ihre Vorlieben – die Synchronisierung berücksichtigt dies. Viel Spaß beim Klicken.

Weiterhin lassen sich beim Abgleich auch die *Musikvideos* einbeziehen bzw. der noch übrig bleibende Speicherplatz automatisch mit Titeln füllen. Ist Ihre *iTunes-Mediathek* größer als das Fassungsvermögen des iPod-/iPhone-Speichers, so erhalten Sie – je nach Modell und bereits getätigter »Füllung« – unterschiedliche Dialoge angeboten: Während im Leerzustand lapidar feststellt wird, dass ein Abgleich so nicht möglich ist, erhält derjenige, der bereits Bilder oder Filme auf dem iPod hat, die Möglichkeit, dass *iTunes* diese entfernt, bis wieder ausreichend Platz für die Musik vorhanden ist. Reicht es dann immer noch nicht, so werden Ihnen weitere Entscheidungs-Möglichkeiten angeboten.

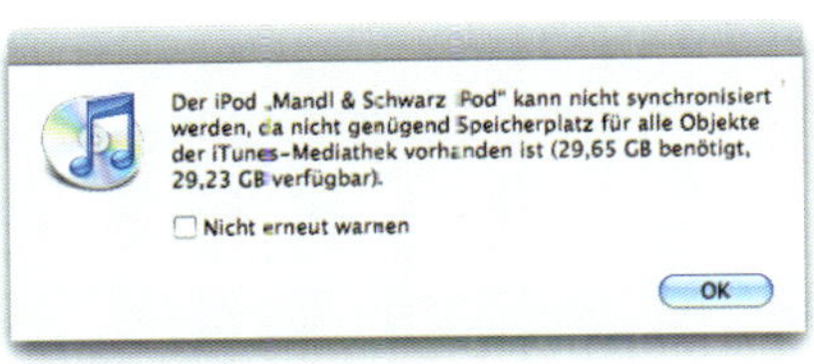

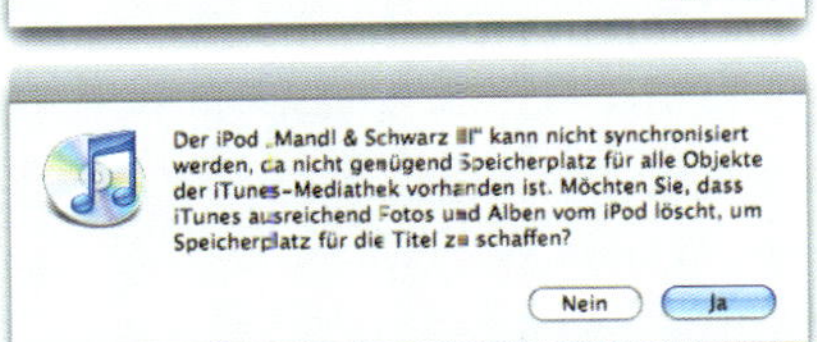

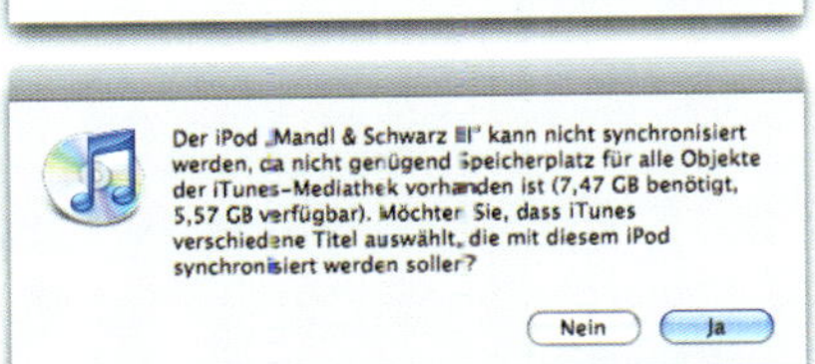

Je nach Ausgangslage werden unterschiedliche Lösungen vorgeschlagen.

Bejahen Sie im letzten Dialog, so erstellt *iTunes* aus Ihrem Musik-Repertoire eine eigene *Wiedergabeliste*. Das mag bei wenigen Hundert Liedern in Ordnung sein, bei mehreren Tausend werden Sie jedoch keinen Überblick mehr bekommen. Die zweite Version meint es besser mit uns: Klicken Sie auf *Nein*, so steht einer eigenen Verwaltung nichts im Weg. Aktivieren Sie daher die Option *Ausgewählte Wiedergabelisten, Interpreten und Genres* und suchen Sie sich Ihre eigenen Wiedergabelisten aus – und zwar so viele, wie die Kapazität des iPod-Speichers aufnehmen kann. Zugegeben – bei einem 80 Gigabyte-iPod (oder noch größer) muss man ganz schön viel klicken …

Mit gedrückter *Befehlstaste* (⌘) beim Mac oder *Steuerungstaste* (Strg) unter Windows und Mausklick auf einen Eintrag lassen sich alle Checkboxen auf einmal aktivieren oder deaktivieren. Je nachdem, wo Sie mehr klicken müssen (an- oder wegklicken) lässt sich so schon mal ein wenig Zeit sparen.

Zum Glück ist *iTunes* sehr kommunikativ und schützt Sie so vor Fehlern, denn wird ein *iPod* mit dem Computer verbunden, der zuvor über einen anderen Rechner synchronisiert wurde, so lässt sich dieser nicht auf dem aktuellen PC abgleichen. Wenn Sie also nicht möchten, dass Ihr iPod mit völlig neuen Daten überspielt wird, so klicken Sie in der auftauchenden Warnmeldung auf *Abbrechen*. Mit Hilfe des Dialogs können Sie zumindest jene Daten, die über den *iTunes Store* erworben wurden (falls vorhanden), nach *iTunes* transferieren. (Button *Einkäufe übertragen*). Klicken Sie hingegen auf *Löschen & Sync*, so wird der Inhalt der geöffneten *iTunes-Mediathek* kopiert – die bisherigen Daten auf dem iPod werden gelöscht. Schließen Sie einen iPod, der auf einem Mac eingerichtet wurde, an einen Windows-PC, so geht rein gar nichts. Der iPod muss erst über die Option *Wiederherstellen* auf die Werkseinstellung zurückgesetzt und neu formatiert werden.

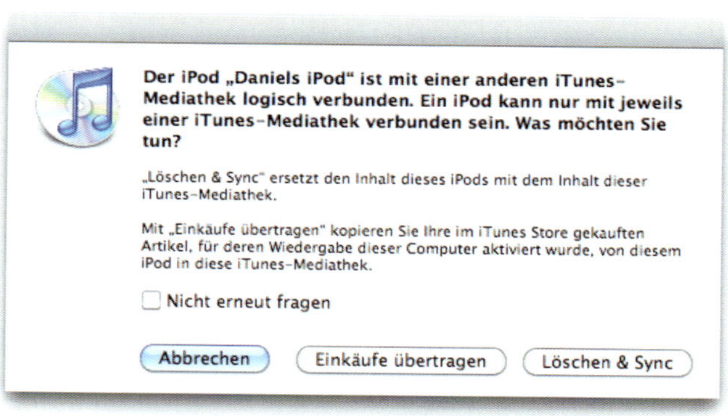

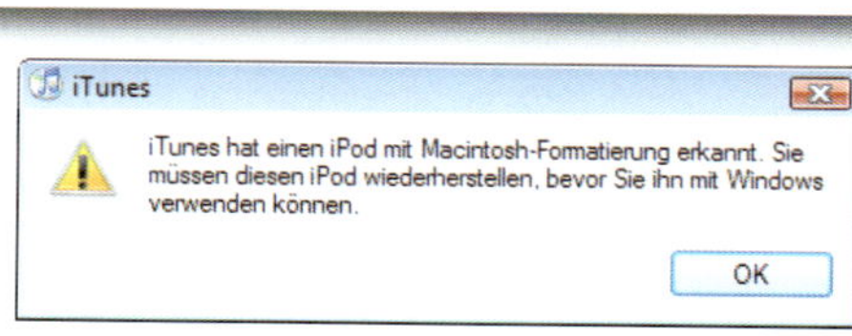

Löblich: Apple warnt den Anwender, ehe dieser aus Versehen Fehler macht.

Die älteren *iPod shuffle* machen beim Befüllen mit Musik wieder eine kleine Ausnahme: Zum einen gibt es hier keinen Reiter *Musik* – denn der nennt sich in iTunes *Inhalte*. Dieser kümmert sich letztlich um das Füllen des Speichers mit Musik. Hierbei ähnelt die Benutzer-Oberfläche jener von *iTunes DJ*, mit der sich selbstständig eine Musik-Auswahl treffen lässt.

Die Füllstation für den iPod shuffle – wenn gewünscht vollautomatisch oder nach Anwenders Gusto.

Zuerst sollten Sie dabei die *Quelle* bestimmen, also jenen Bereich festlegen, aus dem die Titel bezogen werden sollen. Das kann die vollständige Musik-*Mediathek* sein, so dass bei umfangreichem Daten-Bestand bei jedem Klick auf *Automatisch füllen* eine neue Auswahl zusammengestellt wird. Ist noch dazu in den *Einstellungen* (siehe gleichnamiger Button) die Option *Alle Objekte ersetzen* aktiviert, so werden alle bestehenden Titel ausgetauscht.

Eine Alternative dazu besteht darin, dass Sie in *iTunes* eine extra *Wiedergabeliste* mit entsprechender Titel-Bestückung anlegen und diese als *Quelle* definieren. Über *Automatisch füllen* wird dann diese Liste übertragen. Genauso gut klappt aber auch das manuelle Füllen, indem Sie zuerst in *iTunes* Ihr Musik-Archiv wählen, die gewünschten Titel markieren und dann auf das iPod-Symbol (IPOD) ziehen – die Titel werden dann augenblicklich kopiert. Das geht so lange, bis die Aufnahme-Kapazität ausgereizt ist und sich der *iPod* per Meldefenster bemerkbar macht (nicht mehr ausreichend Speicher-Platz vorhanden). In diesem Fall müssen Sie zuvor manuell einzelne Titel wieder löschen.

Neben Musik-Titeln lassen sich selbstverständlich auch Hörbücher und Audio-Podcasts kopieren. Bei Musik-Videos und Video-Podcasts verweigert der *iPod shuffle* jedoch die Annahme – verständlich, ist doch eine Bildwiedergabe ohne Display nicht möglich.

1, 2, 3 ... bitte sprechen: Bestimmte iPods (iPod touch, iPod nano 5. Generation, iPhone) taugen auch als Diktiergerät bzw. zum Festhalten wichtiger Gedanken. Die Übertragung der Sprach-Datei erfolgt beim Synchronisieren zwischen Gerät und iTunes.

Besitzen Sie einen iPod/ein iPhone, mit dem Sie Sprachmemos aufzeichnen können, so werden diese gesprochenen Beiträge beim regulären Abgleich des iPod/iPhone mit *iTunes* in die Mediathek gelegt. Sie erkennen diese Aufzeichnungen zum einen daran, dass diese als Titel das Datum sowie die Uhrzeit der Aufnahme tragen. Wenn Sie noch dazu die zugehörigen Informationen (⌘-I/Strg-I) aufrufen, lässt sich in der Rubrik *Optionen* unter *Medienart* der Eintrag *Sprachmemo* erkennen.

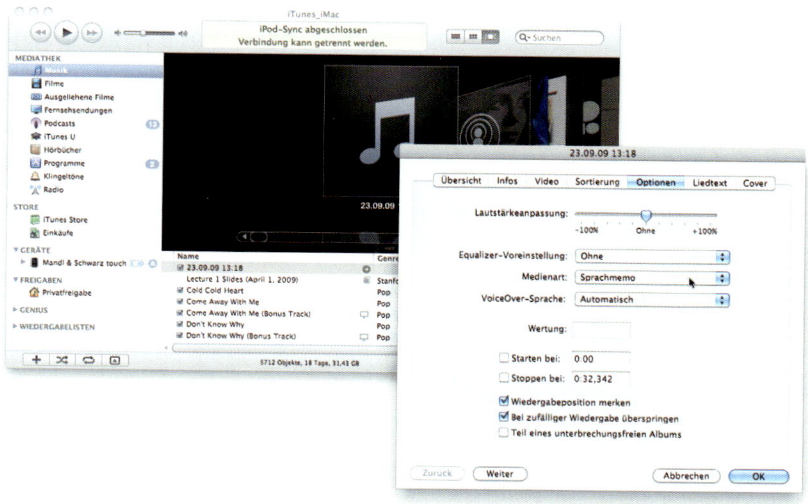

Filme und Fernsehsendungen auf iPod/iPhone übertragen

So leid es uns tut – die Reiter *Filme* und *Fernsehsendungen* tauchen erst gar nicht auf, falls Ihr iPod schon etwas älter bzw. von Apple nicht dazu bestimmt ist. Die anderen können sich jedoch freuen, denn der Abgleich ist kinderleicht. Wie üblich können Sie sich entscheiden, ob Sie etwa *alle Filme*, die noch *nicht angesehenen* oder nur *ausgewählte Filme* berücksichtigen möchten. Haben Sie nach einer Aktualisierung bereits Änderungen in Ihren Einstellungen vorgenommen, so klicken Sie auf den *Anwenden*-Button rechts unten und der Abgleich erfolgt erneut.

Filme, die auf dem iPod oder dem iPhone abgespielt werden sollen, müssen zuvor eigens dafür aufbereitet werden (bei nicht verwendbarem Film-Material erhalten Sie ansonsten eine Fehlermeldung). Hierzu brauchen Sie nur in der *Quellen*-Liste unter *Filme* einen oder mehrere zu markieren und im *Erweitert*-Menü den Befehl *Version für iPod oder iPhone erstellen* zu wählen. Hierbei werden die Film-Sequenzen auf eine Größe von 320 x 240 Pixel bzw. 640 x 480/480 x 320 Pixel skaliert und als MPEG 4-Videodatei (Video-

Codec: H.264) exportiert. Das Ganze dauert je nach Länge der Filme einige Minuten, die sich dann unter gleichem Namen in der Filme-Rubrik wiederfinden.

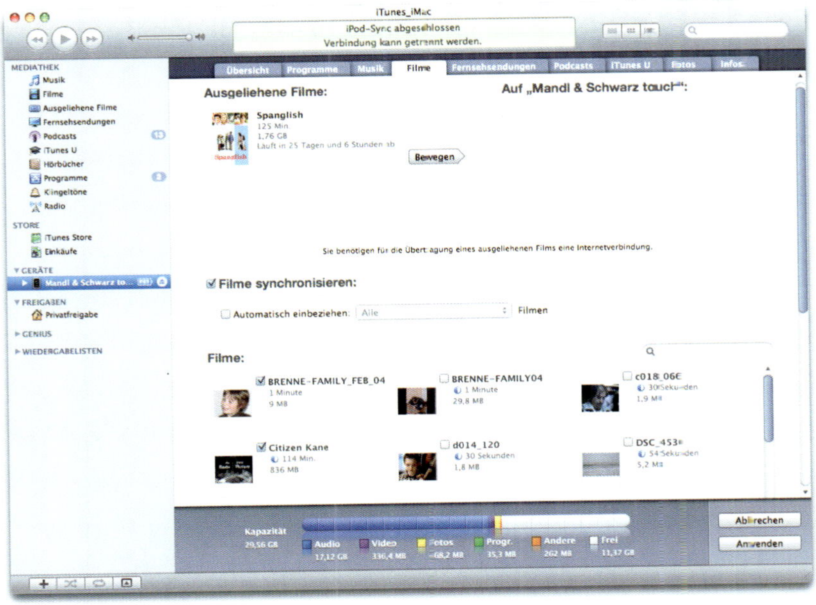

Die Filme-Abteilung verweist sowohl auf selbst gesammelte als auch auf geliehene Filme.

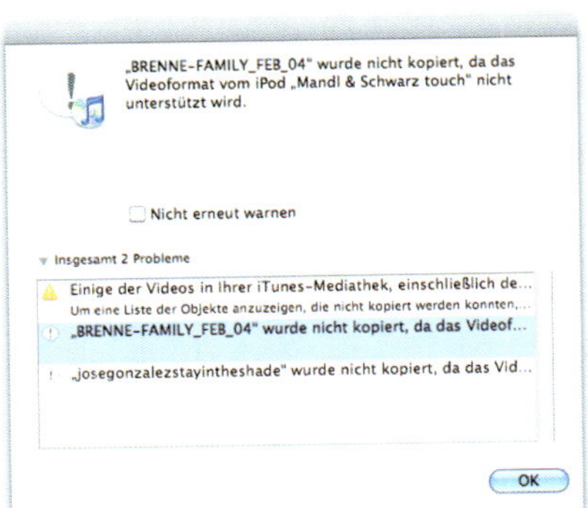

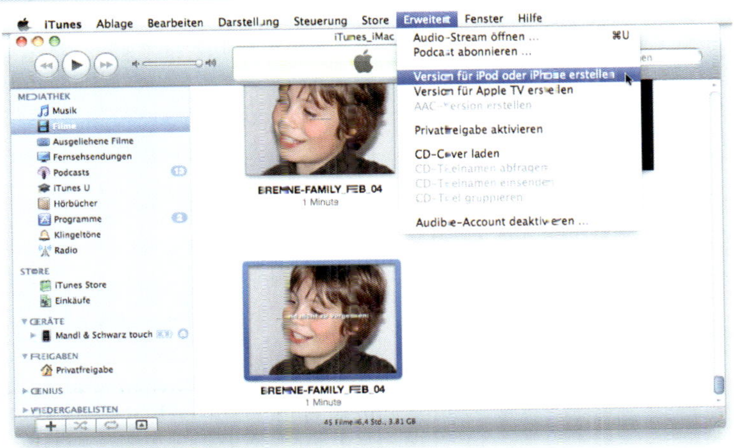

»iTunes« verweigert den Übertrag auf unseren iPod. Erst nach dem Konvertiervorgang über »Erweitert | Version für iPod oder iPhone erstellen« klappte der Transfer.

Auf dem iPod finden Sie nun Ihre Filme, wenn Sie im Hauptmenü den Eintrag *Videos* und dann *Filme* aufrufen.

Musikvideos, die Sie im *iTunes Store* erworben haben, finden sich im gleichnamigen Menü auf dem iPod (*Videos -> Musikvideos*), während sich alle anderen in der *Filme*-Rubrik tummeln. Besitzen Sie nun aber weitere Musikvideos, die Sie aus anderen Quellen bezogen haben, so gibt es einen kleinen Trick, auch diese in die *Musikvideo-Abteilung* zu bugsieren: Markieren Sie in *iTunes* den entsprechenden

Film und rufen Sie dann die *Informationen* (*Ablage/Datei | Informationen*) auf. Über den Reiter *Optionen* gelangen Sie zum Popup-Menü *Medienart*, in dem Sie den Eintrag *Musikvideo* wählen können. Ist diese Arbeit erledigt, so wird der Film zum einen in die *Musik-Mediathek* befördert und zum anderen künftig auf dem iPod unter *Musikvideos* zu finden sein.

Ein kleiner Schritt innerhalb »iTunes« macht aus einem gewöhnlichen Film ein »Musikvideo«.

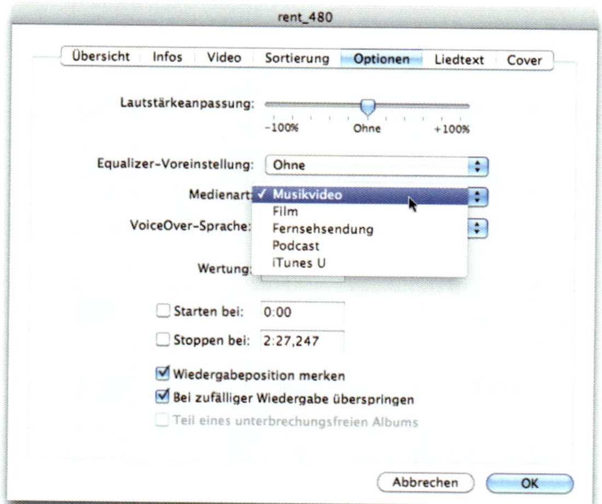

Was für die Filme gilt, ist selbstverständlich auch auf *Fernsehsendungen* anzuwenden. Wie üblich lässt sich die Auswahl einschränken (*Alle ungesehenen*, *Alle*, *Die 3 letzten* usw. bzw. *Ausgewählte Fernsehsendungen* oder *Ausgewählte Wiedergabelisten*), so dass Sie nicht von TV-Sendungen überschwemmt werden. Bei Staffeln, die aus mehreren Folgen bestehen, lassen sich weiterhin einzelne Episoden auswählen. Drücken Sie auf *Synchronisieren* bzw. bei nachträglichen Änderungen auf *Anwenden* und die Sache nimmt ihren Lauf.

Wer gar nicht auf sein TV-Programm verzichten möchte, der kann sich seine Sendungen auf seinen iPod/sein iPhone ziehen.

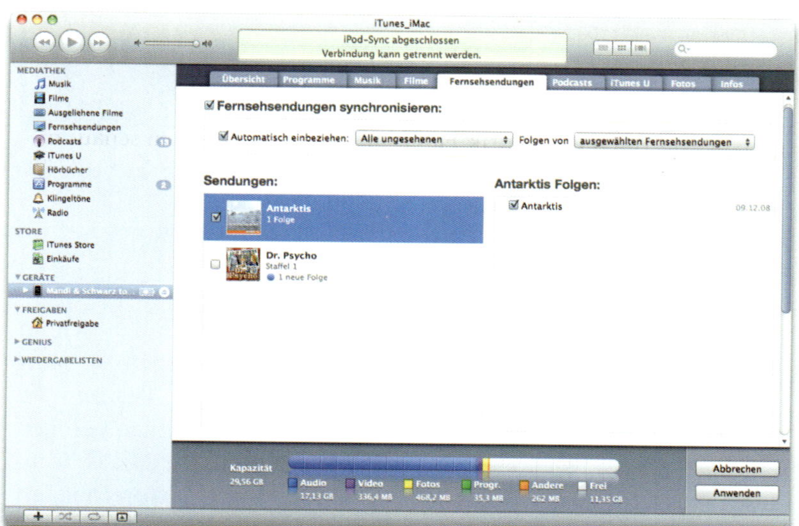

Ob Filme oder Fernsehsendungen – iPod touch und iPhone eignen sich ganz hervorragend dafür.

Eine Besonderheit weisen *ausgeliehene Filme* auf, da diese vor dem Übertrag auf iPod & Co. erst in eine spezielle Liste transferiert werden müssen. Hierzu wählen Sie den gewünschten Film aus und klicken dann auf den Button *Bewegen*. Beim Synchronisieren wird der Film dann auf iPod & Co. transferiert, verschwindet allerdings gleichzeitig aus *iTunes*.

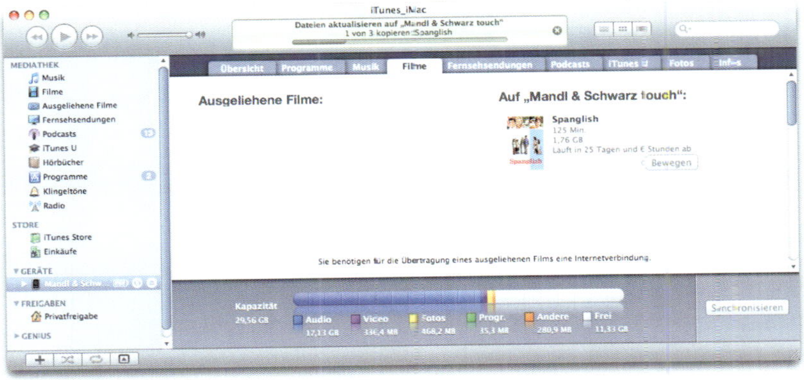

Bevor ein Leih-Video auf den iPod oder Apple TV übertragen werden kann, muss er in die entsprechende Liste bewegt werden.

Überlegen Sie es sich später noch einmal – etwa weil Ihnen das iPod-Display doch zu mickrig zum Filmeschauen erscheint –, so schließen Sie das Gerät wieder an und rufen die Rubrik *Filme* auf. Der *Bewegen*-Pfeil schaut nun in die andere Richtung, so dass Sie den ausgeliehenen Film wieder nach *iTunes* bewegen können. Der Film wird dann wieder vom iPod/iPhone entfernt.

Filme, die Sie über Ihren iPod nano (ab 5. Generation) bzw. Ihr iPhone aufzeichnen, werden unter Mac OS X über das Programm *iPhoto* importiert und als ein Ereignis angelegt. Diese Filme brauchen Sie dann nur doppelzuklicken, um sie abzuspielen. Möchten Sie die Filme lieber in *iTunes* verwalten, so packen Sie die Filme einfach in *iPhoto* mit der Maus und ziehen Sie sie in *iTunes* in die Mediathek hinein. Unter Windows können Sie nach Anschluss des iPod entweder die automatische Wiedergabe in Anspruch nehmen oder die Videos direkt vom iPod auf den Schreibtisch ziehen. Diese finden Sie über den Pfad *Computer/Ihr iPod/Ordner DCIM*. Auf Doppelklick hin können Sie dann Ihre Videos über *QuickTime*, *Windows Movie Maker* (Windows XP verlangt *Microsoft Movie Maker 2.5* oder älter bzw. Windows Vista *Microsoft Movie Maker* Version 6.0 oder neuer) oder den *Windows Media Player* abspielen.

Wichtig: Sowohl unter Mac als auch unter Windows müssen Sie zuvor die Option *Verwendung als Volume/Festplatte aktivieren* einschalten.

Selbst produzierte Filme importieren Sie unter Mac OS X über iPhoto, während …

… unter Windows »QuickTime«, »Windows Movie Maker« oder »Windows Media Player« dafür verantwortlich sind.

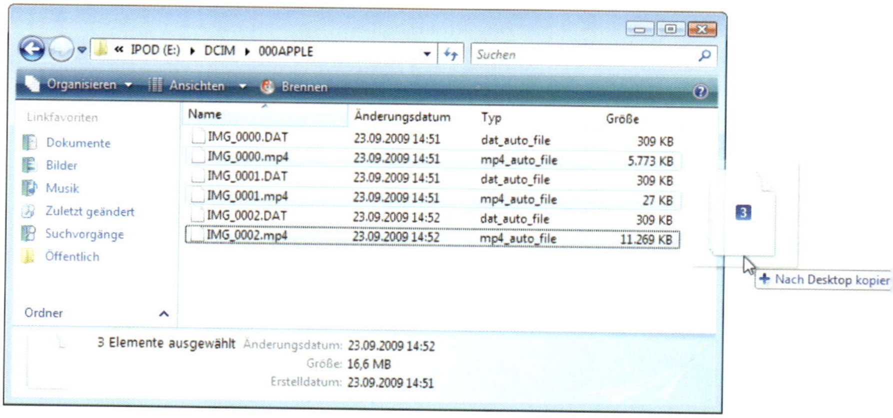

»Podcasts« zum Hören und Sehen

Sie kennen ja mittlerweile das Spielchen: Ist die entsprechende Rubrik aktiviert, so heißt es sich zuerst zu entscheiden, ob Sie grundsätzlich *alle* Episoden oder nur bestimmte mit sich herumtragen wollen. Zur besseren Bestimmung stehen Ihnen wie üblich verschiedene Kriterien zum Einschränken zur Verfügung.

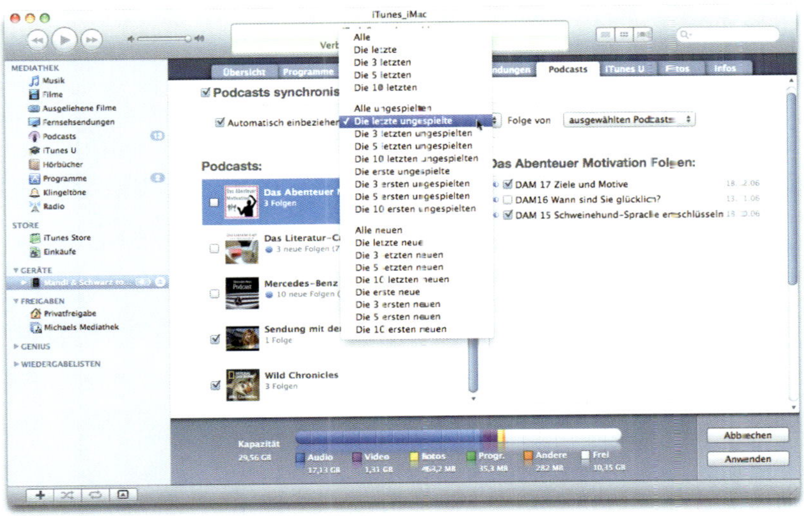

Die Möglichkeit, sich zu beschränken, ist gerade bei Speicherplatz-Mangel eine wichtige Einrichtung.

Eine weitere Begrenzung können Sie wieder über die Option *Ausgewählte Podcasts* setzen, indem Sie nur jene aktivieren, die Ihnen im Moment wichtig erscheinen. Klicken Sie auf den Button *Anwenden*, wird sogleich eine erneute Synchronisierung gestartet.

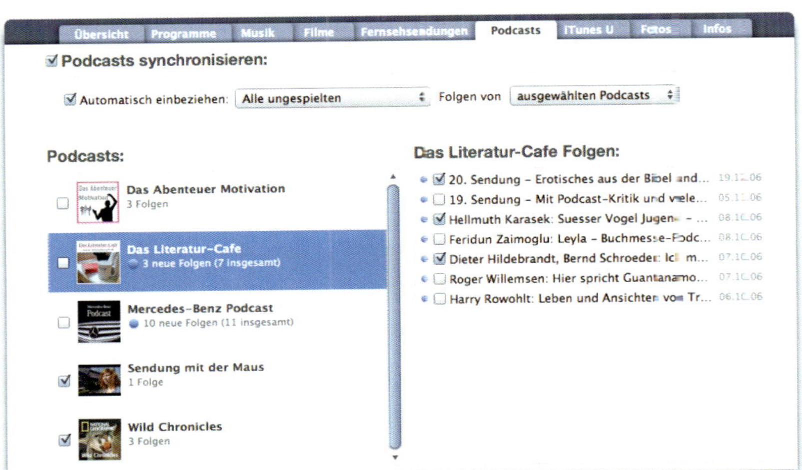

Wählen Sie Ihre Lieblings-Podcasts aus – der Rest bleibt außen vor.

»Fotos« zum Präsentieren

Voraussetzung ist selbstverständlich ein iPod, der mit der Bilddarstellung zurechtkommt (also alle iPods/iPhone mit Farb-Display ab Oktober 2004). Beim Abgleich kommuniziert *iTunes* unter Mac OS X mit *iPhoto*, dem Programm *Aperture* oder einem gewählten Bilder-Ordner (Option: *Wählen Sie einen Ordner …*). Unter Windows greift *iTunes* standardmäßig auf den Bilder-Ordner in Ihrem Benutzer-Account zurück, auf Wunsch lassen sich jedoch ebenso andere Ordner wählen. Die Bilder werden dabei nicht in der vollen Auflösung übertragen, sondern heruntergerechnet – und zwar auf die jeweils mögliche Pixeldarstellung der verschiedenen Diplay-Größen – etwa 320 x 240 Pixel beim *iPod classic* (2,5-Zoll-LCD, was 6,35 cm entspricht) bzw. 176 x 132 Pixel beim *iPod nano* (1,5-Zoll-LCD – entsprechend 3,81 cm Diagonale) oder 480 x 320 Pixel bei *iPod touch/iPhone* (3,5-Zoll-LCD oder 8,89 cm Diagonale).

Die Bilder kommen – wenn gewünscht bis zu einigen Tausend.

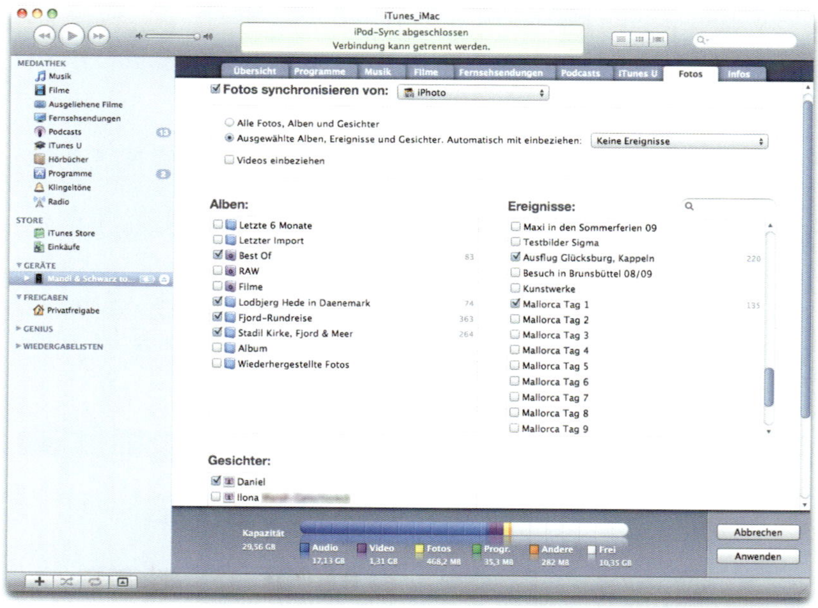

Wie bei den anderen Medien-Rubriken lässt sich auch bei *Fotos* eine Auswahl zusammenstellen (*Alle Fotos, Alben und Gesichter* oder *Ausgewählte Alben*) bzw. *iPhoto*-Ereignisse nach Zeit-Intervallen (*die letzten 3 Ereignisse, die letzten 5 Ereignisse, Ereignisse des letzten Monats* etc.) auswählen. Bilder bilden beim Synchronisations-Vorgang das Schlusslicht – es werden also zuerst Musik, Videos, Podcasts etc. übertragen. Weiterhin lassen sich nun auch jene *Videos einbeziehen*, die sich in *iPhoto* befinden.

Die Option *Fotos mit voller Auflösung einbeziehen* bzw. *Einschließlich Fotos mit voller Auflösung* (das betrifft nur jene iPod-Modelle, die sich auch als Volume/externe Festplatte nutzen lassen) erlaubt es Ihnen, Ihre Bilder in Original-Größe auf den iPod-Speicher zu transferieren. Auf diese Weise können auch hochwertige Bilder auf einen anderen Rechner übertragen werden – wenn es denn die Kapazität der iPod-Festplatte gestattet. Doppelklicken Sie Ihren iPod-Ordner auf dem Schreibtisch bzw. als Wechseldatenträger unter Windows, so befindet sich innerhalb des Ordners *Photos* ein weiterer namens *Full Resolution* (übersetzt: volle Auflösung). Darin liegen nun Ihre Original-Bilder.

Die umgekehrte Richtung – also Bilder von iPod und iPhone auf den Rechner zu transferieren, klappt natürlich ebenso. Da das iPhone auch als Digitalkamera fungiert, ist es in diesem Fall ein Leichtes, Bilder zu übertragen: Schließen Sie einfach das iPhone an den Rechner an und warten Sie ein Sekündchen. Im Falle von Mac OS X startet nun das Programm *iPhoto* und listet sämtliche Fotos auf. Per Klick auf *Alle importieren* werden daraufhin die Bilder als *Ereignis* angelegt. Unter Windows erscheint der Dialog *Automatische Wiedergabe* und bietet Ihnen ebenso als Option den Bild-Import an. Bei den iPods gestaltet es sich ein wenig komplizierter, da beispielsweise beim iPod touch nur die Möglichkeit besteht, eigene Bildschirm-Fotos anzufertigen und zu übertragen – ein Zusatznutzen als Bilderspeicher für Digitalkameras ist leider seitens Apple nicht vorgesehen. Für iPod classic/iPod nano (und die Vorgängergenerationen mit Farb-Display) gab es den *iPod Camera Connector*, über den Sie Ihre Digitalkamera anschließen und die Fotos auf das Gerät laden konnten. Leider wurde diese Funktion bei den neueren Geräten gestrichen.

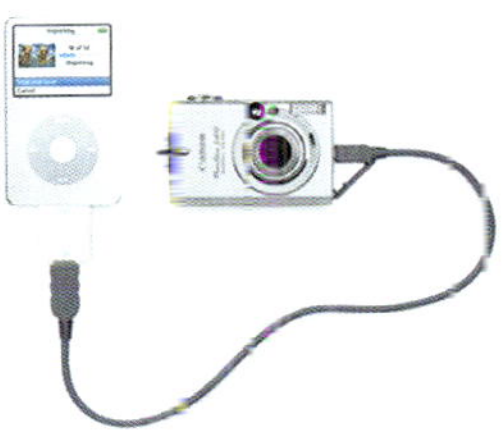

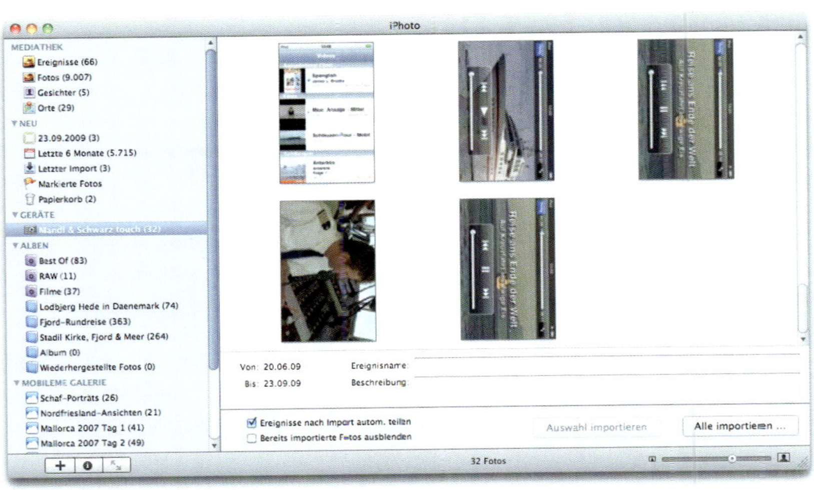

Unter Mac OS X erklärt sich das Programm »iPhoto« für's Importieren von Bildern von iPod und iPhone zuständig.

Windows bietet ebenso den automatischen Bilder-Import an – je nach Programm-Vielfalt auf dem Rechner können Sie die Option bestimmen.

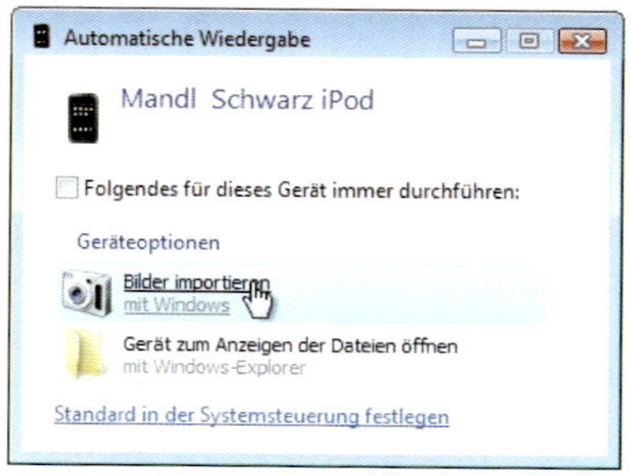

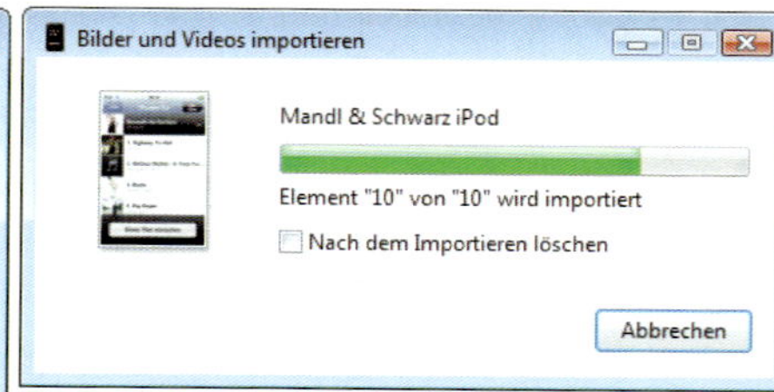

iTunes U – Bildung mobil

Mit *iTunes 9* hat nun auch der Bereich Weiterbildung einen eigenen Reiter erhalten. Sofern Sie sich also fleißig mit Fachlektüre und Fortbildungsvideos versorgt haben, so lassen sich diese Medien ebenso leicht auf iPod & Co. transferieren. Sie können also auch unterwegs in Bus und Bahn Ihren Horizont erweitern.

Die neue »iTunes U«-Oberfläche: Markieren Sie die gewünschten Medien und der Abgleich kann beginnen.

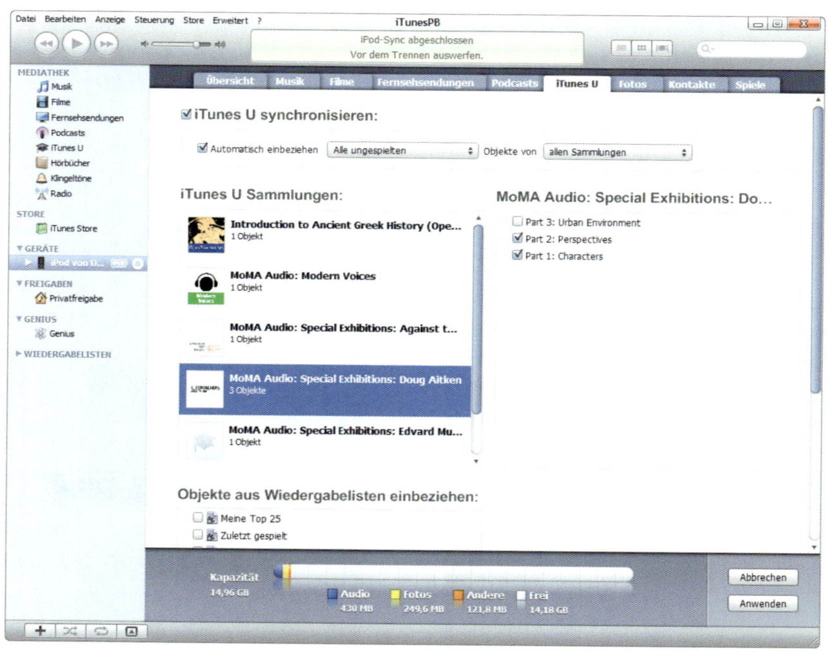

Wie soll es auch anders sein: Entweder lassen sich alle oder nur bestimmte Teile Ihrer Wissenssammlung laden. Definieren Sie dazu wieder über die Menüs die entsprechenden Zeitfenster (*Alle, Alle ungespielten, Die drei ersten neuen* etc. aus allen bzw. nur aus ausgewählten Sammlungen) und die Sache nimmt ihren Lauf.

Kontakte und Kalender fürs Office

Der iPod ist in der Lage, unter Mac OS X alle auf dem Rechner versammelten *Kontakte* aus dem *Adressbuch* (siehe Ordner *Programme*) sowie *Ereignisse, Aufgaben* und *Geburtstage* aus *iCal* (das Kalender-Programm) zu synchronisieren. Unter dem Reiter *Kontakte* (iPod nano/iPod Classic) verbergen sich daher sämtliche Einstellungen, die für einen reibungslosen Abgleich all Ihrer Adress- und Kalender-Eintragungen nötig sind. Unter Windows stehen hierzu die Windows-Kontakte bzw. bei installiertem *Microsoft Outlook 2003* (oder neuer) neben den Outlook-Kontakten auch die Kalender-Informationen zum Austausch zur Verfügung.

Im oberen Teil des Fensters legen Sie wieder fest, ob alle Kontakte oder nur bestimmte Adressen-Gruppen synchronisiert werden sollen und ob – falls vorhanden – mit eingegliederte Fotos auf den iPod übertragen werden sollen. Gleich darunter finden Sie die Optionen für die *Kalender*. Hier gilt das Gleiche wie schon erläutert: alles oder individuell bestimmt – *iTunes* und *iPod* erledigen den Rest für Sie.

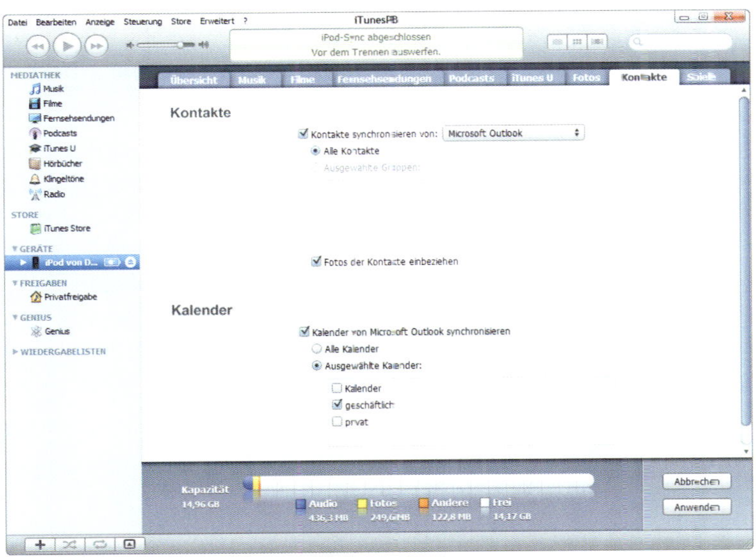

Für alle, die auch unterwegs stets ihre wichtigen Daten mit sich tragen möchten – Kontakte und Kalender für das mobile Office.

Bei iPod touch sowie iPhone nennt sich dieser Part *Infos*. Und neben Adressen und Kalendern werden bei diesen Geräten weitere Funktionen aufgetischt. So lassen sich etwa Yahoo!-Adressbuchkontakte, Google-Kontakte, Outlook- oder Windows-Kontakte synchronisieren oder Mail-Accounts sowie Ihre *Safari-/Internet Explorer*-Lesezeichen übernehmen. Unter *Erweitert* können Sie zudem all diese Informationen beim ersten Mal von einem aktuell gehaltenen Computer ersetzen lassen. Geben Sie dann nachträglich etwa Kontakte oder Aufgaben über Ihren iPod touch oder Ihr iPhone ein, so werden diese Einträge beim nächsten Abgleich übertragen und eingepflegt.

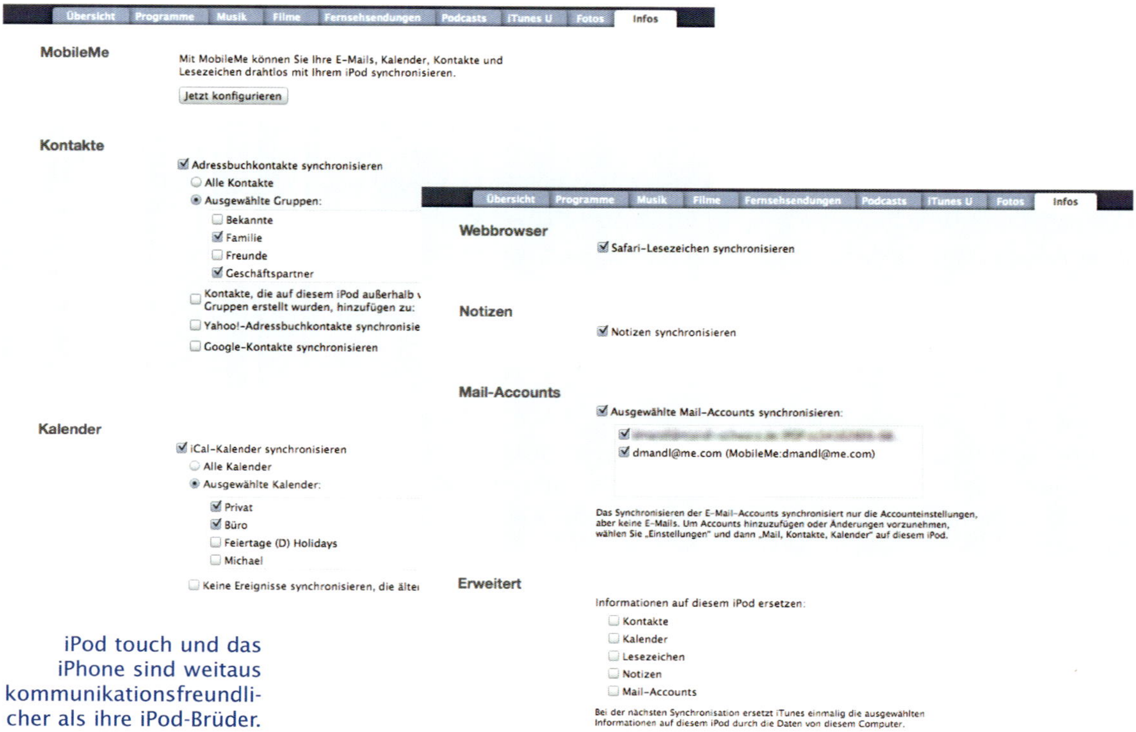

iPod touch und das iPhone sind weitaus kommunikationsfreundlicher als ihre iPod-Brüder.

Wer den Dienst *MobileMe* in Anspruch nimmt, kann diesen selbst aus *iTunes* heraus aufrufen und konfigurieren (Button *Jetzt konfigurieren/Weitere Infos* in der Abteilung *MobileMe*). Betätigt man den Button, so öffnet sich für *MobileMe*-Anwender die entsprechende Webseite (`www.apple.com/de/mobileme/setup/`) und man kann gleich loslegen. Die Unentschlossenen werden hingegen mit weiteren Informationen (`www.me.com/learn_more/de/`) zum Thema *MobileMe* und *Synchronisieren leicht gemacht* (mit 60-tägigem, kostenlosen Probezugang) versorgt und gelockt.

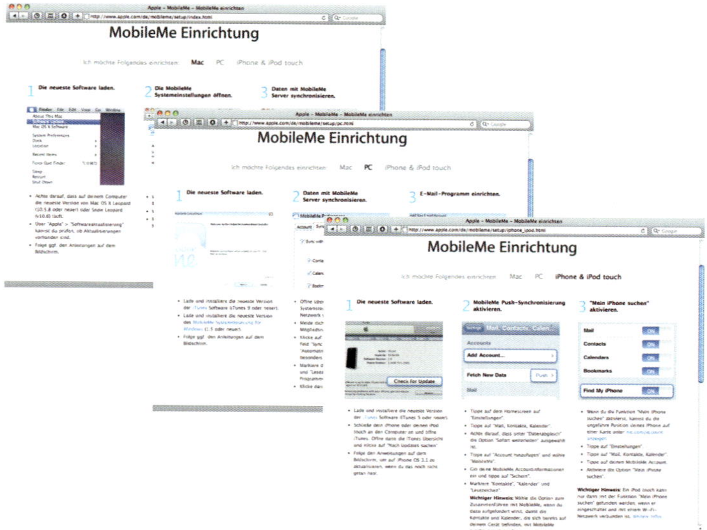

Die Möglichkeiten zum Einrichten von Mac, PC und iPhone/iPod touch – wie genau das geht, erklären Apples Anleitungen ganz hervorragend.

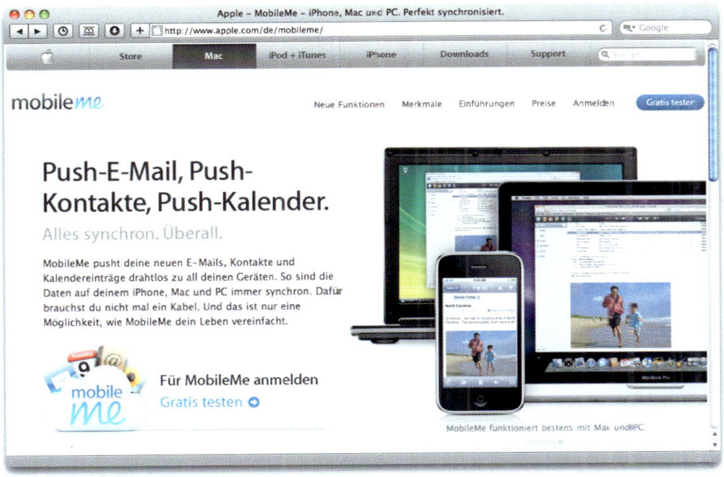

Zum Ausprobieren und näheren Kennenlernen wird ein 60-tägiger Test-Account angeboten.

Je nach gewähltem Thema erhalten Sie nun direkte und leicht verständliche Anleitungen, die Sie Schritt für Schritt weiterbringen.

Die Programme- und Spiele-Abteilung

Ob Apps für iPhone/iPod touch oder Spiele für den Rest der iPod-Gemeinde – Software, die Sie im *iTunes Store* gekauft haben, finden Sie in den Reitern *Programme* (iPhone/iPod touch) bzw. *Spiele* wieder. Möchten Sie also ab und an während einer Besprechung oder zur Ablenkung ein kleines Spielchen auf dem iPod wagen, so sollten Sie *Spiele synchronisieren* aktivieren. Das Gleiche in Grün gilt dann selbstverständlich auch für die Apps & Co., wobei diese Abteilung mit weiteren Features aufwartet.

Während Spiele einen abwechslungsreichen Zeitvertreib versprechen, …

... bringen die Apps für iPod touch und iPhone einen deutlichen Mehrwert auf's Gerät.

Apps lassen sich seit iTunes 9 nun noch komfortabler und flexibler auf Ihr mobiles Gerät bringen. Wie üblich können Sie natürlich einzelne Anwendungen von der Synchronisation ausschließen. Diejenigen Apps, die Sie jedoch auf iPhone oder iPod touch laden möchten, lassen sich nun an eine ganz bestimmte, von Ihnen gewünschte Stelle auf dem Home-Bildschirm platzieren. Dazu wählen Sie zuerst den Bildschirm und ziehen dann die gewünschte Anwendung mit gedrückter Maustaste darauf. Oder Sie stellen einfach die bisherige Anordnung in Frage und richten sich Ihre Programme so ein, wie Sie Ihrer ganz persönlichen Bedienung entsprechen.

Ob Einrichtung der Programme auf einem ganz bestimmten Home-Bildschirm oder das Umstellen der bisherigen Ordnung – die neue Programme-Oberfläche von iTunes 9 lässt Sie da wesentlich flexibler zu Werke gehen.

Auf diese Weise lassen sich iPod und iPhone zu regelrechten Multi-Talenten mit Mehrwert ausbauen, wovon manche bislang nur träumen können.

Mit Apple TV die Musik- und Film-Welt erkunden

Apple TV nennt sich Apples multimediale Lösung zum Ansehen, Kaufen, Leihen und Hören von Filmen, Musik und Fotos. Anders als die iPod- und iPhone-Familie taugt diese Art des Präsentationsgenusses jedoch nicht für die Hosentasche oder als Begleiter zum Joggen, sondern dient eher dem häuslichen Gebrauch. Voraussetzung ist neben einem gut gefüllten Geldbeutel (seit September 2009 gibt es nur mehr die Version mit 160 GB für bis zu 200 Stunden Videomaterial für schlappe 269 Euro) ein schneller Internet-Anschluss (zum Kaufen und Leihen im *iTunes Store*) sowie der Besitz eines kompatiblen Fernsehgerätes mit HDMI- (High Definition Multimedia Interface) oder Komponentenvideo-Anschluss zzgl. eines analogen Stereoanschlusses (Cinch). Die entsprechenden Kabel werden im Übrigen nicht mitgeliefert, sondern müssen separat erworben werden.

Je nach Breitbild-Fernsehgerät brauchen Sie noch die entsprechenden Kabel: HDMI zu HDMI, HDMI zu DVI, Komponentenvideo-Kabel sowie analoge Stereokabel für den üblichen Cinch-Anschluss (Bilder: © Belkin)

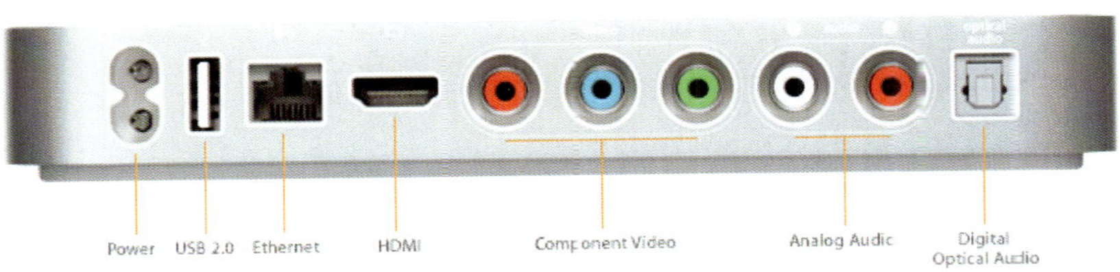

Die Anschluss-Vielfalt an der Rückseite des Apple TV (Bild: © Apple)

Bitte werfen Sie auf jeden Fall vor dem Anschluss von Apple TV und Breitbild-Gerät einen Blick in das kleine Installationshandbuch, das neben einem ersten Überblick auch die ersten Fallstricke beseitigt. So sollten Sie beispielsweise zuerst die Geräte miteinander verbinden und dann erst *Apple TV* mit Strom versorgen, da es ansonsten zu Kommunikationsproblemen kommen kann. So ist es uns passiert, als wir unseren Bildschirm mit Apple TV verbanden, dieser aber nicht erkannt wurde. Erst nach dem korrekten Vorgehen – zuerst zusammenschließen und dann Strom geben – klappte es.

Erscheint das Apple-Logo auf dem Bildschirm, so ist das schon einmal die halbe Miete. Danach müssen Sie ein Netzwerk wählen. Ist Ihr *Apple TV* über ein Ethernet-Kabel verbunden, so sollte dieses automatisch erkannt werden, bei einer drahtlosen Verbindung (WLAN, AirPort) müssen Sie hingegen das Netzwerk über die Konfigurationsseite auswählen (*Einstellungen -> Allgemein -> Netzwerk -> Drahtloses Netzwerk konfigurieren*). Die Navigation durch das *Apple TV*-Menü erfolgt dabei über die mitgelieferte *Apple Remote-Fernbedienung*.

Zuerst wird das drahtlose Netzwerk konfiguriert, indem Sie ein bestehendes auswählen und über die Eingabe des geforderten Passworts die Verbindung herstellen.

Danach erfolgt die Verbindung zu *iTunes*, indem Sie über die Menüführung von *Apple TV* die *Einstellungen* und dort die Rubrik *Computer* aufrufen. Dort wiederum finden Sie den Punkt *Mit iTunes verbinden* bzw. *Freigegebene iTunes-Mediatheken hinzufügen*, den Sie bitte bestätigen. Danach wird ein fünfstelliger Zahlencode eingeblendet, der nun auf dem Computer eingegeben werden muss.

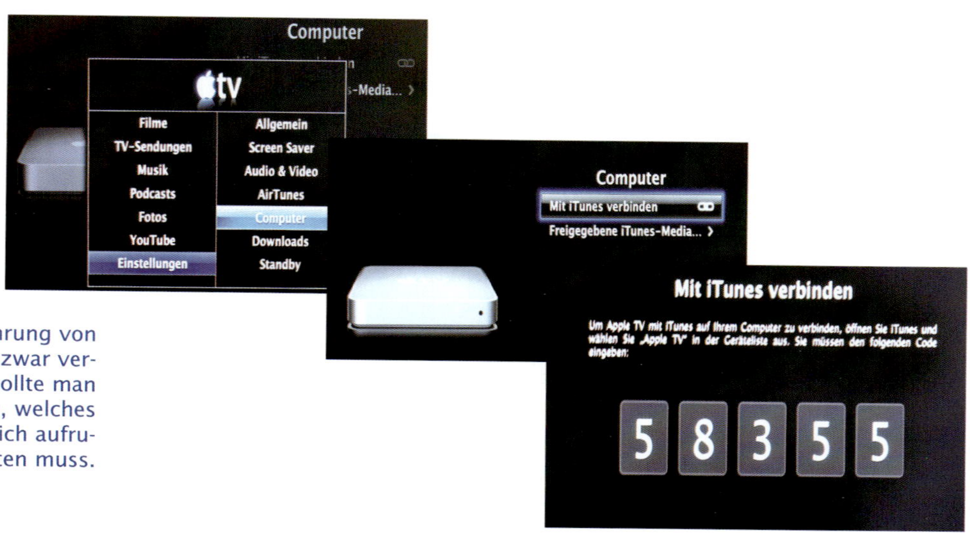

Die Menüführung von Apple TV ist zwar verständlich, doch sollte man schon wissen, welches Feld man letztlich aufrufen und bearbeiten muss.

Auf dem Computer sollte nun in der Quellen-Liste von *iTunes* der neue Punkt *Apple TV* erscheinen. Klicken Sie diesen an, so werden Sie aufgefordert, eben erwähnten Zahlencode einzugeben. Danach heißt es »Herzlichen Glückwunsch« und Sie können Apple TV einen eigenen Namen geben.

Zahlenspiele: Erst nach Eingabe des Codes wird Apple TV freigeschaltet.

Wie bei den iPods und dem iPhone lassen sich auch unter *Apple TV* diverse Einstellungen innerhalb *iTunes* definieren. In der *Übersicht* bestimmen Sie etwa, ob eine *automatische* oder *angepasste* (manuelle) *Synchronisierung* stattfinden soll. In der *Filme*-Abteilung heißt es dann wieder ausgeliehene Filme zu bewegen oder die schon in der Mediathek liegenden auf die Festplatte von Apple TV zu transferieren. Wie üblich lassen sich auch dort Einschränkungen (nur die letzten fünf Filme, nur ausgewählte Filme etc.) vornehmen.

Das gleiche Spiel für Apple TV: Neben einer Übersicht lassen sich auch die verschiedenen Medien synchronisieren ...

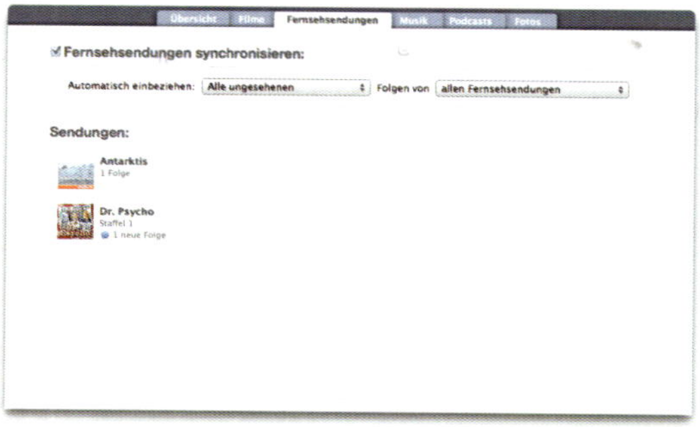

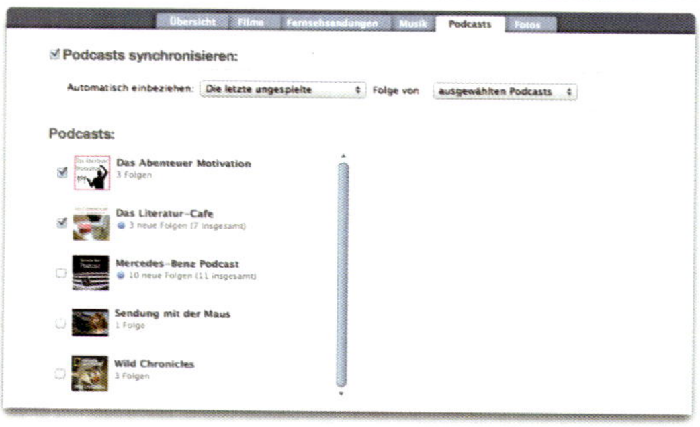

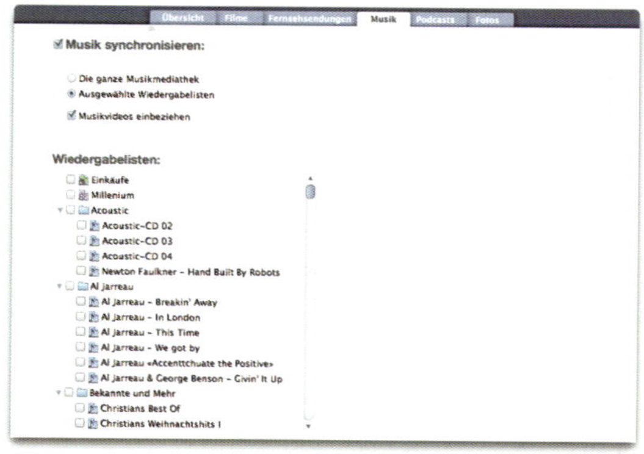

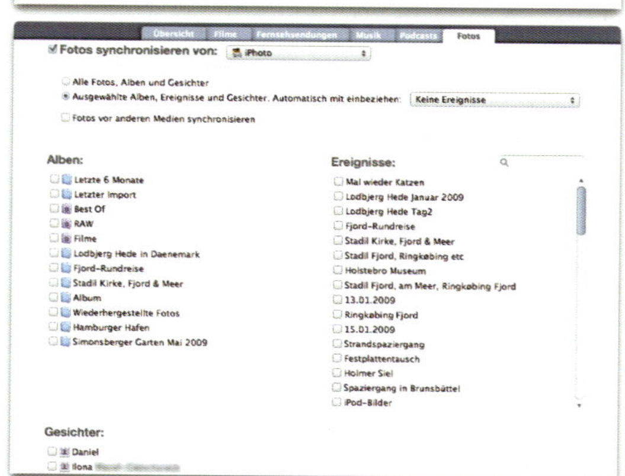

... was selbstverständlich auch auf Fernsehsendungen, Musik, Podcasts und Fotos anwendbar ist.

Ein weiteres Highlight seitens *Apple TV* ist die Option, direkt – das heißt ohne Mithilfe des Computers – auf den *iTunes Store* oder beispielsweise *YouTube* zugreifen zu können. Einzig eine Online-Verbindung muss bereitstehen. Über das *Apple TV*-Menü wählen Sie die gewünschte Kategorie (Filme, Musik, YouTube etc.) und finden dann jeweils weitere Unterteilungen (etwa Top-Filme, Genres, Nur HD, Trailer und vieles weitere mehr).

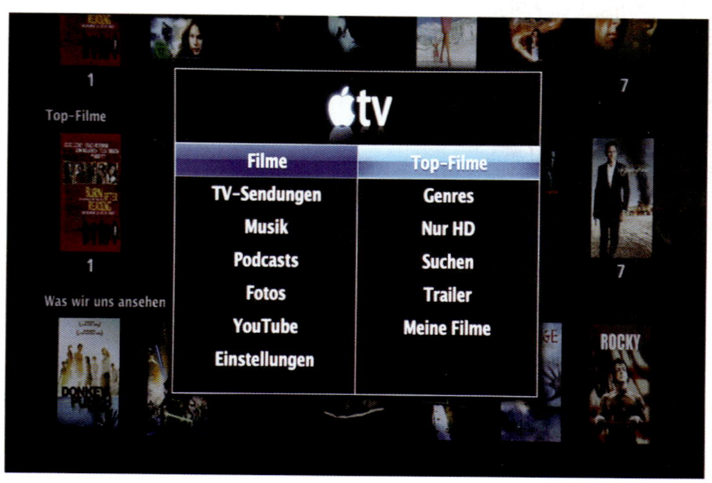

Das Bildschirm-Menü von Apple TV bietet jede Menge Abwechslung.

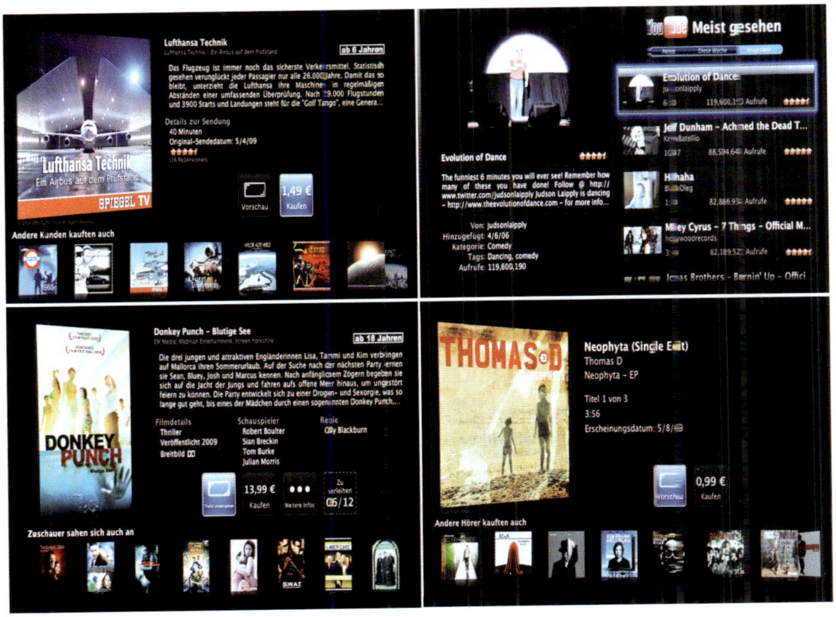

Wie aus dem iTunes Store gewohnt: Ob Fernsehsendungen, Kino-Filme oder Musik – neben einer Vorschau lassen sich die Medien auch gleich kaufen und herunterladen bzw. leihen. Auch über YouTube stehen Tausende von Film(ch)en zur Verfügung, wenn Sie mal die Langeweile überkommt.

Sollten Sie beim Abspielen Ihrer Medien keinen Ton hören – weil Sie vielleicht Ihre Lautsprecher per *AirPort Express* (auch *AirTunes* genannt) angeschlossen haben –, so müssen Sie diese erst über das *Apple TV*-Menü auswählen. Gehen Sie dazu in die *Einstellungen | AirTunes* und wählen Sie dann bei *Lautsprecher* die richtige Konfiguration aus.

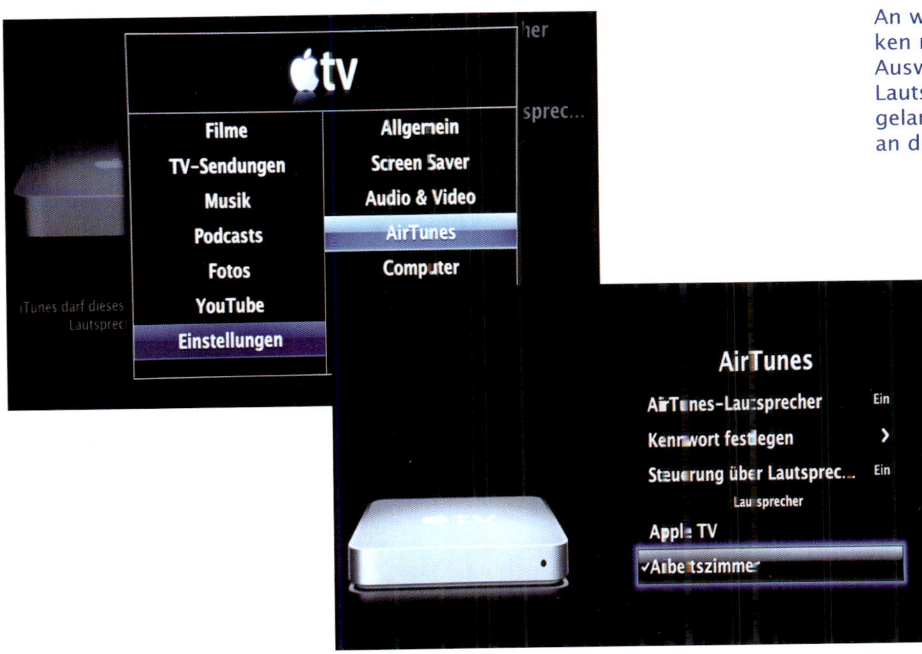

An was man alles denken muss: Erst über die Auswahl der korrekten Lautsprecher-Zuordnung gelangt der Genuss auch an die Ohren.

Die Tücken im Alltag

Unsere eigenen iPods wiesen bislang noch keine gravierenden Probleme auf. Doch liest man immer wieder, dass dies eben nicht überall so ist. Bei dem einen friert das iPod-Display ein und es lässt sich nicht mehr navigieren, beim anderen schaltet er sich erst gar nicht ein, und der Dritte findet ihn nicht mehr, weil er in der Hose steckt, die gerade in der Waschmaschine ihre Runden dreht (wofür Apple aber wirklich nichts kann). In der Tat passiert es doch das ein oder andere Mal, dass Schwierigkeiten auftauchen. Wie Sie nun am besten damit umgehen, erfahren Sie in diesem Abschnitt.

Lässt sich Ihr iPod nicht einschalten, so sollten Sie zuerst einen Blick auf den *Hold*-Schalter (iPod classic, iPod 5. Generation und früher, iPod nano, iPod mini) zum Sperren des iPods werfen (beim *iPod shuffle* auf den *OFF*-Schalter achten). Ist dieser aktiviert, so reagiert der iPod auf keinerlei Klicks. Die zweite Möglichkeit kann darin bestehen, dass Ihr iPod schlicht und ergreifend keinen Strom mehr im Akku hat. Schließen Sie ihn also an einen Mac bzw. an ein externes Stromlade-Gerät und warten Sie ein paar Minuten (15 bis 20 min.). Versuchen Sie es dann noch einmal.

Die Stromversorgung über einen freien USB-Anschluss funktioniert bei den meisten Tastaturen nicht, da darüber zu wenig Strom fließt. Eine Fehlermeldung weist jedoch darauf hin. Nur bei aktuellen Tastaturen mit USB 2-Anschlüssen ist das möglich.

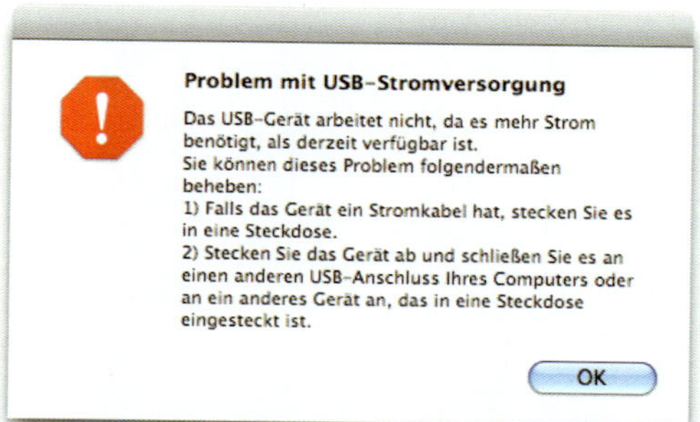

Eine Meldung, die wenigstens Lösungen parat hält.

»Spinnt« der iPod nur noch rum, indem er nicht mehr reagiert oder sich ansonsten seltsam benimmt, so sollten Sie ihn »resetten« (zurücksetzen). Das funktioniert je nach iPod ein wenig unterschiedlich: Bei *iPod nano, iPod classic, iPod* mit Farb-Display (*iPod photo*) sowie den *iPods der fünften Generation,* allen *iPods* mit *ClickWheel* und den *iPod minis* schieben Sie den Sperr-Schalter einmal auf ein (auf *Hold* schieben) und dann wieder zurück. Danach drücken Sie die *Menü-* als auch die *Auswahl-Taste* (*Mitteltaste*) und halten diese so lange gedrückt, bis das Apple-Logo auf dem Display erscheint (das dauert in etwa sechs Sekunden).

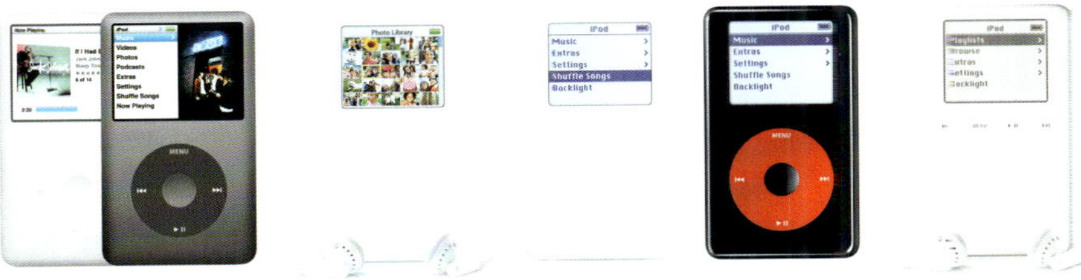

Die iPod classic-Generationen der letzten Jahre …

Bei *iPod touch* und *iPhone* drücken Sie bitte gleichzeitig die *Standby-Taste* (oben am Gehäuse liegend) und die *Home-Taste* (unten sitzend), bis das Apple-Logo eingeblendet wird. Das war's.

Bei den älteren *iPod*-Modellen mit *ScrollWheel* oder *TouchWheel* setzen Sie ebenso den Sperr-Schalter einmal auf *Hold* und wieder zurück. Danach drücken Sie die *Play*- sowie die *Menü*-Taste wieder so lange, bis das Apple-Logo erscheint. Im Zweifel können Sie diese Schritte auch wiederholen. Beim *iPod shuffle* müssen Sie den Schalter auf die *OFF*-Stellung setzen und fünf Sekunden warten, danach schieben Sie den zweiten Schalter in die Position *Der Reihenfolge nach wiedergeben* bzw. auf *Shuffle*.

Fruchtet das auch nicht, sollten Sie Ihre iPods probehalber mal an einen anderen Mac oder an einer anderen freien USB- oder FireWire-Buchse (je nach verwendetem Kabel) anschließen. Bei neueren *iPods* funktioniert das grundsätzlich nurmehr über USB. Wichtig ist ebenso, dass Sie immer die neueste Software (sowohl *iTunes* als auch *iPod-Software*) benutzen. Diese erhalten Sie entweder über die Apple-Webseite, über die *Software-Aktualisierung* oder über *iTunes*.

Übrig bleibt dann noch die völlige *Wiederherstellung*, die Sie ebenso in *iTunes* erledigen. In der *Übersicht* (bzw. bei *Einstellungen* beim *iPod shuffle*) finden Sie dazu den Button *Wiederherstellen*, der Ihren iPod auf die Werkseinstellungen zurücksetzt. Ihre Daten auf dem iPod werden dabei völlig gelöscht, was jedoch zu verschmerzen ist, befinden sich doch alle Medien noch in *iTunes*.

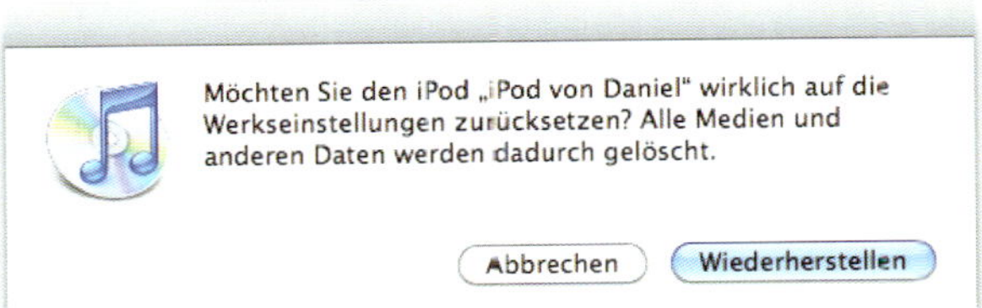

Nach dem Zurücksetzen müssen Sie Ihren iPod wieder konfigurieren (Namen vergeben) und neu bespielen.

Ans Herz legen möchten wir Ihnen auch die hervorragenden Support-Seiten (`www.apple.com/de/support/ipod`) bzw. den iPod-Fehlerbehebungsassistenten (`www.apple.com/de/support/ipod/five_rs/`) von Apple, der einfache Lösungen für die am häufigsten auftretenden Probleme verspricht (und meist auch hält). Apple hat sich hier viel Mühe gegeben und Dutzende von Fragen und Antworten genervter Anwender bzw. bislang aufgetretener Konflikte zusammengetragen.

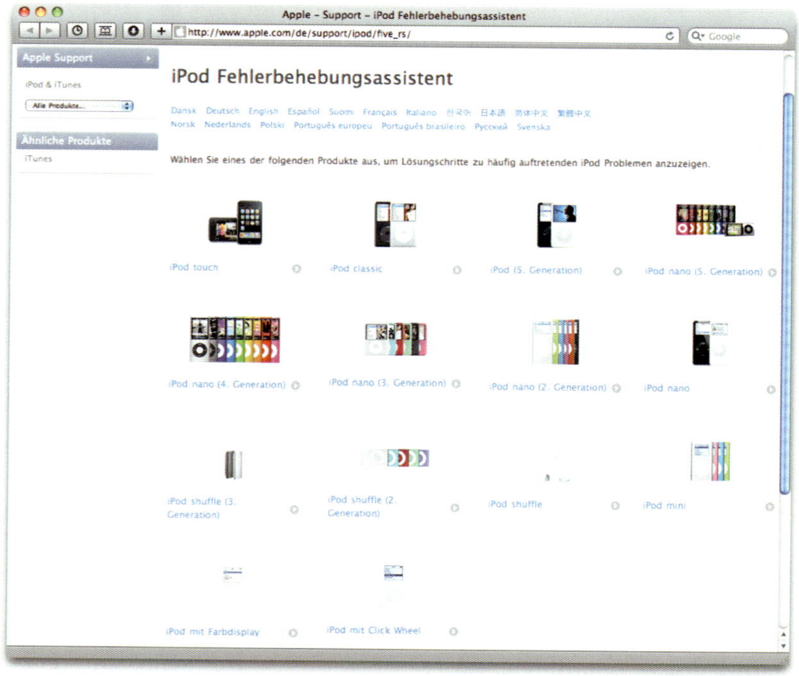

Auf Apples Support-Webseite gibt es für alle iPod-Modelle extra Anleitungen zum schnellen Lösen von Problemen.

Weiterhin hilfreich sind natürlich auch die vielen iPod-Fan-Webseiten, die neben täglichen News viele zusätzliche Goodies wie Share- und Freeware-Besprechungen, Tipps & Tricks und Anleitungen zur Problembeseitigung anbieten. Aufgrund der Tatsache, dass sich in den Foren Hunderte oder gar Tausende stolzer iPod-Besitzer herumtreiben, die ihren iPod nicht nur »lieben«, sondern auch bis in die Einzelteile zerlegen, ist die Wahrscheinlichkeit einer raschen Problemlösung mehr als sicher. Folgenden Webseiten sollten Sie daher auf jeden Fall einmal einen Besuch abstatten:

`www.ifun.de`
`www.macprime.ch`
`www.maclife.de/ipod`
`www.macnotes.de`
`www.macweb.ch`
`www.apfeltalk.de`
`www.macuser.de`
`www.macintosh-forum.de`
`http://apfelwiki.de/wiki/Main/IPod`
`www.ipodhacks.com`
`www.ilounge.com`

Obwohl von Apple eigentlich unerwünscht und aus rechtlicher Sicht fragwürdig, können doch manche Software-Programme auch den iPod-Inhalt auf den Rechner transferieren. Dies wäre zum Beispiel dann der Fall, wenn Ihr Mac gestohlen wird oder Ihre Festplatte den letzten Atemzug tat. Haben Sie kein Backup Ihrer *iTunes-Mediathek*, so steht es nicht nur um Ihre Laune schlecht, sondern auch um Ihre Daten. Einzige Rettungsanker sind dann in der Tat besagte Programme. Diese nennen sich *Senuti*, *iPodRip*, *PodWorks*, *iPod Viewer*, *iPodDisk*, *Music Rescue* oder *CopyTrans* und lassen sich alle über Download-Services wie *VersionTracker* (`www.versiontracker.com`), Chip online.de (`www.chip.de/downloads`) oder etwa PC-Welt (`www.pcwelt.de/downloads`) herunterladen. All diesen Programmen ist gemein, dass sie auf die ansonsten unsichtbaren Files des iPod Zugriff erlangen und die Songs, Hörbücher etc. vom iPod auf den Rechner laden können. Bitte denken Sie jedoch an das Copyright und verwenden Sie derlei Software wirklich nur im Ernstfall – eben dann, wenn gar nichts anderes mehr hilft.

»iTunes« geht auf Reisen

Niemand bleibt sein Leben lang auf ein und demselben Rechner – dazu ist die Verlockung nach einem schicken neuen Computer einfach zu groß. Oder vielleicht spielen Sie ja auch mit dem Gedanken, von der Windows-rüber zur Macintosh-Welt zu wechseln (umgekehrt ist wohl eher selten). Wie dem auch sei – ein Umzug der gesamten Mediathek ist weniger Aufwand als man denkt – vorausgesetzt, Sie beachten ein paar Grundregeln.

Je nach Größe Ihrer Mediathek eröffnen sich für einen Umzug unterschiedliche Wege. Ist Ihre Sammlung nur einige Gigabyte schwer, so bietet es sich an, davon ein vollständiges Backup anzufertigen (*Ablage | Mediathek | Auf Sicherungsmedium sichern* bzw. *Datei | Mediathek | Sicherheitskopie auf Speichermedium*). Wie das funktioniert, haben wir im Kapitel »Ihre Medien-Sammlung verwalten« unter der Überschrift »Ein Backup Ihrer Mediathek anlegen« beschrieben. Auf dem neuen Rechner starten Sie nun Ihr *iTunes* (achten Sie dabei immer darauf, dass Sie die aktuellste Version verwenden) und müssen im Grunde diese Backup-CD/DVD nur noch in das Laufwerk schieben. Sobald die CD/DVD nun eingelesen ist, meldet sich *iTunes* und fragt, ob die Wiederherstellung von diesem Speichermedium erfolgen soll. Klicken Sie auf *Wiederherstellen* und Ihre Mediathek wird auf dem neuen Rechner installiert. Diese Vorgehensweise klappt im Übrigen auch, wenn Sie einen Windows-*iTunes*-Ordner auf den Mac transferieren möchten.

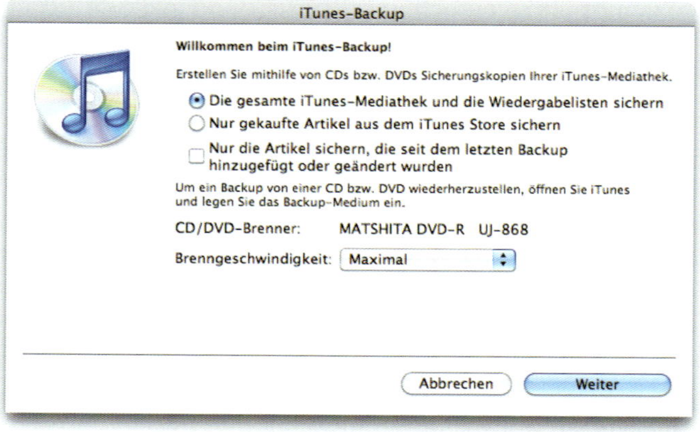

Sobald das Backup-Medium eingelegt wird, meldet sich ein Dialog, der zum Wiederherstellen der Datensicherung auffordert.

Ist Ihre *iTunes*-Sammlung mittlerweile einige Dutzend Gigabyte groß, so empfehlen wir das Kopieren des gesamten *iTunes*-Ordners (Sie finden ihn über den Pfad *Ihr Benutzername/Musik/iTunes*) auf eine externe Festplatte. Hierbei müssen Sie jedoch ein paar Punkte beachten:

iTunes kopiert üblicherweise alle Medien, die Sie importieren, in den *iTunes Music*- bzw. ab der Version 9 in den *iTunes Media*-Ordner. Wenn Sie nun beispielsweise viele Videos/Songs horten, so wird eine Menge an Speicherplatz verbraucht, da diese sowohl im *iTunes*-Ordner wie auch – zusätzlich – am Original-Schauplatz liegen. Um Platz zu sparen, gibt es die bereits erwähnte Möglichkeit, das Kopieren in den *iTunes*-Ordner zu verhindern, so dass nur eine Verlinkung auf die Original-Daten gelegt wird. Hierzu müssen Sie in den *Einstellungen* (Rubrik *Erweitert*) die Option *Beim Hinzufügen zur Mediathek Dateien in den iTunes Medienordner kopieren* deaktivieren (Haken wegklicken).

Diese Vorgehensweise hat mit Sicherheit viele Vorteile. Wenn Sie nun aber – wie in unserem Fall – den Rechner wechseln und Ihre *iTunes*-Daten auf einen anderen Computer bewegen möchten, kommen Sie schnell ins Schleudern. Oder wissen Sie noch, wo sich all die vielen, verstreuten Medien befinden? Bei einigen Hundert Dateien ist fast davon auszugehen, dass man hier den Überblick verliert. Es gibt jedoch eine hervorragende Funktion, die diese Arbeit des Zusammensuchens für Sie erledigt: Der Befehl hierzu lautet *Mediathek organisieren* – zu finden unter *Ablage* bzw. *Datei* | *Mediathek*. Auf diese Weise werden alle Dateien, mit denen *iTunes* zu tun hat, in den *iTunes-Medienordner* kopiert und Sie können diesen komplett an einen anderen Ort bewegen.

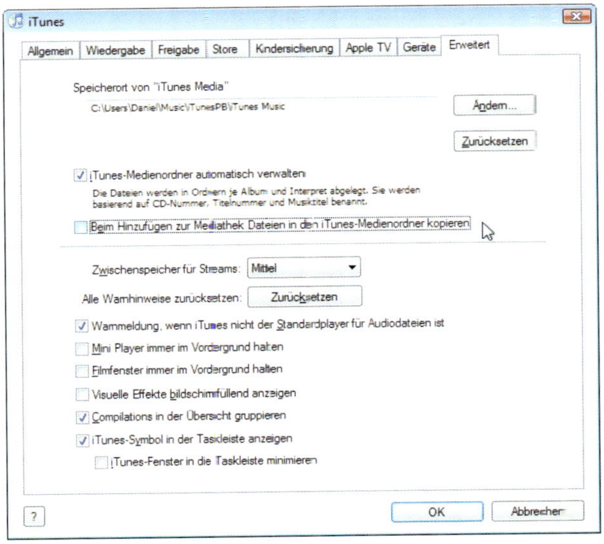

In den iTunes-Einstellungen legen Sie fest, wohin »iTunes« mit seinen Daten soll.

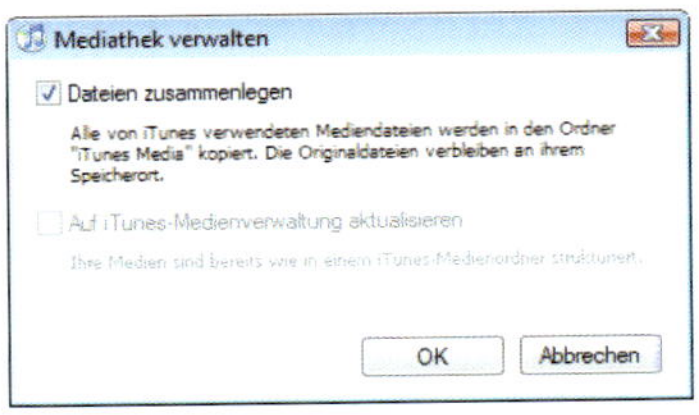

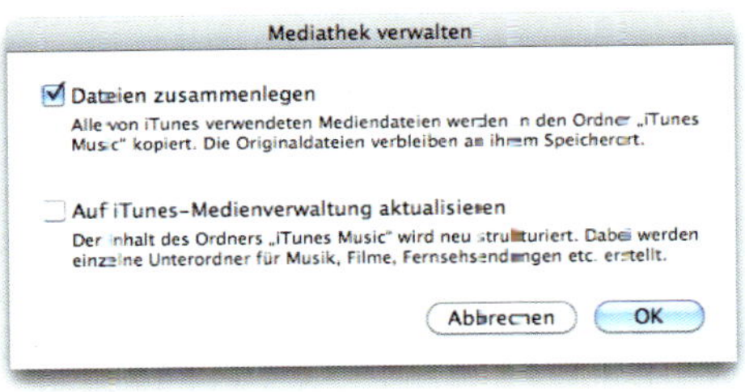

Die Mediathek organisieren: »iTunes« nimmt Ihnen viel Arbeit ab, indem das Programm selbstständig nach allen verlinkten Daten sucht und diese unter seine Fittiche nimmt. Ein Zurück ist allerdings nicht möglich.

Weiterhin sollten Sie auch die Option *Auf iTunes-Medienverwaltung aktualisieren* aktivieren. Hierbei legt *iTunes* eine eigene Struktur mit seinen Unterordnern für TV-Sendungen, Filme, Musik etc. an. Der *iTunes Music*-Ordner aus Vorversionen wird dabei ebenfalls in *iTunes Media* umbenannt.

Zur Sicherheit sollten Sie auch noch Ihre Mediathek exportieren (*Ablage* bzw. *Datei | Mediathek | Mediathek exportieren*). Diese Datei mit der Endung »xml« enthält zwar keine Medien, dafür aber die Informationen Ihrer sämtlichen Wiedergabelisten und der *iTunes*-Struktur. Sollten also alle Stricke reißen und beim Kopieren nur die Daten als solches berücksichtigt werden, so können Sie damit Ihre bislang angelegte Ordnung wiederherstellen.

Auf dem neuen Rechner heißt es nun den bereits vorliegenden (von *iTunes* eingerichteten und noch leeren) Ordner gleichen Namens zu ersetzen. Denken Sie aber zur Sicherheit noch einmal gut nach, ob sich nicht doch vielleicht schon das ein oder andere Lied darin befindet, denn beim jetzigen Vorgehen werden alle Daten überschrieben.

Windows und Mac warnen folgerichtig – und dennoch bestätigen Sie mit »Ja« bzw. »Ersetzen«.

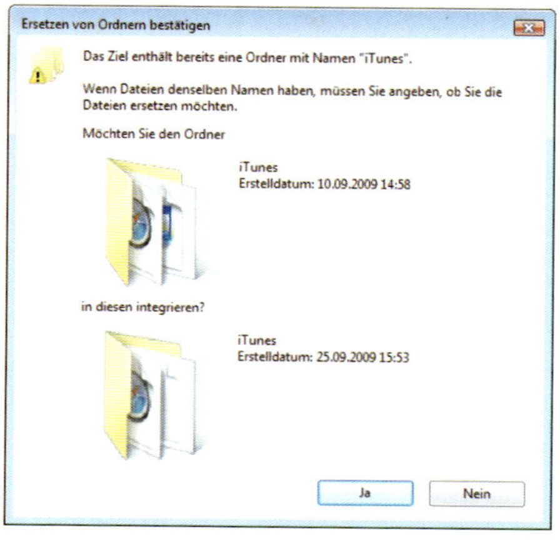

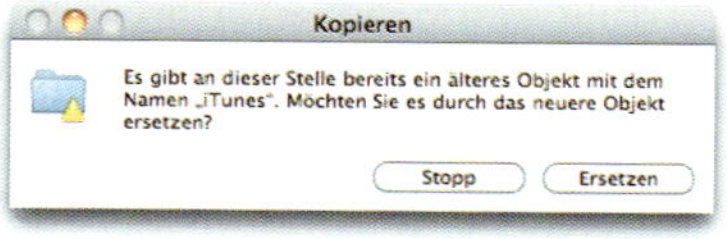

Danach werden alle Daten des *iTunes*-Ordners ersetzt und nach einem Start von *iTunes* sind alle Inhalte perfekt übernommen worden. Das heißt: nicht ganz, denn es gibt noch eine Kleinigkeit zu beachten, nämlich das Aktivieren Ihres neuen und das Deaktivieren Ihres alten Rechners. Warten Sie jedoch bis zu dem Moment, an dem wirklich alles zu Ihrer eigenen Zufriedenheit sitzt und passt.

Ist beim Kopiervorgang ein Problem aufgetreten, indem zwar alle Media-Daten in *iTunes* liegen, diese jedoch ohne Ihre bisherige Ordnung, so kommt die zuvor exportierte Datei *Mediathek.xml* ins Spiel. Wählen Sie dazu den Befehl *Ablage* bzw. *Datei | Mediathek | Wiedergabeliste importieren* und suchen Sie sich im *Öffnen*-Dialog den Eintrag *Mediathek.xml*. Bestätigen Sie und warten Sie ein kurzes Weilchen. Ihre Wiedergabelisten sollten nun wieder vorliegen – auch wenn Sie dennoch mit ein bisschen Zusatzaufwand selbst noch Hand anlegen müssen.

Im Schlaraffenland – Zubehör für iPod & iPhone

Zig Millionen von iPods und iPhones befinden sich mittlerweile in den Händen begeisterter Anwender. Und diese Millionen wollen weiter gefüttert werden – mit Taschen, Kopfhörern, Lautsprechern, Adaptern und, und, und. Aus dem Kult um iPod & Co. entstand eine eigene Industrie aus Zulieferern und Zubehör-Anbietern. Alle Gimmicks aufzuzählen wäre nicht nur eine Sisyphusarbeit, sondern würde auch ein eigenes Buch erfordern. So bleibt uns hier nur das Angebot, Ihnen zumindest einen Überblick über Nötiges, Wichtiges und weniger Wichtiges zu geben.

Von Taschen, Hüllen und wärmenden Socken

Egal, was Sie für einen iPod besitzen – packen Sie ihn gut ein, denn die Oberfläche zerkratzt sehr leicht und schnell. Auch Fingerabdrücke (etwa nach dem HotDog oder einer Bratwurst) sind nicht gerade der Hit, auch wenn sie weniger Schaden anrichten. Der Schutz steht also im Vordergrund, so dass Sie sich beim Einkauf des iPod/iPhone auch gleich nach einem »Mantel« umsehen sollten. Diese gibt es zum Beispiel in Leder (die elegante Version), aus Filz (eher bodenständig), in Stoff (für den Normalgebrauch), aus Neopren (für Sportler) oder aus Silikon (zum … naja, vielleicht gut fühlen?). Firmen wie *Belkin* (`www.belkin.com/de`), *Griffin* (`www.griffintechnology.com`), *Crumpler* (`www.crumpler.de`), *iSkin* (`www.iskin.com`), *Marware* (`www.marware.com`) und viele weitere mehr bieten für alle iPod-Modelle und für jeden Zweck den passenden Schutz.

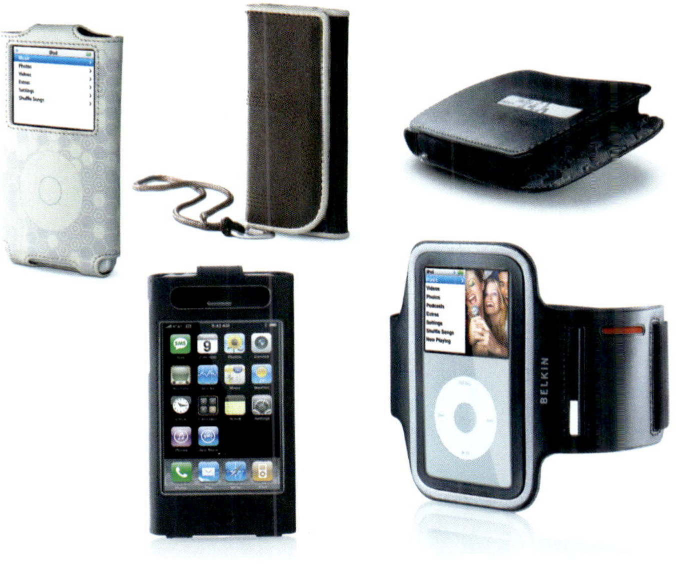

Ob zum Clippen, als Armband oder zum Knicken – mit dem Angebot an iPod-/iPhone-Taschen können Sie sich Tage beschäftigen. (Abbildungen: © Belkin)

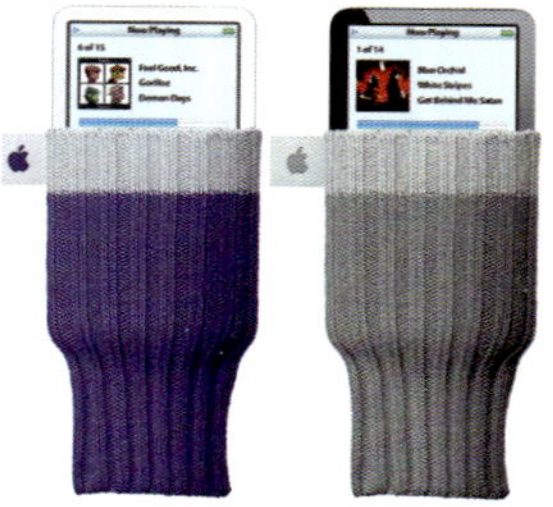

Unauffällig, aber hilfreich: Plastik-Folien zum Schutz gegen Kratzer. (Abbildungen: © Artwizz)

Wer es einfacher mag, kann sich auch mit Folien behelfen, die Kratzer von der empfindlichen Oberfläche fernhalten. Anbieter ist hier zum Beispiel die Firma *ARTWIZZ GmbH* (`www.artwizz.com`). Die ausgeflippte Variante sind dann noch die wärmenden iPod-Socken (von Apple), die man sich am liebsten selber über den Kopf ziehen möchte. Vielleicht können Sie aber auf diesem Gebiet auf Omas Strickwut zählen – das kommt weitaus billiger, Sie können auch andere Farben wählen und Oma ist beschäftigt.

Ehe Sie nun alle Webseiten einzeln aufsuchen, sollten Sie die Händler und/oder den Online-Shop Ihres Vertrauens kontaktieren, die vielleicht nicht genau die aufgeführten Produkte anbieten, doch zumindest Alternativen aufzeigen können. Dort lässt sich auch gleich in Erfahrung bringen, was für Kosten auf Sie zukommen und ob Ihnen das der Spaß überhaupt wert ist. Diese Empfehlung gilt im Übrigen auch für die nachfolgenden Produkte.

Von Kopfhörern und Lautsprechern

Die Zahl an angebotenen Gerätschaften in dieser Klasse ist schier unüberschaubar – das ist zwar einerseits für den Kunden gut, findet er doch mit großer Sicherheit das Passende für sich, andererseits erschwert natürlich die enorme Auswahl die Kaufentscheidung. Grundsätzlich gilt für alle auditiven Geräte: unbedingt vorher anhören! Jeder Mensch hat andere Hörgewohnheiten, ob laut, leise, Musikstil, subjektives Empfinden und, und, und. Was dem einen gefällt, muss ein Zweiter noch lange nicht toll finden.

Ob Stereo-Lautsprecher, Surround-Systeme mit Satelliten und Subwoofer oder Komplettsysteme mit iPod-Dock – Hersteller wie *Bowers &Wilkins*, *Logitech*, *JBL*, *Kensington*, *Bose*, und viele weitere mehr bringen ein Gerät nach dem anderen auf den Markt. Viele Geräte besitzen dabei durchaus das Talent, selbst größere Räume zu beschallen und Party-Gäste mit mächtigen Bässen ins Schwitzen zu bringen. Die Bedienung erfolgt entweder direkt am Gerät oder über eine mitgelieferte Fernbedienung.

Ob für iPod oder iPhone – guter Sound bei kompakten Maßen ist keine Hexerei. (Abbildungen: © Bose, JBL, Fatman)

Die Musikstücke auf iPod und iPhone sollten in guter bis sehr guter Qualität vorliegen, um die Lautsprecher auch wirklich auszunutzen – alles andere klingt sonst eher wie ein billiger Reisewecker.

Als Alternative lassen sich dann noch Einzel-Lautsprecherboxen ins Auge fassen. So können Sie Ihren iPod bzw. Ihr iPhone direkt über die Verbindung *Kopfhörer-Anschluss* (an iPod/iPhone) und Miniklinken- bzw. Cinch-Eingang (je nach verwendetem Kabel) betreiben. Es muss sich dabei um ein so genanntes aktives Multimedia-Lautsprechersystem mit eingebautem Verstärker handeln.

Auch Aktiv-Boxen versprechen einen hervoragenden Klang. (Abbildungen: © Edirol und M-Audio)

Wenn Sie schon eine »ausgewachsene« Stereo-Anlage oder ein Surround-System Ihr eigen nennen, so bietet es sich an, Ihren iPod an diese anzuschließen. Damit erzielen Sie wahrscheinlich die besten Ergebnisse, da neben dem Stereo-Effekt auch die Lautsprecher eine große Rolle spielen. An Klangvolumen und gleichmäßigere Tonverteilung dieser Geräteklasse kommen die Kompakt-Systeme nicht heran. (Mehr zu Docking-Stationen und Kabeln siehe weiter unten.)

Auch in der Klasse der Kopfhörer gibt es Modelle wie Sand am Meer. Während manche Headphones teils für unter zehn Euro über die Ladentheke gehen, können Sie gut und gerne auch mehrere Hundert Euro für Spitzenklang ausgeben. Firmen wie *Sony*, *Sennheiser*, *Bose*, *AKG*, *Logitech* und viele andere mehr bieten vom Ohrkanalhörer mit unterschiedlichen Ohradaptern über faltbare Mini-Kopfhörer bzw. offenen/geschlossenen Kopfhörer-Design bis hin zur elektronischen Abschirmung von Außengeräuschen alles, was das Musiker-Herz begehrt. Einzig die Entscheidung muss getroffen werden, welches Budget Sie freigeben möchten und welche Ansprüche Sie an die Hörqualität stellen.

Vom einfachen »Hörer-Stöpsel« (sitzt im äußeren Ohr) über so genannte In-Ear-Kopfhörer (diese werden in den Ohrkanal geschoben) über ein Drahtlos-Ohrhörer-System bis hin zum geschlossenen Over-Ear- (die Hörmuschel umschließt das gesamte Ohr) oder On-Ear-Kopfhörer (die Polster der Hörmuschel liegen auf dem Ohr) ist alles möglich – Klang-Qualität und Verarbeitung entscheiden über den Preis. (Abbildungen: © Apple, Ultimate Ears, Sennheiser, AKG)

Von den Firmen *Belkin* (`www.belkin.com`) und *Griffin* (`www.griffintechnology.com`) gibt es so genannte Kopfhörer-Splitter, mit deren Hilfe Sie auch einen zweiten Ohrhörer an Ihrem iPod/iPhone betreiben können.

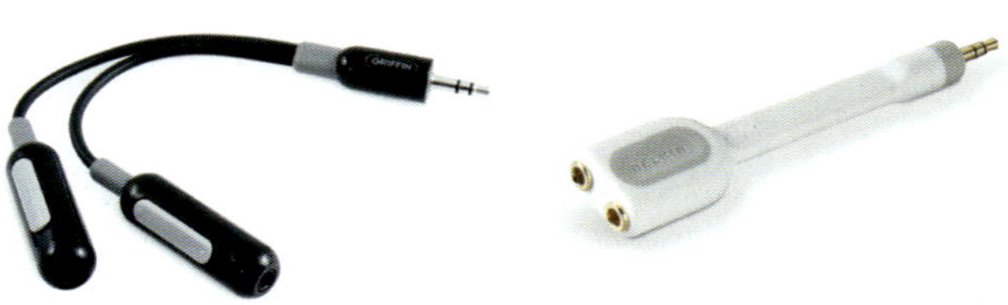

Gemeinsam in Bus und Bahn Musik oder Hörbüchern lauschen – der Traum aller Ehepaare ... (Abbildungen: © Griffin Technology und Belkin.)

Radio am iPod

Bis auf den iPod nano (5. Generation) ist in bislang keinem iPod-Modell ein eingebautes Radio zu finden. Damit auch alle anderen in diesen Genuss kommen, bietet Apple die *iPod Radio Remote Fernbedienung* an, die jedoch nicht am iPod touch funktioniert. Ist diese am iPod angeschlossen, taucht im Display der neue Menü-Punkt *Radio* auf. Wird dieser Eintrag bestätigt, legt das Radio auch gleich los. Über den Menüpunkt *Einstellungen -> Radio-Region* sollten Sie allerdings zuerst die für Sie zutreffende Region anwählen. Mit den Tasten der Fernbedienung (*ClickWheel*) werden nun über *Nächster Titel* bzw. *Vorheriger Titel* die jeweiligen Sender angesteuert: Beim Gedrückthalten der Tasten wird gesucht, ein kurzer Druck springt von Sender zu Sender. Das Display zeigt dabei im oberen Teil die Frequenz des Senders, im unteren Bereich – falls vorhanden – *RDS*-Informationen (*RDS* steht für *Radio Daten System*). Haben Sie einen Lieblingssender gefunden, so brauchen Sie nur die *Auswählen*-Taste auf dem iPod ein wenig länger zu drücken, um diesen als Favoriten zu speichern. Das Löschen derselben geht genauso: Favorit ansteuern und die Mitteltaste des iPod gedrückt halten – der Sender verschwindet wieder.

Radio hören auf dem iPod – mit etwa 50 Euro sind Sie dabei. (Abbildung: © Apple)

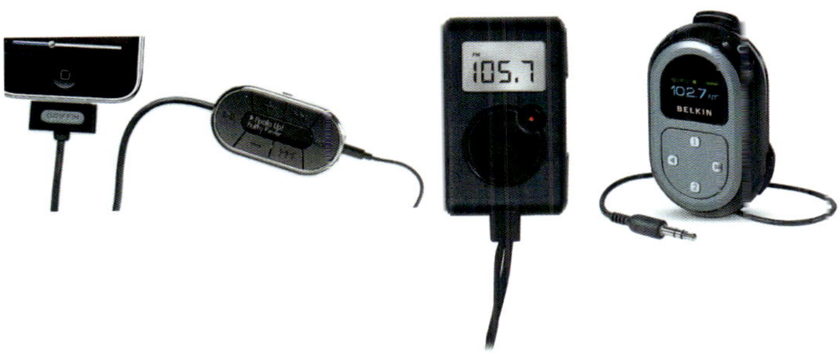

Auch andere Hersteller bieten mittlerweile eine Radio-Erweiterung an, darunter wieder Griffin und Belkin.

Genial gelöst – der iPod im Auto

Alle namhaften Auto-Hersteller schwimmen selbstverständlich mit auf der iPod/iPhone-Welle und bieten die entsprechenden Schnittstellen zum Anschluss an. Wenn Sie also kurz vor dem Kauf eines Neuwagens stehen, so sollten Sie einmal in die Aufpreisliste für die Zusatzausstattungen schauen, ob dort nicht auch die Rede von einer *iPod-Vorbereitung* oder einem »Music Interface« oder ähnlich ist. Dies ist sicherlich die bequemste und sauberste Art und Weise, seinen iPod mit der Auto-eigenen Musik-Anlage zu verbinden, mitunter aber auch die teuerste Variante (ab 200 Euro aufwärts). Eine weitere Möglichkeit ist die so genannte AUX-Schnittstelle, die meist standardmäßig mit angeboten wird. Hierbei verbinden Sie einfach das Kabel (meist mit 3,5-mm-Klinkenstecker) über Kopfhörer-Anschluss des iPod/iPhone und der AUX-Schnittstelle – die Bedienung erfolgt dann meist über iPod und iPhone.

Selbstverständlich gibt es auch nachträgliche Lösungen, etwa von Firmen wie *Kenwood, Alpine, Clarion* oder *Pioneer* – allesamt Hersteller eigener Auto-Stereosysteme. Nichtsdestotrotz: Es geht auch einfacher und preiswerter.

Nachdem nun auch die so genannten *FM-Transmitter* für den deutschen Straßenverkehr zugelassen sind, ist das Angebot drastisch gestiegen. Hierbei wird die Musik des iPod auf eine freie Radio-Frequenz der Audio-Anlage im Auto übertragen – der komplizierte Einbau von Kabeln etc. entfällt somit. Die Vorgehensweise bei den verschiedenen Modellen ist dabei immer gleich. Zuerst suchen Sie sich auf Ihrem Auto-Radio eine Frequenz, die keinen ausstrahlenden Sender beinhaltet. Sie sollten dabei darauf achten, dass auch in der unmittelbaren »Nachbarschaft» nicht unbedingt schon eine Frequenz besetzt ist. Haben Sie eine mit möglichst wenig Störgeräuschen gefunden, so stellen Sie diese ebenso auf dem *Transmitter* ein –Musik, Podcast oder Hörbuch werden nun abgespielt.

Modelle gibt es hier beispielsweise zum einfachen Anstecken, die für eher kürzere Strecken gedacht sind, da keine Stromversorgung über die Auto-Batterie gewährleistet ist. Ist der iPod-Akku leer, heißt es erst einmal Pause einlegen. Die nächsthöhere Klasse besitzt neben einem *FM-Transmitter* auch einen Adapter, mit dem Sie über den – hoffentlich nicht mehr benutzten – Zigarettenanzünder gleichzeitig den iPod mit Strom versorgen können. Modelle gibt es hier von *Belkin, Griffin* wie auch von *Kensington.*

Die Strom-Versorgung ist gesichert, so dass Sie locker von Flensburg nach Zürich kommen. (Abbildungen: © Belkin und Kensington)

Besonders gut finden wir persönlich jene *Transmitter*, die auch gleich eine Halterung für den iPod mitbringen. Hierbei wird der iPod in einer Halterung befestigt und kann mit einer schwenkbaren Vorrichtung in die richtige Stellung gebracht werden.

Dass das iPhone mittlerweile auch als Navigationsgerät taugt, haben die Firmen *Navigon* und *TomTom* bereits eindrucksvoll bewiesen. Diese Apps und vieles weitere mehr gibt's natürlich im App Store zu bewundern.

Diese kurze Auflistung verschiedener Geräte zeigt wahrscheinlich nur einen kleinen Teil der Auto-Zubehörprodukte auf. Wenn Sie sich dafür interessieren, sollten Sie auf jeden Fall einmal Ihren »Haus-Händler« befragen, der Ihnen sicherlich zu einem passenden Gerät raten kann.

Von Dockingstationen, Adaptern und Kabeln

Der Vorteil von Dockingstationen ist ganz klar ihre Vielseitigkeit: Zum einen erleichtern sie die Synchronisierung mit *iTunes*, nebenbei laden sie den *iPod* auf, lassen sich über Verbindungskabel an die Stereo-Anlage oder den Fernseher anschließen, haben einen festen Stand und sehen dazu meist auch noch ganz edel aus. Was will man also mehr? Richtig: eine passende Fernbedienung, die ebenso den meisten Stationen beiliegt. Von *Apple* gibt es da zum Beispiel das *Universal Dock*, von *Belkin* den *TuneSync* mit einer Kombination aus iPod-Dock sowie einem USB 2.0 5-Port Hub oder *TuneStage* als Wireless-Variante. Auch Hersteller von hochwertigen Audio-Komponenten wie *harman kardon*, *Denon* oder *Onkyo* bieten mittlerweile für ihre Geräte entsprechende Dockingstationen an, so dass ein Anschluss an die Stereoanlage samt komfortabler Bedienung gewährleistet ist. Sie sehen schon – die Auswahl ist mal wieder riesig, so dass für jeden Zweck eine entsprechende Variante vorhanden sein sollte.

Dockingstationen bieten neben einem sicheren Stand und dem unvermeidlichen Präsentationsstatus weiteren Mehrwert wie leichten Anschluss an das eigene Home-Entertainment sowie die Versorgung mit Strom. (Abbildungen: © Apple, Belkin, Onkyo, Harman International Industries und Griffin)

Wem das alles zu viel ist, der kann sich selbstverständlich auch mit einfachen Kabeln behelfen. Diese lassen sich entweder an die heimische Stereo-Anlage oder an den Fernseher stecken und der iPod wird somit um zusätzliche Features erweitert.

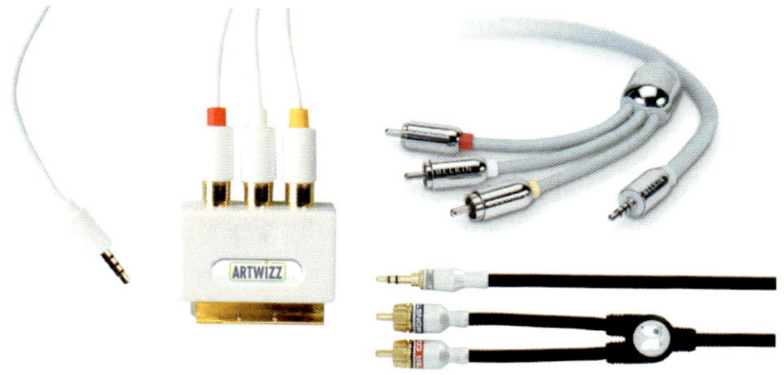

Die bodenständige Variante: Hochwertige Kabel für Stereo-Anlage und TV. (Abbildungen: © Belkin, ARTWIZZ GmbH, Monster)

Die Stromversorgung – PowerAdapter und Auto-Ladegeräte

Obwohl die Abspieldauer der iPod/iPhone-Modelle doch etliche Stunden ausreicht (unterschiedlich je nach Modell und Abspielart – Musik, Bilder oder Video), darf dieser wichtige Punkt nicht vernachlässigt werden. Üblicherweise wird der iPod/das iPhone zum Aufladen der Akkus an den Rechner angeschlossen, was jedoch manchmal schlicht nicht möglich ist. Auch möchte man seinen Mac nicht extra dafür einschalten. Abhilfe schaffen hier diverse Zubehör-Produkte, allen voran natürlich externe *Power-Adapter*, die einfach in die Steckdose kommen und dann über das *Dock Connector auf USB-Kabel* mit dem iPod/iPhone verbunden werden.

Apples eigener *PowerAdapter* gehört wie üblich nicht zum Lieferumfang, so dass Sie auch auf andere Hersteller zurückgreifen können. Wenn Sie des Öfteren auf Reisen sind, sollten Sie vielleicht auch über ein so genanntes Reise-Kit nachdenken, das mit verschiedenen Adaptern dafür sorgt, dass Ihnen auch in fremden Ländern keine leeren Akkus Sorgen bereiten. Eine weitere Möglichkeit zum Aufladen der iPod-Batterie besteht auch mit Auto-Ladegeräten, die an den Zigaretten-Anzünder gesteckt werden.

Ob für den nationalen oder internationalen Einsatz, als Auto-Ladegerät oder als einfacher Adapter für die Steckdose – mit dem richtigen Equipment geht Ihnen nicht so schnell der Saft aus. (Abbildungen: © ARTWIZZ GmbH, Gear4)

Damit Ihre Batterie möglichst lange hält, bieten sich diverse Energie-Sparmaßnahmen an. Das beginnt mit dem *Sperrschalter*, den Sie bei Nicht-Gebrauch des iPod auf *Hold* bzw. *OFF* schieben sollten, damit Sie nicht unbeabsichtigt das Gerät einschalten. Ein großer Stromfresser ist ebenso die *Hintergrundbeleuchtung*, die Sie über die iPod-*Einstellungen -> Beleuchtung/Helligkeit* regulieren können. Je geringer die Einschaltzeit, desto weniger Strom wird verbraucht. Scrollen Sie oft durch Ihre Wiedergabelisten oder spulen Sie in einzelnen Musik-Titeln vor oder zurück, so wird ebenso die iPod-Batterie mehr beansprucht, als wenn Sie das Gerät ohne ständiges manuelles Eingreifen abspielen lassen. Auch der *Equalizer* erhöht den Stromverbrauch, ebenso wie Musikstücke in sehr guter Qualität (hohe Datenrate), da in diesen Fällen der interne Prozessor mehr leisten muss als bei stärker komprimierten Titeln. Das soll aber nun nicht heißen, dass Sie nur Musikstücke in Mono hören sollen – die Akkus halten nichtsdestotrotz viele Stunden. Viele weitere und recht interessante Informationen finden Sie im übrigen auch auf der Apple-Webseite unter `www.apple.com/de/batteries`.

Was uns sonst noch gut gefallen hat ...

Neben diverser Zubehör-Hardware gibt es auch eine Menge an Software-Programmen, die Sie beispielsweise beim Reisen unterstützen können. Wir wäre es daher mit einem *iPod Translator*? Der *Jourist-Verlag* (`www.jourist-online.de`) bietet Ihnen für die gängigen Sprachen (Englisch, Spanisch, Französisch, Italienisch, Russisch etc.) Sprachführer an, die sich mit Hilfe Ihres iPod in all diesen Ländern hervorragend einsetzen lassen. Dabei werden sowohl die wichtigsten Redensarten, die Kommunikation beim Zoll und im Hotel, im Stadtverkehr oder bei der Sightseeing-Tour berücksichtigt. Als besonderes Highlight liegt jedem Sprachen-Paket ein kleiner Mini-Lautsprecher bei, der Sie bei der Kommunikation (Aussprache) unterstützt. Auch für iPod touch und das iPhone bietet der Verlag mittlerweile illustrierte Sprachführer (siehe Seitenleiste) für 21 Sprachen an, die für 7,99 Euro im App Store als Download erhältlich sind.

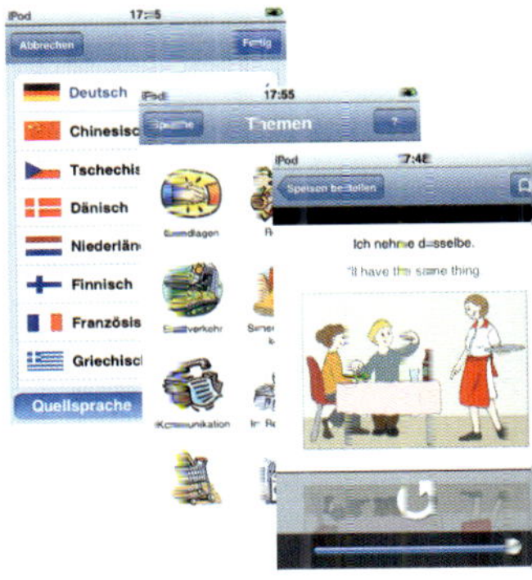

So können Sie sich auch auf internationalem Parkett bewegen – mit Hilfe eines persönlichen Dolmetschers auf Ihrem iPod.

Damit Sie sich nicht wieder überteuerte Teppiche andrehen lassen – mit über 2000 Phrasen, die Sie sich auch vorsprechen lassen können.

Weitere Führer für circa 300 der größten Städte auf der Welt stehen Ihnen beispielsweise über die URL `www.wcities.com/` zur Verfügung. Nach einer Registrierung lassen sich dort die entsprechenden Dateien herunterladen, die dann wiederum in Ihren *Notes*-Ordner (meist per automatischer Installation) auf dem iPod-Volume gelegt werden. Leider werden die iPods der ersten und zweiten Generation hierbei nicht unterstützt, da erst die nachfolgenden Modelle das *Notes*-Feature erhielten.

Städteführer für die großen Zentren der Welt gibt's über `www.wcities.com`.

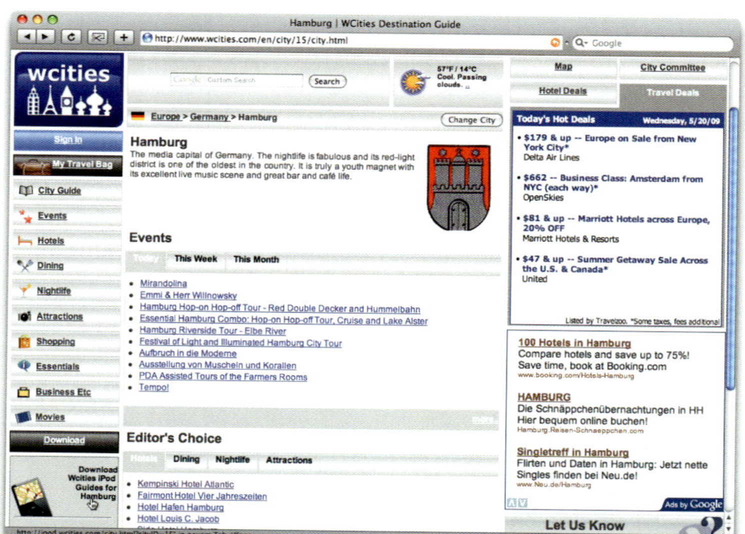

Für alle iPods mit Foto-Unterstützung bzw. iPhone lassen sich unter `www.isubwaymaps.com` die Pläne für Untergrundbahnen herunterladen. Hierbei erhalten Sie einen Ordner mit Dutzenden von Bildern, die Sie beispielsweise in *iPhoto* oder *Adobe Photoshop Album* transferieren. Diese Bilder-Sammlung lässt sich dann wiederum über *iTunes* auf Ihren iPod/Ihr iPhone laden, so dass Sie die einzelnen Foto ansteuern können.

Unter der Webadresse `www.soundwalk.com` stoßen Sie wiederum auf audiovisuelle Inhalte, die Sie sicher durch Paris oder New York geleiten sollten.

Hierbei werden neben den üblichen Sehenswürdigkeiten auch spezielle Highlights angeboten. Auf der Webseite gibt's weitere Infos darüber.

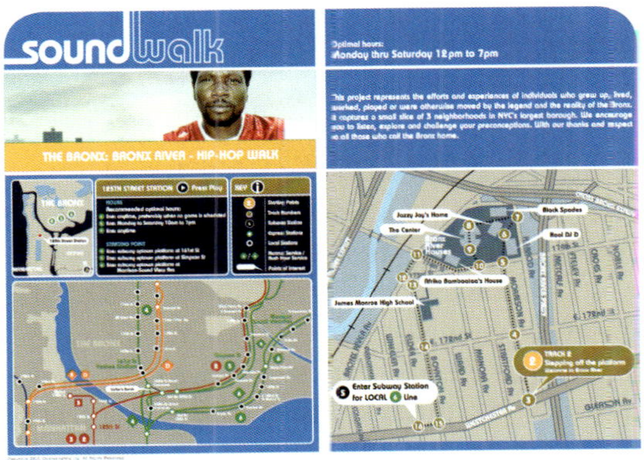

Städte-Tour mit iPod: Die gut aufbereiteten Führer lassen Sie auch Punkte ansteuern, die Sie vielleicht übersehen hätten – etwa Eiffelturm, Empire State Building etc. ;-)

Als Besitzer von iPhone oder iPod touch: Ehe Sie nun das Internet nach interessanten Programmen abgrasen, denken Sie bitte an den *App Store*, der Ihnen neben kostenpflichtigen auch unzählige kostenfreie Anwendungen als Spielwiese anbietet – darunter selbstverständlich auch Karten und Reiseführer für alle großen Städte dieser Welt, Währungsumrechner, Fahrplanauskünfte, Hotelbucher und so weiter und so fort (siehe auch weiter vorne im Buch). Aufgrund der schieren Fülle an Anwendungen gibt es nicht nur in den bekannten Mac-Zeitschriften und Newsseiten im Internet monatliche Neuvorstellungen, sondern auch Apple höchstpersönlich sieht sich nun damit konfrontiert, dem Anwender ein wenig Unterstützung zukommen zu lassen. Über die Webseite `www.apple.com/de/iphone/apps-for-iphone/` finden Sie daher stets Interessantes und Wissenswertes über gelungene wie auch hilfreiche Anwendungen.

Ob für unterwegs, für Zuhause, für mehr Produktivität oder einfach nur zum Zeitvertreib: Apple stellt auf seinen Webseiten stets Neuigkeiten und die Lieblingsapps der Redaktion vor.

Wir wollen es bei dieser Auflistung an möglicher Peripherie belassen. Halten Sie nichtsdestotrotz Augen und Ohren offen – Sie stoßen mit Sicherheit auf ein schier unüberschaubares Heer an Zusatz-Features. Und weiterhin sind wir uns ganz sicher, dass Apple Sie und uns auch in den nächsten Monaten und Jahren mit tollen weiteren Produkten in Sachen *iPhone*, *iPod*, *iTunes* & Co. in Atem hält. So freuen wir uns auf viele weitere Highlights.

In eigener Sache: *iTunes* sowie die vielen iPod- und iPhone-Varianten gehören mit Sicherheit zu der am häufigsten aktualisierten und mit weiteren Features aufgepeppten Software und Hardware-Gattung im Portfolio Apples. Wir als Verleger und Autoren hinken daher das ein oder andere Mal leider ein wenig hinterher, zumal Steve Jobs bislang alle unsere bisherigen Annäherungsversuche (per Telefon, persönliche Besuche des Nachts, überfallartiges Aufsuchen beim Friseur etc.) erfolgreich abwehren konnte. Mit anderen Worten: Sollten sich in näherer Zeit gravierende Änderungen und Aktualisierungen der Produkt-Palette ergeben, so halten wir Sie selbstverständlich auf dem Laufenden. Besuchen Sie daher regelmäßig auch unsere Webseite unter `www.mandl-schwarz.com`, auf der wir gegebenenfalls PDF-Dokumente zum Download anbieten werden.

Ausführliches Stichwort-Verzeichnis

Hans Dorsch
iPhone 3G –
iPod, Telefon und Internet
ISBN 978-3-939685-05-0
184 Seiten
EUR 19,90 (D) / CHF 35,–*

Das iPhone von Apple setzt mit seinem einzigartigen Gesamtkonzept, das Funktionalität und intuitive Bedienung in beeindruckender Weise verbindet, den Maßstab für alle mobilen Telefone und Internet-Geräte. Diese Fibel erklärt die wichtigsten Funktionen und Features so kompetent und unterhaltsam, wie Sie es von Mandl & Schwarz gewohnt sind.

Das Buch richtet sich an Apple-Einsteiger, Handy-Umsteiger und alle, die Freude an den Innovationen des Digital Lifestyle haben.

Mac OS X schnell erklärt:
Die "Snow Leo"-Fibel für
mobile Mac-Anwender
ISBN 978-3-939685-11-1
ca. 144 Seiten
EUR 12,90 (D) / CHF 23,80*

Die kompakte Leopard-Fibel erlaubt einen schnellen Einstieg in das aktuelle Apple-System und zeigt, wie Sie Mac OS X optimal konfigurieren. Dabei geht sie auch auf die besonderen Anforderungen mobiler Mac-Anwender ein, von Internet per UMTS bis zum optimalen Zubehör. Einen weiteren Schwerpunkt setzt die Leopard-Fibel im Netzwerkbereich. Hängt der Mac dann doch einmal fest, hilft das Kapitel Troubleshooting. Das alles und noch vieles mehr machen die Snow Leopard-Fibel zum kompakten Ratgeber für Mac-Anwender – daheim, im Büro und natürlich unterwegs.

* in der Schweiz: unverbindliche Preisempfehlung

jetzt bestellen auf www.mandl-schwarz.com

Daniel Mandl
iPhoto '09 - iLife von Apple
für engagierte Digitalfotografen
ISBN 978-3-939685-13-5
256 Seiten
EUR 24,80 (D) / CHF 44,90*

empfohlen u.a. von
Macwelt

iPhoto '09 bietet zahlreiche ausgeklügelte Funktionen und innovative Features – unter anderem die neuen Funktionen "Gesichter" und "Orte". Das reich bebilderte Buch von Daniel Mandl richtet sich an Einsteiger und Fortgeschrittene. Diese werden nicht nur bei den ersten Schritten an die Hand genommen, sondern auch bei anspruchsvolleren Aufgaben wie der Bearbeitung von Aufnahmen im RAW- Format begleitet. Auch die Ausgabe als Diaschau, Web-Galerie oder im Druck kommt nicht zu kurz.

"vorbildlich, vierfarbig, unterhaltend"
Peter Müller, Redaktion Macwelt, bereits zur Buch-Vorversion

Daniel Mandl
iMovie '09 - iLife von Apple
für engagierte Hobbyfilmer
ISBN 978-3-939685-14-2
256 Seiten
EUR 24,80 (D) / CHF 44,90*

empfohlen u.a. von
MAC LIFE

Mit "iMovie 09" können Videofilme am Mac mit attraktiven Zusatzfunktionen bearbeitet werden. In diesem Buch erfährt der Leser alles Wissenswerte über die Organisation seiner Filme innerhalb der neuen Mediathek. Der Autor stellt dabei auch die Vorzüge des aktuellen Präzisions-Editors und den gekonnten Einsatz der Video-Stabilisierung detailliert vor. Die attraktiven Design-Vorlagen seitens iDVD lassen Sie Ihre Filme dabei noch professioneller präsentieren. Natürlich werden die integrierten iLife-Funktionen zu MobileMe, iWeb und GarageBand ebenfalls behandelt.

"Dieses durchgehend farbig illustrierte Buch ist ein kompetenter Begleiter und macht es zu einer empfehlenswerten Neuveröffentlichung!" Gerd M. Hofmann, Redaktion Maclife, schon zu "iMovie 08"